U0807048

全国注册咨询工程师（投资）职业资格考试
考点突破+历年真题+预测试卷——

现代咨询方法与实务

（2024版）

全国注册咨询工程师（投资）职业资格考试试题分析小组 编

机械工业出版社

本书共分11章，主要包括现代工程咨询方法、规划咨询的主要理论与方法、资源环境承载力分析、战略分析、市场分析、现金流量分析、工程项目投资估算、融资方案分析、工程项目财务分析、工程项目经济分析、涉及其他科目的内容。每章包括本章核心考点分布、专家剖析考点、本章核心考点必刷题、本章真题实训、本章真题实训答案、本章同步练习、本章同步练习答案。书中附两套2024年考试预测试卷及参考答案。

本书涵盖了考试复习重点，内容精练，重点突出，习题丰富，既可作为考生参加全国注册咨询工程师（投资）职业资格考试的应试辅导教材，也可作为大中专院校师生的教学参考书。

图书在版编目（CIP）数据

全国注册咨询工程师（投资）职业资格考试考点突破+历年真题+预测试卷．现代咨询方法与实务：2024版/全国注册咨询工程师（投资）职业资格考试试题分析小组编．—3版．—北京：机械工业出版社，2023.11

ISBN 978-7-111-73984-5

Ⅰ.①全…　Ⅱ.①全…　Ⅲ.①投资-咨询服务-资格考试-自学参考资料　Ⅳ.①F830.59

中国国家版本馆CIP数据核字（2023）第185736号

机械工业出版社（北京市百万庄大街22号　邮政编码100037）
策划编辑：张　晶　　　　　　　　责任编辑：张　晶　关正美
责任校对：曹若菲　贾立萍　陈立辉　　封面设计：张　静
责任印制：常天培
北京机工印刷厂有限公司印刷
2023年11月第3版第1次印刷
184mm×260mm·11印张·314千字
标准书号：ISBN 978-7-111-73984-5
定价：59.00元

电话服务　　　　　　　　网络服务
客服电话：010-88361066　　机　工　官　网：www.cmpbook.com
　　　　　010-88379833　　机　工　官　博：weibo.com/cmp1952
　　　　　010-68326294　　金　　书　　网：www.golden-book.com
封底无防伪标均为盗版　　机工教育服务网：www.cmpedu.com

前言

参加全国注册咨询工程师（投资）职业资格考试的考生大多数是已经参加工作的在职人员，不会像全日制学生那样系统地参加学习，大多是通过自学，少了一种学习的氛围，而且学习时间也不可能有充分的保障。基于对考生在学习中存在上述困难的深刻认识，我们认为一本好的辅导书对他们来说就显得尤为重要，这也正是我们编写本书的出发点。

本书以考试大纲为中心，以历年真题为导向，针对近年来考查频次较高及有可能进行考查的考点进行深度解析，并且针对每一例题进行了综合分析、每一题目做了要点解析，力图在各考点之间建立起关联性、系统性的框架，以帮助考生深度理解和全面掌握各章节考点内容，做到举一反三，掌握好一道题就相当于掌握了一类题，以此帮助考生事半功倍地准备复习、赢得考试。

本书的特点如下：

围绕大纲，构建知识体系。本书中的“专家剖析考点”按照考试大纲要求的考核重点进行剖析，简明扼要地阐述了考试大纲对考生应知应会的要求。这部分内容为考生指明了备考学习的方向，考生根据这一部分内容可以确定命题所涉及知识体系的重要程度。

突出重点，注重把握主次。本书中的“核心考点必刷题”中的例题是以热门考点涉及的真题或典型案例为例题，再针对每一例题进行了综合分析，并对例题中每一小问题进行了要点解析，让考生在对例题进行学习时，能一目了然地掌握历年考试的重点，并明确命题者是以怎样的方式去命题，以便在解题时能形成清晰的思路、有方向性地去学习相关内容。

注重全局，不搞题海战术。本书中的“真题实训”收集了近几年的真题，可以帮助考生掌握考试命题的规律，也让考生了解命题的方式，准确地把握考试的精髓。在选题上尽量选择那些有代表性、能够起到举一反三作用的题让考生进行自测，做过这些真题后，考生就会恍然大悟，原来考试就是这样命题的。

实战练习，提前进入状态。本书中的“预测试卷”的题量、难易程度和采分点均与标准试卷完全一致，而且均为经典题目，可帮助考生整体把握考试内容的知识体系，让考生逐步提高“题感”，为考生胸有成竹地步入考场奠定基础。

答疑服务，解决考生疑难。编写组专门为考生配备了专业答疑老师解决疑难问题。

由于编写时间有限，书中不妥之处在所难免，恳请各位考生以及同仁不吝赐教，以便再版时进行修正。

目录

前言
考试介绍 …… 1
历年考试题型说明 …… 2
备考复习方略 …… 2
答题技巧 …… 3
第一章　现代工程咨询方法 …… 4
一、本章核心考点分布 …… 4
二、专家剖析考点 …… 4
三、本章核心考点必刷题 …… 4
四、本章真题实训 …… 13
五、本章真题实训答案 …… 13
六、本章同步练习 …… 14
七、本章同步练习答案 …… 16

第二章　规划咨询的主要理论与方法 …… 19
一、本章核心考点分布 …… 19
二、专家剖析考点 …… 19
三、本章核心考点必刷题 …… 19
四、本章真题实训 …… 29
五、本章真题实训答案 …… 30
六、本章同步练习 …… 30
七、本章同步练习答案 …… 32

第三章　资源环境承载力分析 …… 35
一、本章核心考点分布 …… 35
二、专家剖析考点 …… 35
三、本章核心考点必刷题 …… 35
四、本章真题实训 …… 39
五、本章真题实训答案 …… 40
六、本章同步练习 …… 41

七、本章同步练习答案 …… 43

第四章 战略分析 …… 44
一、本章核心考点分布 …… 44
二、专家剖析考点 …… 44
三、本章核心考点必刷题 …… 45
四、本章真题实训 …… 56
五、本章真题实训答案 …… 56
六、本章同步练习 …… 57
七、本章同步练习答案 …… 60

第五章 市场分析 …… 63
一、本章核心考点分布 …… 63
二、专家剖析考点 …… 63
三、本章核心考点必刷题 …… 64
四、本章真题实训 …… 73
五、本章真题实训答案 …… 74
六、本章同步练习 …… 74
七、本章同步练习答案 …… 75

第六章 现金流量分析 …… 78
一、本章核心考点分布 …… 78
二、专家剖析考点 …… 78
三、本章核心考点必刷题 …… 78
四、本章真题实训 …… 82
五、本章真题实训答案 …… 83
六、本章同步练习 …… 84
七、本章同步练习答案 …… 85

第七章 工程项目投资估算 …… 87
一、本章核心考点分布 …… 87
二、专家剖析考点 …… 87
三、本章核心考点必刷题 …… 88
四、本章真题实训 …… 95
五、本章真题实训答案 …… 96
六、本章同步练习 …… 97
七、本章同步练习答案 …… 99

第八章 融资方案分析 …… 102
一、本章核心考点分布 …… 102
二、专家剖析考点 …… 102
三、本章核心考点必刷题 …… 103
四、本章真题实训 …… 109

五、本章真题实训答案 …… 109
六、本章同步练习 …… 110
七、本章同步练习答案 …… 111

第九章　工程项目财务分析 …… 114
一、本章核心考点分布 …… 114
二、专家剖析考点 …… 114
三、本章核心考点必刷题 …… 115
四、本章真题实训 …… 123
五、本章真题实训答案 …… 123
六、本章同步练习 …… 124
七、本章同步练习答案 …… 126

第十章　工程项目经济分析 …… 128
一、本章核心考点分布 …… 128
二、专家剖析考点 …… 128
三、本章核心考点必刷题 …… 128
四、本章真题实训 …… 133
五、本章真题实训答案 …… 134
六、本章同步练习 …… 134
七、本章同步练习答案 …… 136

第十一章　涉及其他科目的内容 …… 138
一、本章核心考点分布 …… 138
二、专家剖析考点 …… 138
三、本章核心考点必刷题 …… 138
四、本章真题实训 …… 148
五、本章真题实训答案 …… 149
六、本章同步练习 …… 149
七、本章同步练习答案 …… 151

2024 全国注册咨询工程师（投资）职业资格考试预测试卷（一） …… 153
2024 全国注册咨询工程师（投资）职业资格考试预测试卷（一）　参考答案 …… 157
2024 全国注册咨询工程师（投资）职业资格考试预测试卷（二） …… 162
2024 全国注册咨询工程师（投资）职业资格考试预测试卷（二）　参考答案 …… 167

考试介绍

一、报考条件

报考科目	报考条件
考全科	参加4个科目考试（级别为考全科）的人员必须在连续4个考试年度通过应试科目： 1. 取得工学学科门类专业，或者经济学类、管理科学与工程类专业大学专科学历，累计从事工程咨询业务满8年 2. 取得工学学科门类专业，或者经济学类、管理科学与工程类专业大学本科学历或者学位，累计从事工程咨询业务满6年 3. 取得含工学学科门类专业，或者经济学类、管理科学与工程类专业在内的双学士学位，或者工学学科门类专业研究生班毕业，累计从事工程咨询业务满4年 4. 取得工学学科门类专业，或者经济学类、管理科学与工程类专业硕士学位，累计从事工程咨询业务满3年 5. 取得工学学科门类专业，或者经济学类、管理科学与工程类专业博士学位，累计从事工程咨询业务满2年 6. 取得经济学、管理学学科门类其他专业，或者其他学科门类各专业的上述学历或者学位人员，累计从事工程咨询业务年限相应增加2年
考2科	凡符合考全科报考条件并具备下列条件之一者，可免试《宏观经济政策与发展规划》《工程项目组织与管理》科目，只参加《项目决策分析与评价》和《现代咨询方法与实务》2个科目的考试。参加2个科目考试的人员，须在连续2个考试年度内通过应试科目的考试： 1. 获得全国优秀工程咨询成果奖项目或者全国优秀工程勘察设计奖项目的主要完成人 2. 通过全国统一考试取得工程技术类职业资格证书，并从事工程咨询业务工作满8年

二、考试简介

注册咨询工程师（投资）考试设4个科目，分别是《工程项目组织与管理》《项目决策分析与评价》《宏观经济政策与发展规划》《现代咨询方法与实务》。

《工程项目组织与管理》《项目决策分析与评价》《宏观经济政策与发展规划》3个科目为客观题，用2B铅笔在答题纸上作答。《现代咨询方法与实务》科目为主观题，在专用答题卡上作答。考生在答题前要认真阅读试卷封二的“应试人员注意事项”和答题卡首页的“作答须知”，使用规定的作答工具在答题卡划定的区域内作答。应试人员应考时，应携带黑色墨水笔、2B铅笔、橡皮和无声无文本编辑存储功能的计算器。

三、考试时间及合格标准

科　目	考试时间	题型题量	满分	合格标准
宏观经济政策与发展规划	9:00～11:30	单项选择题60题，多项选择题35题	130	78
工程项目组织与管理	14:00～16:30	单项选择题60题，多项选择题35题	130	
项目决策分析与评价	9:00～11:30	单项选择题60题，多项选择题35题	130	
现代咨询方法与实务	14:00～17:00	案例分析题6题	130	

四、考试成绩管理

考试成绩实行滚动管理办法，参加全部4个科目考试（级别为考全科）的人员须在连续4个考试年度内通过全部科目；免试部分科目（级别为免2科）的人员须在2个考试年度内通过应试科目，方可取得资格证书。

历年考试题型说明

《现代咨询方法与实务》考试全部为主观题。题型为案例分析题，主要有以下类型：

（1）简答型。这种题型实际上就是简答题，要求考生凭自己的记忆将这个内容再现出来。重点是考查记忆能力而不是考查分析问题和解决问题的能力。简答型的案例分析题一般情节简单、内容覆盖面较小，要求回答的问题也直截了当，因此难度较小。由于主要是考查考生掌握基本知识的能力，考生只需问什么答什么就够了，不必展开论述，否则会浪费宝贵的时间。

（2）分析型。这种案例题的题干没有直接提供解答的依据，需要考生自己通过分析背景材料来找出解决问题的突破口。这种题型不仅要求考生答出分析的结果，同时要求写出分析的过程和计算过程。其提问方式主要有三种：一是在判断题型的基础上加上“为什么”；二是在判断题型的基础上加上“请说明理由”；三是以“请分析”来引导问题。典型的分析型案例题的情节较为复杂，内容涉及面也较广，要求回答的问题一般在一个以上，问题具有一定的难度，涉及的内容也不再是单一的。答题时要针对问题作答，并要适当展开。

（3）计算型。该类题型有一定的难度，既要求考生掌握计算方法，又要理解其适用条件，还要提高计算速度和准确性。计算型案例分析题的关键就是要认真仔细。

（4）判断型。这种题型需要考生作出分析，只不过在回答问题时省略掉了分析的过程和理由，只要求写出分析的结果即可。一个案例分析题往往包含有相关联的多个问题，判断题往往是第一问，然后接着再在判断的基础上对考生提出其他更为复杂的问题。由于判断正确与否是整个案例题解是否成功的前提，因此，一旦判断失误，相关的问题就会跟着出错，甚至整道题全部错误。所以这种题型是关键题型，不能因为分值少而马虎大意。对于这种判断型案例分析题，一般来讲，考生只要答出分析结论即可，如果没有要求回答理由，或没有问为什么，考生一般不用回答理由或法律依据。

（5）综合型。是近年来考查的重要题型，这种案例的背景材料比较复杂，内容和要求回答的问题较多。一个案例往往要求回答多个问题，而且有时考题本身并未明确问题的数量，要求考生自己找；内容往往涉及许多不同的知识点，案例难度最大，要求考生具有一定的理论水平。

备考复习方略

一是依纲靠本。考试大纲是命题的依据，也是复习的指南。考生根据考试大纲的要求，保证有足够多的时间去理解教材中的知识点，有效地把握复习重点，少走弯路。

二是循序渐进。要想取得好的成绩，比较有效的方法是把书看上三遍。第一遍是最仔细地看，每一个要点、难点不放过，这个过程时间应该比较长；第二遍看得较快，主要是对第一遍画出来的重要知识点进行复习；第三遍就很快，主要是看第二遍没有看懂或者没有彻底掌握的知识点。为此，建议考生在复习前根据自身的情况，制订一个切合实际的学习计划，依此来安排自己的复习。

三是把握重点。考生在复习时可能会过于关注教材上的每个段落、每个细节，没有注意到有些知识点可能跨好几个页码，对这类知识点之间的内在联系缺乏理解和把握，就会导致在做多项选择题时往往难以将所有答案全部选出来，或者由于分辨不清选项之间的关系而将某些选项忽略掉，甚至将两个相互矛盾的选项同时选入。为避免出现此类错误，建议考生在复习时，务必留意这些层级间的关系。每门课程都有其必须掌握的知识点，对于这些知识点，一定要深刻把握，举一反三，以不变应万变。

四是善于总结。就是在仔细看完一遍教材的前提下，一边看书，一边作总结性的笔记，把教材中每一章的要点都列出来，从而让厚书变薄，并理解其精华所在；要突出全面理解和融会贯通，并不是要求把指定教材的全部内容逐字逐句地死记硬背下来。而要注意准确把握文字背后的复杂含义，还要注意把不同章节的内在内容联系起来，能够从整体上对考试科目进行全面掌握。

五是精选资料。复习资料不宜过多，选一两本就行了，多了容易眼花，反而不利于复习。从某种意义上讲，考试就是做题。所以，在备考学习过程中，适当地做一些练习题和模拟题是考试成功必不可少的一个环节。多做练习固然有益，但千万不要舍本逐末，以题代学。练习只是针对所学知识的检验和巩固，千万不能搞什么题海大战。

在这里提醒考生在复习过程中应注意以下三点：

一是加深对基本概念的理解。对基本概念的理解和应用是考试的重点，考生在复习时要对基本概念加强理解和掌握，对理论性的概念要掌握其要点。

二是把握一些细节性信息、共性信息。每年的真题中都有一些细节性的题目，考生在复习过程中看到这类信息时，一定要提醒自己给予足够的重视。

三是突出应用。考试侧重于对基本应用能力的考查，近年来这个特点有所扩大。

答题技巧

结合多年来的培训经验，我们给考生提出以下建议。

本科目考题题型为案例分析题。案例分析题要求考生具备在实践中分析问题、解决问题的能力，是对全部基础知识的综合性考查。所以考生的知识应该很全面，逻辑性强，这类考题其实不难，但涉及面比较宽。回答不完整，或答非所问，是丢分的主要原因。解答案例分析题，首先要认真审题，把题意理解透彻，明确论述的中心议题，找出有力的理论依据和事实依据；其次答题时，充分利用已知条件，如果有没用上的已知条件，就要引起注意，错误可能就发生在这里。同时语言表述要简洁明了、用词准确精练、观点明确、切中要害。另外还要与教材保持一致，符合相关知识，不要自己另立观点，根据实际经验随意发挥。在此也为考生提供一些答题技巧：

第一，“审题”。迅速查看题中所问，初步判断考查方向，带着问题去看题干，根据问题的设置来确定所考查的具体知识，题干中所给出的信息都是有用的，或是从正面提供答题线索，或是从反面提供干扰正确答题的信息，故应有足够的敏感度，不能忽略任何一个有用的信息，但也不擅自增加条件。

第二，“析题”。一般而言，考试中出现综合性大案例分析的可能性不大，一般都是若干小问题，每个问题之间或层层递进，也有的属于大杂烩。如果考生答完前面题目后才发现后面的题目与前面的答案相矛盾，这时容易慌乱，造成心理压力，浪费时间，影响卷面整洁，直接导致失分。析题要从哪些方面着手呢？首先，确定案例内容涉及的知识点；其次，清楚题型，抓重点；最后，全面考虑问题，厘清思路。

第三，“答题”。考取高分取决于两个方面：一是组织答案，二是组织语言。组织答案需注意并非多多益善。一来考试时间不允许，二来会使得阅卷人厌烦。案例分析题一般采点给分，因此对任何一个问题的解答应力求全面简明，针对问题直接作答，简洁明了，千万不能答非所问。

第一章

现代工程咨询方法

一、本章核心考点分布

二、专家剖析考点

1. 本章预计在以后的考试中会重点考查，但是考查难度不高，需要考生记忆的内容较少。

2. 现代工程咨询方法概述的相关内容考生了解即可。

3. 逻辑框架法属于本章的高频考点，并且在 2011 年、2013 年、2016 年的考试中进行了考查，考生需要对其概念及模式、逻辑关系、逻辑框架矩阵的编制等要点进行理解并掌握。

4. 层次分析法（矩阵计算）考生了解即可。

5. SWOT 分析是本章的重中之重，并且本考点在 2010 年、2013 年、2016 年、2017 年、2023 年考试中进行了考查，属于高频考点，考生要重点掌握。考生要清楚 SWOT 分析图的绘制，并且能从案例背景资料中分别找到优势、劣势、机会和威胁的各种因素，并且能够提出增长 SO、扭转 WO、防御 WT、多元化 ST 四种战略。

6. PEST 分析法在 2021 年考试中进行了考查，考生要熟悉。

7. 现代工程咨询信息数据与知识中，重点掌握现代工程咨询信息采集、数据挖掘的内容。

三、本章核心考点必刷题

考点 1　逻辑框架法

例：某市政府为了落实城镇保障性安居工程规划，改善低收入群体的居住条件，计划 2017 年建设 10 万 m^2 的廉租住房小区，以及小区道路和绿地等配套设施，解决 2000 户低收入居民的住房问题，建设资金主要来源于中央政府投资补助和地方政府配套资金。项目建设工作的主要内容包括可行性研究、勘察设计、工程招标、工程施工、工程监理、竣工验收等。

甲工程咨询单位编制了该项目的可行性研究报告，内容包括总论、市场预测分析、财务分析等，并采用逻辑框架法对项目进行了总体分析。

为保证项目顺利实施，项目业主要求工程施工阶段要有施工单位的工作记录和监理单位的监理报告。项目业主保留全部工程档案，所有工程资料都可以通过现场调查和文案调查获取。

问　题

1. 该廉租住房项目的可行性研究报告除上述已给出内容外，还应包括哪些内容？
2. 列出该廉租住房项目垂直逻辑各层次的具体内容。
3. 列出该廉租住房项目水平逻辑产出层次的客观验证指标和验证方法。

综合分析

本案例考查的侧重点是逻辑框架法。考查了政府投资项目可行性研究重点关注的内容、逻辑框架法。

问题 1：

【答案】该廉租住房项目的可行性研究报告除上述已给出内容外，还应包括：建设方案研究与比选、投资估算与资金筹措、经济分析、风险分析、研究结论、政府投资的必要性、项目的招标投标和实施代建制方案、政府投资的方式、政府提供补贴的方式和数额。

【要点解析】本案例问题 1 考查的是政府投资项目可行性研究报告的内容。考查的点属于记忆性的内容，考生只要记住政府投资项目可行性研究报告的内容即可。可行性研究报告除一般性内容之外，不同行业、不同类别的项目可行性研究报告侧重点也是不同的，因此考生要结合相关实际案例进行分析。

问题 2：

【答案】该廉租住房项目垂直逻辑各层次的具体内容如下：

目标：落实城镇保障性安居工程规划，改善低收入群体的居住条件。

目的：解决 2000 户低收入居民的住房问题。

产出：建设 10 万 m^2 的廉租住房小区，以及小区道路和绿地等配套设施。

投入和活动：建设资金主要来源于中央政府投资补助和地方政府配套资金，以及上述项目建设的各项工作。

【要点解析】本案例问题 2 考查的是逻辑框架法的垂直逻辑关系。逻辑框架法在 2011 年、2013 年、2016 年考查过，属于重要考点，考查的点在于垂直逻辑关系、水平逻辑关系、逻辑框架的编制步骤（10 项）等内容，考生要将教材上这些内容都熟练记忆并掌握，最好联系实际案例演练巩固。

下面将逻辑框架法的相关内容做一下阐述：

（1）逻辑框架矩阵从下向上（四层次）：投入、产出、目的和目标，这四个层次包括的内容均可以出题。这里的命题方式：根据背景资料分析哪些是目标、目的、产出、投入和活动。

（2）逻辑框架矩阵从右至左包括的内容：实现各层目标的主要假设、验证方法、验证指标和各层验证对象，这里也是属于经常考查的点，其相关内容要熟记。这里的命题方式：根据背景资料找出水平逻辑关系中的验证指标和验证方法。

（3）对于逻辑框架法的考查，也有可能会考查逻辑框架矩阵的编制。这里简要介绍一下逻辑框架矩阵的编制顺序：

1）通常顺序：一般先从上到下填写事项名称，然后从下到上填写假设，最后横向填写指标与信息源，即先考虑垂直逻辑中的项目目标与外部条件关系，再考虑水平逻辑的核查顺序。

2）其他顺序：可以先逐层考虑项目目标、指标与信息源的问题，再考虑假设。

问题 3：

【答案】该廉租住房项目水平逻辑产出层次的内容：

客观验证指标：2017 年建设 10 万 m^2 的廉租住房小区，以及小区道路和绿地等配套设施，解决 2000 户低收入居民的住房问题。

验证方法：信息来源是施工单位的工作记录和监理单位的监理报告及全部工程档案，采用方法是现场调查和文案调查。

【要点解析】 本案例问题 3 考查的是逻辑框架法的水平逻辑关系。在本案例问题 2 的要点分析中对于逻辑框架法的一些考查要点及逻辑框架法的编制都进行了阐述，这里不再进行详细说明。

考点 2　SWOT 分析

例： 某大型国有炼油企业具有较强的研发能力，独特的生产技术和雄厚的技术人才实力，生产多种石油化工产品。其中润滑油产品独具特色，培育了一批稳定的客户群体，产品质量一直受到好评，产品在当地有一定的影响。但是该企业作为生产型国有老企业，在传统体制影响下，产品的销售渠道比较单一，专门负责市场销售的人员不足，销售人员没有真正面向市场，难以适应竞争激烈的市场环境。

企业目标市场润滑油需求量为每年 1 万 t，主要有 A、B 两种润滑油产品，两种产品所处产品生命周期的位置如图 1-1 所示。而竞争对手的这两种润滑油销量占市场份额的 70% 以上。造成这种局面的原因除体制之外，还有企业的生产成本高，没有像其他企业一样进行全方位、大规模的广告宣传；产品代销点设置也明显不足，单一规格的产品包装不能满足中小用户对适量油品购买的需求等。

问　题

1. 运用 SWOT 分析法，分析该企业在目标市场中的优势、劣势、机会和威胁。
2. 若该企业在 SWOT 分析图中所处位置如图 1-1 所示，说明企业针对目标应采取的战略选择和实施措施。
3. 根据图 1-2，判断 A、B 两种润滑产品各处于生命周期的哪个阶段，请拟定相应的产品战略。

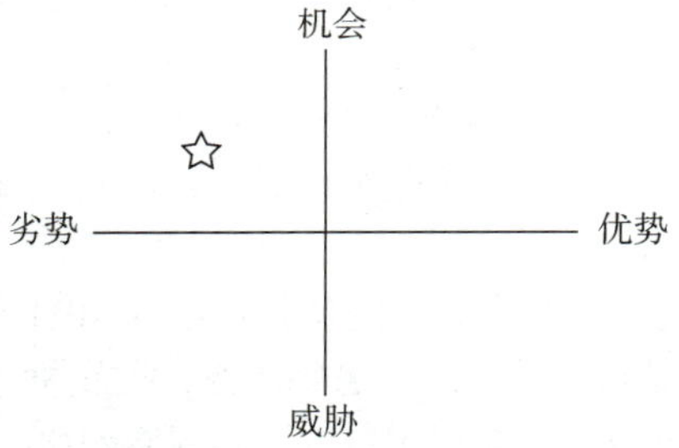

图 1-1　SWOT 分析图

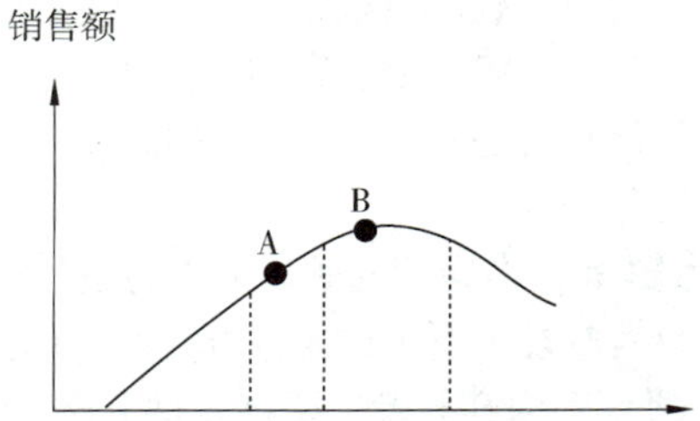

图 1-2　产品生命周期示意图

综合分析

本案例所考查的内容涉及 SWOT 分析（优势与劣势分析、机会与威胁分析、企业战略选择）及产品生命周期的判断与战略需求。

SWOT 分析与市场类型及战略需求相结合考查是比较典型的咨询方法与市场分析相结合的案例题类型。往往有关咨询方法与市场分析的这类问题容易厘不清思路，战略问题通常首先要解决的是对行业的竞争状况进行分析，并在此基础上分析企业在市场中的竞争能力，然后进一步分析企业的内外因素，利用 SWOT 分析、投资组合分析（波士顿矩阵和通用矩阵）等方法，判断产品所处的特征区域，从而确定企业的战略应用。

问题 1：

【答案】 运用 SWOT 分析法，该企业在目标市场中的优势、劣势、机会和威胁分析如下：

优势：①具有较强的研发能力；②具有独特的生产技术和雄厚的技术人才实力；③生产多种石油化工产品。

劣势：①专门负责市场销售的人员不足；②销售人员没有真正面向市场，难以适应竞争激烈的市场环境；③企业的生产成本高；④没有进行全方位、大规模的广告宣传；⑤产品代销点设置也明显不足，单一规格的产品包装；⑥企业作为生产型国有老企业，在传统体制影响下，产品的销售渠道比较单一。

机会：①润滑油产品独具特色；②有稳定的客户群体；③产品质量一直受到好评；④产品在当地有一定的影响。

威胁：①竞争对手的润滑油销量占市场份额的70%以上；②单一规格的产品包装不能满足中小用户对适量油品购买的需求。

【要点解析】 本案例中问题1主要考查了运用SWOT分析法，对企业在目标市场中的优势、劣势、机会和威胁进行分析。优劣势分析主要是着眼于企业自身的实力及其与竞争对手的比较，而机会和威胁分析将注意力放在外部环境的变化及对企业的可能影响上。在分析时，应把所有的内部因素（即优劣势）集中在一起，然后用外部的力量来对这些因素进行评估。SWOT分析法的基本步骤：分析环境因素→构造SWOT矩阵→制订行动计划。

问题2：

【答案】 根据该企业在SWOT分析图中所处位置，该企业针对目标应采取扭转性的战略。

实施措施：①在外部有利机会的条件下，改变企业内部的不利条件；②企业需要对市场份额进行科学的分析，对其中市场份额较低的地区，增加其代销点的设置；③统筹管理，降低企业生产成本；④增加不同的包装规格，以满足客户的需求；⑤对企业进行全方位、大规模的广告宣传，打破传统的营销模式；⑥企业尽量减少传统体制的束缚，增加产品的销售渠道和专门负责市场销售的人员数量，加强对销售人员市场经验的培训，使其适应竞争激烈的市场环境。

【要点解析】 本案例问题2中，主要考查了根据SWOT分析图中企业所处位置，选择相应的企业战略。SWOT分析图（图1-3）分为4个象限，根据背景资料SWOT分析图中企业所处的位置，因此企业应选择扭转性战略。

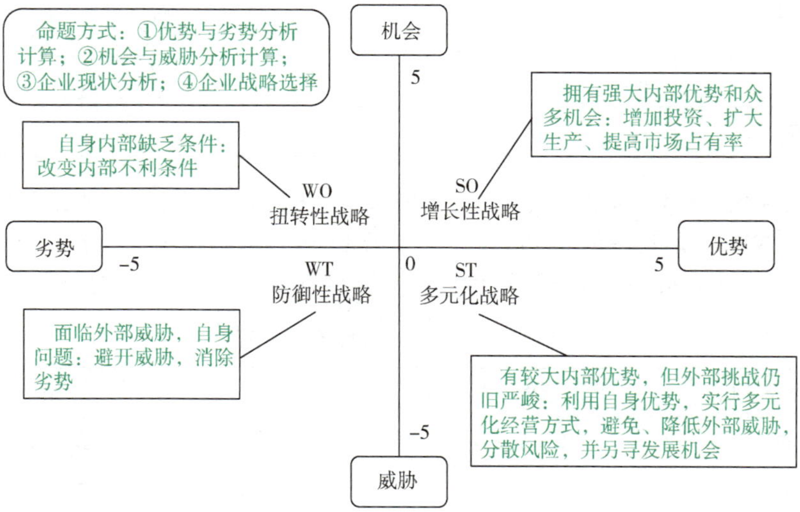

图1-3　SWOT分析图

注意：（1）在进行SWOT分析时，首先看优势劣势，基于挑战评分，看是位于哪个象限。
（2）考生要牢记增长、扭转、防御、多元化战略对应的象限，以及相应的战略。

问题 3：

【答案】 根据图 1-1，A 种润滑产品处于生命周期中的成长期，行业处于生命周期中的成长期，产品有发展潜力，企业有竞争的实力。因此 A 种润滑产品的战略是：增加投资，进一步地扩大业务。

B 种润滑产品处于生命周期中的成熟期，企业生产规模最大化，有较大的现金收益。所以产品 B 的战略是：不再追加投资，维持现有的规模让其稳定发展生产，以便于快速收回成本，获得利益。

【要点解析】 在解答本案例问题 3 时，考生根据背景资料中的产品生命周期示意图，就可判断出 A、B 两种润滑产品的生命周期阶段及相应的产品战略。一个产品的生命周期大致可分为：导入期、成长期、成熟期和衰退期四个阶段。产品处于不同的生命周期会影响企业的战略选择。

【考查 SWOT 分析的案例小结】

1. 考生要厘清四个重点要素，理解并区分“机会”和“优势”，“劣势”和“威胁”。
2. 会画 SWOT 分析图。
3. 根据背景资料中所述情形，分析判断象限。
4. 提出相应的做法：如什么战略、原理或者做具体的文字描述。

考点 3　工程咨询信息采集途径、数据挖掘步骤

例：某咨询公司接受 A 公司委托，预测 2019 年 A 公司目标市场地区的手机消费量，并提出 A 公司的基本竞争战略，咨询公司成立了项目工作组。项目经理要求：近期咨询人员的工作重点是采用文案调查和实地调查方法收集信息资料，并采用网络信息挖掘技术获取信息，用于辅助决策。项目组收集到的 2015～2018 年 A 公司目标市场地区人均可支配收入和手机消费量统计数据见表 1-1。

表 1-1　A 公司目标市场地区人均可支配收入和手机消费量统计数据

年　份	人均可支配收入/(元/年)	手机消费量/(万部/年)
2015	21300	165
2016	23200	188
2017	25000	210
2018	27100	239

为了给可支配收入和手机消费量统计数据提出基本竞争战略，咨询公司预测 2019 年该地区的人均可支配收入为 29200 元/年，并邀请 36 位业内专家征询意见，对影响手机销售的质量、品牌、价格、外观和售后服务五项因素，按其重要性进行排序。咨询专家对五项因素的排序情况见表 1-2。

表 1-2　咨询专家对五项因素的排序情况

排名/专家数量/因素	质　量	品　牌	价　格	外　观	售后服务
第一位	13	9	5	2	7
第二位	8	14	7	4	3
第三位	4	7	10	7	8
第四位	…	…	…	…	…
第五位	…	…	…	…	…

对各因素的评分标准为：第一位给 3 分，第二位给 2 分，第三位给 1 分，第四位、五位不给分。

问 题

1. 除项目经理要求的信息资料收集方法外，通常还有哪些收集信息资料的方法？网络信息挖掘的具体步骤有哪些？

2. 用收入弹性系数法预测2019年的手机消费量。

3. 根据咨询专家的意见，通过计算确定手机销售量的五个因素的排序。

（要求列出计算过程）

综合分析

本案例是一道2019年真题，综合考查了工程咨询信息采集途径（2010年、2011年、2014年、2019年、2021年进行了考查）、工程咨询数据挖掘及市场分析（弹性系数法、德尔菲法）的内容。弹性系数法在2010年、2012年、2017年、2018年、2019年、2020年、2021年考试中进行了考查，考生要重点掌握。德尔菲法在2014年、2017年、2019年、2021年、2023年考试中进行了考查，考生要重点掌握。

问题1：

【答案】（1）除项目经理要求的信息资料收集方法外，通常还有问卷调查法、实验调查法。

（2）网络信息挖掘的具体步骤：①确立目标样本；②提取特征信息；③网络信息获取；④信息特征匹配。

【要点解析】本案例问题1考查了两个要点，一是工程咨询信息采集途径；二是网络信息挖掘的步骤。工程咨询信息采集途径属于考生需要重点记忆并理解的内容，四种方法的相关要点考生要牢记，往往在考试中就会让考生根据背景资料选择适合的工程咨询信息资料收集方法。网络信息挖掘的步骤属于数据分析与挖掘包含的要点，该考点在2019年的考试中进行了考查，因此考生要将数据分析与挖掘的内容牢记。（网络信息挖掘步骤记忆口诀：确提信网）

工程咨询信息采集途径这个考点还可以这样进行考查：

（1）根据案例背景资料中给出相关信息，让考生选择应当使用何种咨询项目市场信息采集方法。

（2）案例背景资料中给出所采用的咨询项目市场信息采集方法，让考生判断案例中所使用的方法正确与否，如不正确，写出适合的咨询项目市场信息采集方法。

（3）案例背景资料中给出所采用的咨询项目市场信息采集方法，然后让考生写出案例背景资料中所使用方法的特点、优点或者其他相关内容。

问题2：

【答案】（1）计算2015～2018年手机收入弹性系数（表1-3）：

2016年弹性系数 $=[(188-165)/165]/[(23200-21300)/21300]=1.56$。

2017年弹性系数 $=[(210-188)/188]/[(25000-23200)/23200]=1.51$。

2018年弹性系数 $=[(239-210)/210]/[(27100-25000)/25000]=1.64$。

取2015～2018年的弹性系数平均数作为2019年的弹性系数：

2019年弹性系数 $=(1.56+1.51+1.64)/3=1.57$。

表1-3　2015～2018年手机收入弹性系数

年份	人均可支配收入/(元/年)	手机消费量/(万部/年)	收入弹性系数
2015	21300	165	—
2016	23200	188	1.56
2017	25000	210	1.51
2018	27100	239	1.64

2016～2018 年手机消费收入弹性系数为 1.56～1.64，平均为 1.57。因此，取 2019 年的弹性系数为 1.57。

（2）计算 2019 年该地区手机的需求量增长率：

收入弹性＝购买量变化率/收入变化率

以 2018 年为基数，2019 年手机消费增长（即购买量变化率）为

购买量变化率＝收入增长比例×收入弹性系数＝(29200－27100)×100%/27100×1.57＝12.17%。

（3）计算 2019 年手机需求量：

2019 年该地区手机需求量＝239 万部×（1＋12.17%）＝268.09 万部。

【要点解析】 本案例问题 2 考查了收入弹性系数法。可根据下列公式进行计算：

$$收入弹性＝购买量变化率/收入变化率或\ \varepsilon_1 = (\Delta Q/Q)/(\Delta I/I)$$

在计算收入弹性时，收入水平的衡量可以用国民收入、人均收入、其他收入变量。通常，收入弹性为正数，表示收入增加，购买量上升；收入减少，购买量下降。

问题 3：

【答案】 根据咨询专家的意见，影响手机销售量的五个因素得分情况：

（1）质量得分＝13×3＋8×2＋4×1＝59。

（2）品牌得分＝9×3＋14×2＋7×1＝62。

（3）价格得分＝5×3＋7×2＋10×1＝39。

（4）外观得分＝2×3＋4×2＋7×1＝21。

（5）售后服务得分＝7×3＋3×2＋8×1＝35。

综上所述，影响手机销售量的五个因素排序依次为：品牌、质量、价格、售后服务、外观。

【要点解析】 本案例问题 3 考查了德尔菲法。德尔菲法是在专家个人判断法和专家会议法的基础上发展起来的一种专家调查法。考查德尔菲法这个要点时，一般是考查德尔菲法的基本步骤（即工作程序），在 2019 年考试考查了通过计算影响因素并且排序的题目，考生要将此类型多加研习，以免在以后考试重复考查此类型的题目。

考点 4　PEST 分析法

例： A 企业委托甲咨询机构协助研究制订企业长远发展战略。甲咨询机构在咨询意见中提出，A 企业的长远发展战略应基于如图 1-4 所示三个维度的分析来制订。

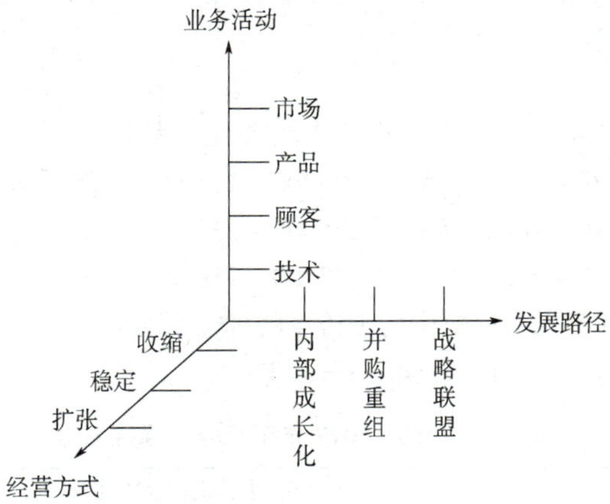

图 1-4　A 企业长远发展战略分析维度

在对 A 企业业务活动的战略研究中，为了分析 A 企业的竞争能力，甲咨询机构组织专家对 A 企业及其主要竞争对手 B 企业和 C 企业评估打分，构建了如表 1-4 所示的竞争态势矩阵。

表 1-4　A、B、C 企业的竞争态势矩阵

序号	关键竞争因素	权重	企业得分		
			A	B	C
1	市场占有率	0.15	5	4	3
2	产品品牌、质量	0.25	4	4	5
3	产品性能、成本	0.25	4	5	5
4	顾客忠诚度	0.15	3	3	2
5	技术壁垒	0.2	5	4	5

甲咨询机构了解到 A 企业主要产品的市场占有率和市场增长率都较高，这类产品极具发展潜力，A 企业是高速增长市场中的领先者之一，具有较强的竞争力。

甲咨询机构采用 PEST 分析法分析了 A 企业所面临的税收政策、产业政策、投资政策以及民众的政治参与度等政治环境，认为该环境对 A 企业的发展非常有利，建议 A 企业对同类产品生产企业采取并购重组、战略联盟等方式实施一体化战略。

问　题

1. 根据表 1-4 竞争态势矩阵，计算各企业的加权强势得分，并说明与 B、C 企业相比，A 企业是否具有竞争优势。

2. A 企业的主要产品处于产品生命周期的哪个阶段？甲咨询机构应建议 A 企业在经营方向上采取什么战略？A 企业应采取的相应措施是什么？

3. 甲咨询机构采用的 PEST 分析法，除了进行政治环境分析外，还需进行哪几个方面的分析？具体的分析内容是什么？该分析方法有什么局限性？

4. 甲咨询机构建议的一体化战略属于哪种类型的一体化战略？实施该一体化战略可能给 A 企业带来哪些益处？

（计算部分要求列出计算过程，计算结果保留两位小数）

综合分析

本案例涉及现代工程咨询方法与战略分析的内容，主要考查了战略分析中的产品生命周期、企业竞争能力分析、市场战略类型、现代工程咨询方法中的 PEST 分析法，考查内容较为典型，考生需要熟记相关重要考点内容。

问题 1：

【答案】根据表 1-4，各企业的加权强势得分计算：

（1）A 企业的加权强势得分 =（5 × 0.15 + 4 × 0.25 + 4 × 0.25 + 3 × 0.15 + 5 × 0.2）分 = 4.20 分。

（2）B 企业的加权强势得分 =（4 × 0.15 + 4 × 0.25 + 5 × 0.25 + 3 × 0.15 + 4 × 0.2）分 = 4.10 分。

（3）C 企业的加权强势得分 =（3 × 0.15 + 5 × 0.25 + 5 × 0.25 + 2 × 0.15 + 5 × 0.2）分 = 4.25 分。

根据综合得分分析，C 企业的加权强势得分 4.25 分 > A 企业的加权强势得分 4.20 分 > B 企业的加权强势得分 4.10 分。因此，C 企业最具有竞争优势。

因此，与 B 企业相比，A 企业具有竞争优势；与 C 企业相比，A 企业不具有竞争优势。

【要点解析】本案例问题 1 考查了竞争态势矩阵的内容。竞争态势矩阵（CPM 矩阵）用于确认企业的主要竞争对手及相对于该企业的战略地位，以及主要竞争对手的特定优势与弱点。

问题 2：

【答案】A 企业的主要产品处于产品生命周期的成长期。

甲咨询机构应建议 A 企业在经营方向上采取发展战略。

A 企业采取的措施包括追加投资、扩大业务、提高市场占有率。

【要点解析】本案例问题 2 考查了产品生命周期。本考点属于高频考点，考生要熟记。一个产品的生命周期传统上可分为四个阶段：导入期、成长期、成熟期和衰退期。根据背景资料中告知信息：A 企业主要产品的市场占有率和市场增长率都较高，这类产品极具发展潜力，A 企业是高速增长市场中的领先者之一，具有较强的竞争力；结合生命周期阶段特点，可以判断出 A 企业的主要产品处于成长期。对于 A 企业来说，此时是进入该行业的理想时机。因此，A 企业在经营策略上需采取发展策略，可采取的措施是追加投资、扩大业务、提高市场占有率。

问题 3：

【答案】甲咨询机构除了进行政治环境分析外，还需分析经济环境、社会自然环境和技术环境三个方面。

经济环境分析具体内容包括宏观经济环境和微观经济环境。社会自然环境分析具体内容包括社会环境和自然环境。技术环境分析具体内容是与本企业产品有关的科学技术的现有水平、发展趋势及发展速度，跟踪掌握新技术、新材料、新工艺、新设备，分析对产品生命周期、生产成本以及竞争格局的影响。

因外部各种因素变化大，且行业或企业的发展需要考虑各种因素，既包括外部环境，同时又要考虑内部条件，而 PEST 分析法只考虑了宏观环境因素，故具有局限性，需要与 SWOT 分析法等其他综合分析法结合使用。

【要点解析】本案例问题 3 考查了 PEST 分析法。该知识点在 2021 年的考试中进行了考查，考生需掌握它的局限性、分析内容。PEST 分析法分析内容如图 1-5 所示。

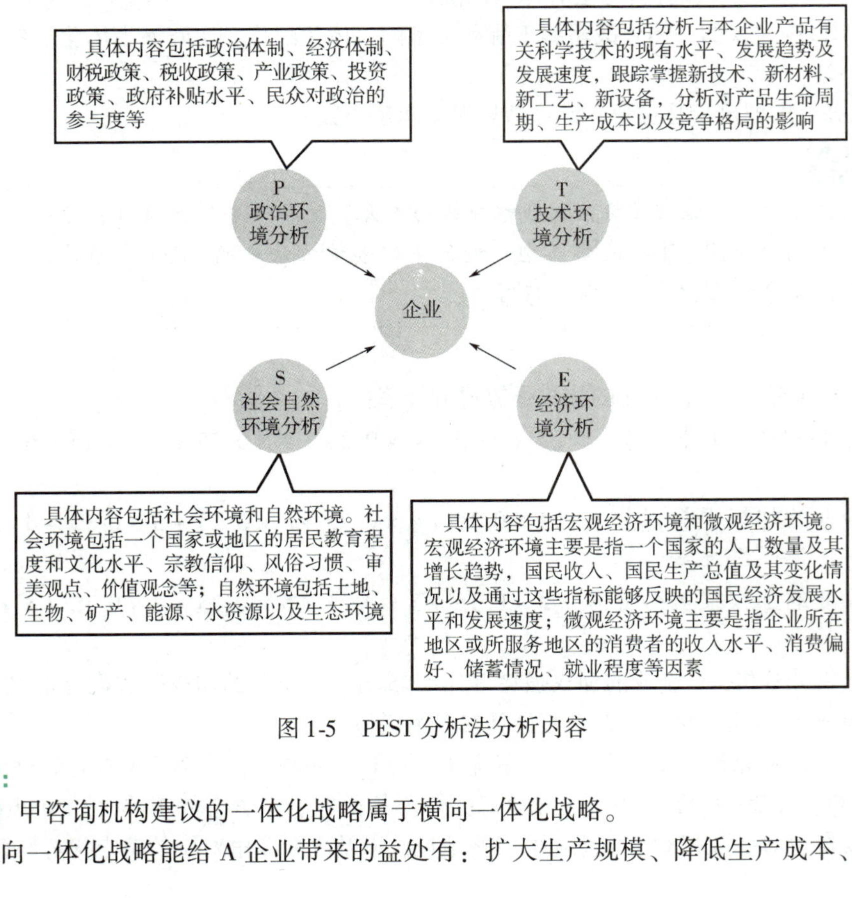

图 1-5　PEST 分析法分析内容

问题 4：

【答案】甲咨询机构建议的一体化战略属于横向一体化战略。

实施横向一体化战略能给 A 企业带来的益处有：扩大生产规模、降低生产成本、巩固企业市场地位、提高综合竞争力。

【要点解析】本案例问题 4 考查了市场战略类别中的一体化战略。一体化战略包括纵向一体化战略和横向一体化战略。纵向一体化也称为垂直一体化，是指生产或经营过程相互衔接、紧密联系的企业之间实现一体化。横向一体化也称为水平一体化，是指与处于相同行业、生产同类产品或工艺相近的企业实现联合，实质是资本在同一产业和部门内的集中，目的是实现扩大规模、降低产品成本、巩固市场地位、提高综合竞争力。因此，再结合本题中告知的信息可以判断出甲咨询机构建议的一体化战略属于横向一体化战略。

四、本章真题实训

【2023 年真题】

A 集团公司委托 B 招标代理公司，对其光伏发电咨询服务项目开展公开招标，评标方式为综合评估法，共有 C、D、E、F、G 五家咨询公司参与投标，经过投标文件审查，符合要求的有 C、D、E、G 四家咨询公司，报价分别为 200 万元、180 万元、90 万元和 100 万元，最终 A 集团公司根据服务报价选择了投标报价最低的 E 咨询公司为中标人。

咨询公司已收集到的信息如下：①在国家发展规划中，光伏发电装机容量将有大幅度增加；②我国光伏发电企业数量逐渐增加，市场竞争激烈；③我国光伏发电生产成本逐年下降，利润水平逐年提高；④A 集团公司资金雄厚；⑤A 集团公司技术研发力量强；⑥A 集团公司投资光伏发电起步较同行企业晚，初期市场占有率低；⑦A 集团公司光伏发电生产销量逐年上升；⑧政府对新能源发电上网电价实施优惠政策。

为给 A 集团公司提供投资决策数据，需要预测未来五年 A 集团公司的光伏发电装机容量。甲咨询工程师提出应基于 A 集团公司 2017～2022 年光伏发电装机容量数据采用简单移动平均法进行预测；乙咨询工程师认为应邀请光伏发电相关的 20 位专家，运用德尔菲法通过召开专家研讨会的方式，对 A 集团公司的光伏发电装机容量进行预测。

问　题

1. A 集团公司根据服务报价高低选择咨询公司是否合理？说明理由。
2. 采用 SWOT 方法分析 A 集团公司光伏发电业务的优势、劣势、机会和威胁因素，并说明应采取的战略及其主要措施。
3. 甲咨询工程师的提议是否合理？说明理由。
4. 乙咨询工程师的提议是否合理？说明理由。

五、本章真题实训答案

1. A 集团公司根据服务报价高低选择咨询公司，不合理。

理由：因为评标方式为综合评估法，而不是经评审的最低投标价法。根据综合评估法，最大限度满足招标文件中规定的各项综合评价标准的投标，应当推荐为中标候选人，只根据服务价格高低进行选择不符合综合评估法的要求。

2. A 集团公司光伏发电业务的优势：④、⑤、⑦。

A 集团公司光伏发电业务的劣势：⑥。

A 集团公司光伏发电业务的机会：①、③、⑧。

A 集团公司光伏发电业务的威胁：②。

优势 > 劣势，机会 > 威胁，所以应采取 SO 战略，即增长性战略，具体措施为增加投资、扩大生产、提高市场占有率。

3. 甲咨询工程师的提议不合理。

理由：因为简单移动平均法只适用于短期预测，在大多数情况下只用于以月度或周为单位的近期预测，而A集团公司需要预测未来五年的光伏发电装机容量，不属于短期预测。简单移动平均法只是在处理水平型历史数据时才有效，而在国家发展规划中，光伏发电装机容量将有大幅度的增加。

4. 乙咨询工程师的提议不合理。

理由：因为德尔菲法是请专家背靠背作答，而不是召开专家研讨会。此外，德尔菲法尤其适用于长期预测，特别是当预测时间跨度长达10~30年，以及预测缺乏历史数据时，采用德尔菲法能够取得较好的效果，但本次是对A集团公司未来五年光伏发电装机容量的预测，且具有充足的历史数据。

六、本章同步练习

试题一

某市政府为加快实现脱贫目标，准备在下辖的贫困县实施新建乡村公路网项目，该项目的可行性研究报告提出的项目目标等包括以下方面：

（1）增加当地农产品向外地运输的渠道。

（2）改善当地基础设施条件，帮助农民摆脱贫困。

（3）当地农产品加工业生产总值年增速达到10%。

（4）省级财政拨款2亿元，市级财政拨款1亿元。

（5）实现该贫困县的公路村村通。

（6）预计用工4万人/月，工期1.5年。

（7）建成公路240km，各类桥涵30座。

（8）由县政府统筹征地和拆迁安置。

（9）该县农民人均年收入由4000元提高到6000元。

负责本项目前期咨询工作的咨询工程师拟采取逻辑框架法对项目进行分析。

问　题

1. 在逻辑框架表中，目标分为哪几个层次？将本项目的各项目标归纳入相应的层次。
2. 逻辑框架法中水平逻辑分析的目的是什么？水平逻辑由哪几项构成？
3. 请根据项目情况，为项目的具体目标、项目投入和活动分别设计客观验证方法。

试题二

B公司是一家国有高科技企业，享有国家专项扶持政策，金融环境宽松，员工整体素质较好，资金储备充足，但研发能力一般，产品性能处于同类产品的中游水平。随着销售规模的提升，管理上的问题凸显，销售渠道布局也不够完善，对市场反应慢等问题开始出现。同时，该公司所处行业技术进步快，新的性能更好的替代产品很快将出现，现有产品的材料供应商也明显减少。

问　题

1. 运用SWOT分析法，构造并画出该企业的SWOT矩阵。
2. 选择适合该企业的战略，并画出SWOT分析图，标出该企业在分析图中的位置。
3. 简述SWOT分析法的基本步骤。

试题三

X 公司是一家家电生产企业，其生产的 A 产品目前处于衰退期。X 公司采取了降价措施，A 产品的价格从 2012 年的 2200 元/件下降到 2013 年的 2000 元/件，其销售量随之从 2012 年的 60 万件/年上升到 2013 年的 69 万件/年。

为了降低企业的市场风险，X 公司拟实施多元化经营，考虑进入游戏软件开发行业。为此，X 公司委托 Y 咨询公司分析了该行业的吸引力，见表 1-5。

表 1-5　游戏软件开发行业吸引力评价

关键行业特征	权重	得分（1~5 分）	关键行业特征	权重	得分（1~5 分）
市场增长率	0.25	5	技术要求	0.20	2
竞争强度	0.18	3	产业政策	0.15	4
行业盈利水平	0.12	5	资金需求	0.10	4

为了给 X 公司提供更加科学的咨询建议，Y 咨询公司还详细考察了近年来 X 公司所面临的外部环境因素，主要包括：

（1）中国加入世贸组织 5 年过渡期已经结束，平均进口关税下降到 9.9%。

（2）法律体系日益健全和完善。

（3）生产技术不断更新。

（4）中国国内生产总值连续 4 年保持了 10% 以上的增长率。

（5）高等教育进入大众化阶段。

（6）银行存贷款利率上升。

（7）全社会的诚信观念进一步加强。

（8）《中华人民共和国专利法》颁布实施。

（9）风险投资资金来源多样化。

（10）新产品层出不穷，产品生命周期越来越短。

同时，X 公司的决策层也分析了本公司所处的家电行业以及拟进入的游戏软件开发行业的成功关键因素，认为：家电行业的成功关键因素是低成本产品设计、低成本厂址和较高的劳工技能；而软件开发行业的成功关键因素则是既定技术应用能力和网络营销能力。

问　题

1. X 公司对 A 产品在市场、生产经营、研发和投资战略四个方面应分别采取哪些相应的战略？
2. 根据 A 产品 2012 年、2013 年的价格和销售量数据，计算该产品的价格弹性。
3. 根据 Y 咨询公司所做游戏软件开发行业吸引力评价表，X 公司是否应该进入该领域？说明理由。
4. 利用 PEST 分析方法对 X 公司面临的外部环境因素进行归类。
5. 在家电行业和软件开发行业成功关键因素的分析中，除了 X 公司决策层考虑的上述因素外，这两个行业分别还有哪些成功关键因素？

试题四

某新建高速公路项目总投资 95 亿元人民币，总长度约 150km，途经某贫困地区。项目资金来源如下：某国际金融机构贷款 3 亿美元，国内商业银行贷款 50 亿元人民币，其余由交通部门和当地政府解决。该国际金融机构要求其部分贷款用于从国外采购 8 套相同的公路专用设备，且设备到达建设地点时的总金额不得超过其贷款总额的 10%。该设备的外贸手续费费率为 1.5%，进口关税税率为 10%，国内运杂费为 30 万元/套，假定其他税费不考虑（外汇牌价按 1 美元 =6.5 元人民币)。B咨询公司对该高速公路进行国民经济评价时，首先对项目进行了费用和效益的识别，认为该项目的国民经济效益主要有：①高速公路收费增加；②汽车运输费用节约；③乘客行程时间节省；④每年交通部门增拨公路养护专项补贴；⑤交通事故减少等。

B公司运用逻辑框架法对该项目进行社会评价时，认为减轻项目途经地区的贫困是本项目的目标之一，并分别分析了项目目标的垂直逻辑关系和水平逻辑关系；通过实地调查法调查了部分村庄的农户贫富状况。

问 题

1. 简述实地调查法。

2. 每套公路专用设备的到岸价不高于多少美元，才符合国际金融机构的要求？

3. B咨询公司识别的国民经济效益中，哪些是正确的？

4. B咨询公司运用逻辑框架法确定本项目目标时，垂直逻辑关系和水平逻辑关系分析的目的分别是什么？它们各分析哪些因素之间的逻辑关系。

(计算结果保留两位小数)

七、本章同步练习答案

试题一

1. 在逻辑框架表中，目标层次包括宏观目标、具体目标、产出、投入和活动。

上述(1)~(9)项因素中，宏观目标：(2)，具体目标：(1)(3)(5)(9)，产出：(7)，投入和活动：(4)(6)(8)。

2. 逻辑框架法中水平逻辑分析的目的是：通过主要验证指标和验证方法来衡量一个项目的资源和成果。

水平逻辑由验证指标、验证方法和重要的假定条件所构成。

3. 具体目标层次的客观验证方法包括项目实施效果分析报告、该贫困县国民经济和社会发展统计资料、项目及工程监理报告、工程进度报告、项目后评价报告、项目竣工验收报告等。

项目投入和活动的客观验证方法包括项目开工报告、项目可行性研究报告、工程进度报告、当地政府的相关政策文件等。

试题二

1. 该企业的SWOT矩阵见表1-6。

表1-6　该企业的SWOT矩阵

内部条件	优势(S)	劣势(W)
	①员工整体素质较好 ②资金储备充足	①研发能力一般 ②产品性能处于同类产品的中游水平 ③管理问题凸显 ④销售布局不完善 ⑤对市场反应慢
外部环境	机会(O)	威胁(T)
	①享有国家专项扶持政策 ②金融环境宽松 ③行业技术进步较快	①新的性能更好的替代产品将出现 ②现有产品的材料供应商明显减少

2. 根据上述分析，该企业在市场上的劣势大于优势，机会多于威胁。因此，该企业应利用外部机会，改变内部的不利条件，弥补内部劣势，适合采用 WO 战略，即扭转性战略。SWOT 分析图如图 1-6 所示。

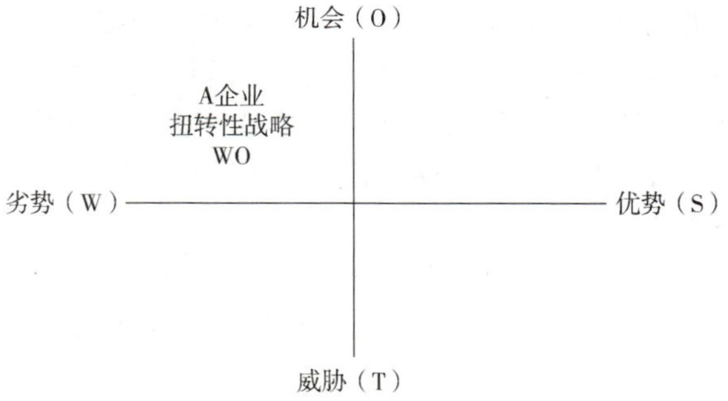

图 1-6　SWOT 分析图

3. 运用 SWOT 分析法大体上分成三个步骤：分析环境因素；构造 SWOT 矩阵；制订行动计划。

试题三

1. A 产品处于生命周期中的衰退期，应采取以下战略。

（1）市场方面：重新选择市场区域，改善企业形象。

（2）生产经营方面：缩小生产规模或缩减生产能力，保持价格优势。

（3）研发方面：研发可替代的新产品。

（4）投资战略方面：不再增加投资，逐渐减少投资，逐步退出该领域。

2. 利用价格弹性公式，A 产品的价格弹性 $= (\Delta Q/Q)/(\Delta P/P) = [(69-60)/60]/[(2000-2200)/2200] = -1.65$。

3. X 公司应该进入该领域。从案例中的行业吸引力评分表可以计算出游戏软件开发行业的行业吸引力评分为 $5\times0.25+3\times0.18+5\times0.12+2\times0.20+4\times0.15+4\times0.10=3.79$。

4. PEST 分析是从政治、经济、社会、技术四个方面进行外部环境因素分析。由此可得出：

（1）政治环境方面：（2）（8）。

（2）经济环境方面：（1）（4）（6）（9）。

（3）社会环境方面：（5）（7）。

（4）技术环境方面：（3）（10）。

5. 除了题目所给的因素之外，家电行业的成功关键因素还包括生产成本低、固定资产高、生产能力利用率、产品设计能力强等；而软件行业的成功关键因素还包括科研专家、工艺创新能力、产品创新能力等。

试题四

1. 实地调查法是调查人员直接到市场或某些场所（商品展销会、商品博览会、商场等）亲身感受或借助于某些摄录设备和仪器，跟踪、记录调查对象的活动、行为和事物的特点，获取所需信息资料。

2. 经分析，要求 8 套设备的购置费不得高于 30000 万美元 ×10% =3000 万美元，也就是说每套设备不得高于 3000 万美元/8 套 =375 万美元/套。

本题每套设备的购置费 = CIF + 进口关税 + 外贸手续费 + 国内运杂费≤375 万美元。

进口关税 = CIF ×10%，外贸手续费 = CIF ×1.5%。

国内运杂费 = (30/6.5)万美元/套 =4.62 万美元/套。

即，每套设备的购置费 = (CIF + CIF × 10% + CIF × 1.5% + 4.62)万美元≤375 万美元。

[CIF(1 + 10% + 1.5%) + 4.62]万美元≤375 万美元。

CIF≤332.18 万美元。

即每套公路专用设备的到岸价不高于 332.18 万美元才符合国际金融机构的要求。

3. B 咨询公司识别的国民经济效益中，正确的国民经济效益应是②汽车运输费用节约和③乘客行程时间节省。因①高速公路收费增加和④每年交通部门增拨的专项补贴属于转移支付，不应计入国民经济效益；因该项目是新建高速公路，途径贫困地区，按照有无对比原则，没有对比对象，所以不存在⑤交通事故减少这一经济效益。

4. 垂直逻辑关系分析的目的是阐述各层次目标内容及其上下间的因果关系；水平逻辑关系分析的目的是通过主要验证目标和验证方法来衡量一个项目的资源和成果之间的效率。

第二章

规划咨询的主要理论与方法

一、本章核心考点分布

二、专家剖析考点

1. 本章内容文字描述的篇幅较大，考生不必死记硬背，掌握重点内容即可。

2. 在2020年考试中考查了区位熵的定量计算与数据分析，因此考生对区位熵的计算公式、分析、优缺点要牢记，这些均是考查点。

3. 波特钻石模型中四个基本要素＋两个辅助要素考生要能够理解并且牢牢掌握。

4. 德尔菲法的基本步骤、利弊及应用范围考生要牢记。

5. 城市首位度的理论考生要会应用及论述，2019年、2023年的考试中考查了城市首位度的计算、数据分析。

6. 区域发展阶段分析的内容在2021年、2022年、2023年的考试中进行了考查，考生要熟悉相关内容。

7. 对于情景分析法的步骤、规划编制工作流程方法等内容，考生需理解、记忆。

三、本章核心考点必刷题

考点1　德尔菲法、情景分析法

例：甲咨询公司受A市政府委托，编制A市“十四五”生物医药产业发展规划，甲咨询公司通过调研获得的 A 市三大产业结构相关数据见表 2-1。

表 2-1　A 市三大产业结构相关数据　　（单位：亿元）

项目	年份	
	2001	2020
地区生产总值	1035	3960
第一产业增加值	162	243
第二产业增加值	495	2070
第三产业增加值	378	1647

甲咨询公司在分析预测 A 市“十四五”生物医药产业发展前景时，拟采用德尔菲法，具体操作时，邀请 5 位专家召开了研讨会，请专家现场填写调查问卷，并在会议结束时收回，会后根据专家调查问卷归纳整理结果。专家意见显示，影响 A 市生物医药产业发展的主要因素是市场变化、技术进步、产业政策、环保要求和资源约束，其中市场变化和技术进步存在较大不确定性，而其他三个因素变化趋势明确。

针对市场变化和技术进步这两个因素的不确定性，甲咨询公司又进一步采用情景分析法对 A 市生物医药产业发展前景进行了分析预测。结果表明，“十四五”期间，A 市生物医药产业市场需求稳定和增长的可能性分别为 30% 和 70%，技术进步取得重大突破的可能性为 60%。

问　题

1. 利用表 2-1 中数据，计算 2001 年及 2020 年三大产业的比重，并据此判断 A 市 2001 年及 2020 年所处的工业化阶段。

2. 结合 A 市的工业化发展历程，说明 A 市产业结构是否有所优化，并说明主要体现在哪些方面。

3. 根据专家意见结果，构建 A 市生物医药产业未来发展情景，并计算每种情景的发生概率。

4. 指出甲咨询公司在使用德尔菲法过程中的不妥之处，并写出相应的正确做法。

（计算部分要求列出计算过程，最终计算结果以百分数表示，保留一位小数）

综合分析

本案例为一道 2022 年真题，综合考查了本章内容，涉及工业化发展阶段、情景分析法、德尔菲法的内容。

问题 1：

【答案】（1）A 市 2001 年：

第一产业比重 =（162/1035）×100% =15.7%

第二产业比重 =（495/1035）×100% =47.8%

第三产业比重 =（378/1035）×100% =36.5%

根据工业化不同阶段的产业结构特征，第一产业比重 15.7% <20%，且第二产业比重 47.8% > 第三产业比重 36.5%，所以 A 市在 2001 年处于工业化中期阶段。

（2）A 市 2020 年：

第一产业比重 =（243/3960）×100% =6.1%

第二产业比重 =（2070/3960）×100% =52.3%

第三产业比重 =（1647/3960）×100% =41.6%

根据工业化不同阶段的产业结构特征，第一产业比重 6.1% <10%，且第二产业比重 52.3% > 第三产业比重41.6%，所以A市在2020年处于工业化后期阶段。

【要点解析】本案例问题1考查了产业结构划分的工业化发展阶段，需要进行简单的计算，然后根据工业化不同阶段的产业结构特征去判断A市2001年及2020年所处的工业化阶段。

问题2：

【答案】（1）A市从2001年所处的工业化中期阶段，发展到2020年所处的工业化后期阶段，产业结构有所优化。

（2）体现在产业的高附加值化、高技术化、高集约化和高加工度，表现在第一产业比例不断缩小，第二产业和第三产业比例不断提高，尤其是高科技含量的产业在国民经济中的比重上升，各产业之间按比例协调发展。

【要点解析】本案例问题2考查了产业结构优化的表现，属于记忆类型的内容，考查无难度，记忆即可。

问题3：

【答案】针对两个不确定因素，即市场变化和技术进步，构建A市生物医药产业未来发展情景。

情景1：A市生物医药产业市场需求稳定，且技术取得重大突破，发生概率=30%×60%=18%。

情景2：A市生物医药产业市场需求稳定，且技术未取得重大突破，发生概率=30%×(1-60%)=12%。

情景3：A市生物医药产业市场需求增长，且技术取得重大突破，发生概率=(1-30%)×60%=42%。

情景4：A市生物医药产业市场需求增长，且技术未取得重大突破，发生概率=(1-30%)×(1-60%)=28%。

【要点解析】本案例问题3考查了情景分析法。情景分析法又称脚本法或者前景描述法，是假定某种现象或某种趋势将持续到未来的前提下，对预测对象可能出现的情况或引起的后果做出预测的方法。通常用来对预测对象的未来发展做出种种设想或预计，是一种直观的定性预测方法。该分析法在资源需求、能源消费、污染物排放等领域运用广泛。在规划咨询中，情景分析法可用于对未来发展目标、发展方向的预测。一般包括的主要步骤，如图2-1所示。

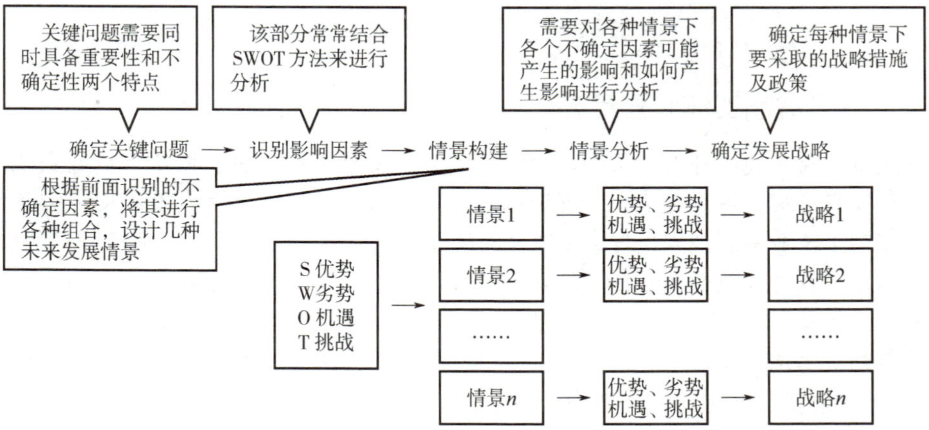

图2-1 规划咨询中运用情景分析法的主要步骤

问题4：

【答案】指出甲咨询公司在使用德尔菲法过程中的不妥之处，并写出相应的正确做法：

（1）不妥之处一：邀请5位专家。

正确做法：选择专家的数量应为20人左右，可依据预测问题的规模和重要程度进行调整。

（2）不妥之处二：邀请专家召开研讨会。

正确做法：应邀请专家背靠背作答，相互不了解彼此意见。采用多轮征询意见，允许专家修改和完善自己的意见，并且通过专家意见反馈，让专家了解到专家集体意见的倾向以及持不同意见者的理由。

（3）不妥之处三：请专家现场填写调查问卷，并在会议结束时收回。

正确做法：组织调查实施一般调查要经过 2～3 轮。第一轮将预测主体和相应预测时间表发给专家，给专家较大的空间自由发挥。第二轮将经过统计和修正的第一轮调查结果发给专家，让专家对较为集中的预测事件评价、判断，提出进一步的意见，经预测工作组整理统计后，形成初步预测意见。如有必要可再依据第二轮的预测结果制定调查表，进行第三轮预测。

（4）不妥之处四：会后根据专家调查问卷归纳整理结果。

正确做法：将调查结果汇总，进行进一步的统计分析和数据处理。一般计算专家估计值的平均值、中位数、众数以及平均主观概率等指标。

【要点解析】 本案例问题 4 考查了德尔菲法。该考点属于高频考点，尤其是德尔菲法的应用步骤、优点、缺点，经常以分析判断并改正的题型进行考查，考生要注意掌握该知识点内容。德尔菲法的相关要点如图 2-2 所示。

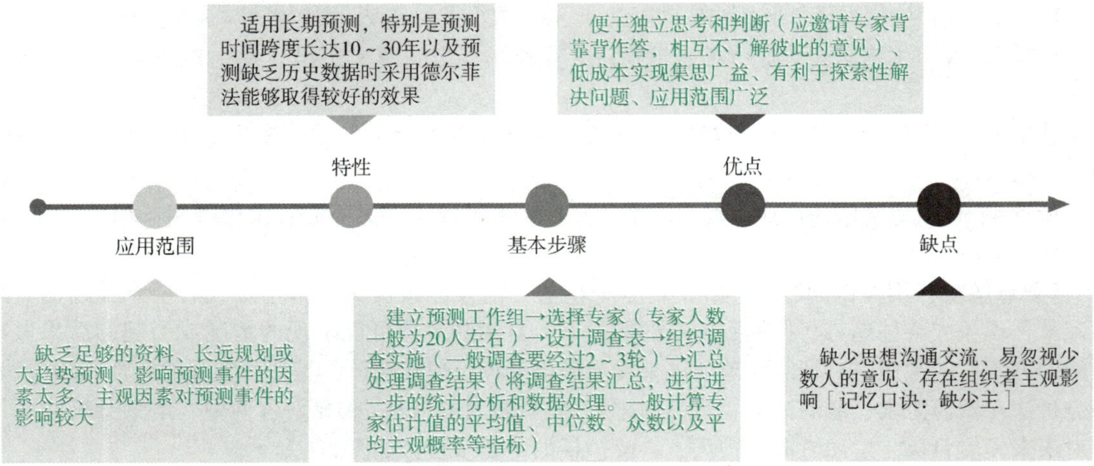

图 2-2　德尔菲法的相关要点

考点 2　规划编制工作流程方法

例： 某大型国有房地产开发企业拟在西部区域 A 开发房地产业务，调研人员赴当地对项目建设与该地区近年发展规划适应性进行了现场调研，并进行了分析，对重点投资项目的条件进行初步论证，并编写了产业发展规划报告。A 地处西部区域交通枢纽位置，近年来经济发展较为迅速，当地房地产市场开始进入较快增长阶段；经调查，A 地区近年居民人均收入水平保持约 9% 的年平均增长水平，2020 年消费品购买力为 210 亿元，其中房地产消费占比约 15%，预计今后 3 年该地区居民消费购买力增长水平与 2020 年人均收入水平增长保持一致，房产价格保持年平均增长 5% 左右，房地产消费占比达到 20% 左右。

问　题

1．产业发展规划报告的编制要完成哪三个方面工作？产业发展规划对重点投资项目的条件的论证内容主要包括哪些？

2．规划咨询中现场调研一般包括哪些方式？

3．请从消费系数法、弹性系数法、购买力估算法中选用一种预测方法来预测 3 年后 A 地区房地产市场剔除价格增长后的消费增长率。（计算结果保留两位小数）

4. 该大型国企尚未正式进入 A 地区房地产市场，但在房地产领域积累了较强的竞争能力，试用波士顿矩阵分析 A 地区房地产市场属于企业的哪种业务类别以及采取哪种发展战略。

综合分析

本案例考查了产业规划发展报告的重点内容、规划编制工作流程方法、购买力估算法、波士顿矩阵分析的内容，考生要将相关内容掌握。

问题 1：

【答案】 产业发展规划报告的编制要完成下列方面的工作：一是进行产业现状分析，二是明确产业发展定位和目标，三是提出规划实施方案。

产业发展规划要对重点投资项目的条件和推荐理由进行初步论证。论证内容主要包括项目建设必要性、产品市场发展趋势、项目建设条件、资源支持条件、技术选择和来源、公用工程要求、环境和生态影响、项目投入产出等。

【要点解析】 本案例问题 1 考查了产业发展规划报告的重点内容。此题考查的内容是《项目决策分析与评价》科目的内容，在考查案例题时，并不仅仅是《现代咨询方法与实务》科目的内容，还会涉及其他科目的内容，考生要用联系的方法去复习相关内容。

问题 2：

【答案】 现场调研方式一般包括召开座谈会、现场踏勘、问卷调查、深度访谈等。

【要点解析】 本案例问题 2 考查了规划编制工作流程方法。规划编制一般包括前期准备、规划调研、规划草案编制、规划衔接论证及送审四个阶段（可考查案例简答题）。规划编制工作流程阶段的内容，如图 2-3 所示。

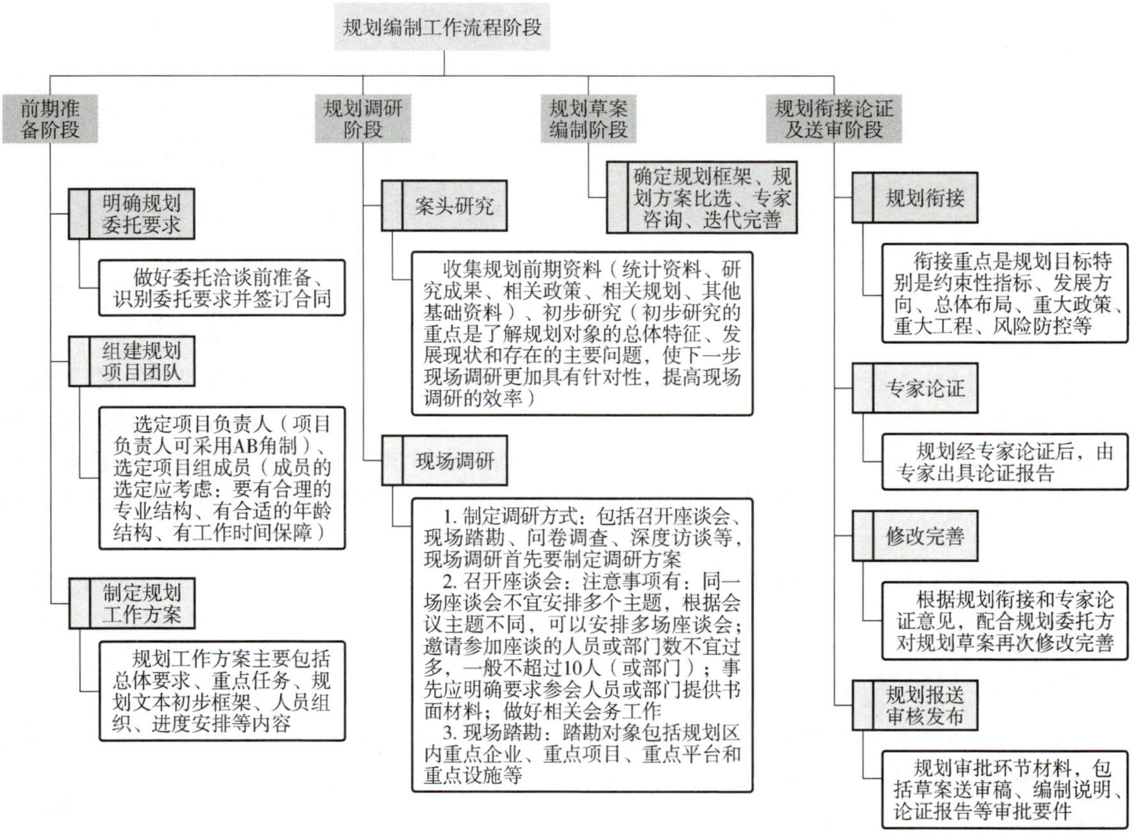

图 2-3　规划编制工作流程阶段的内容

问题 3：

【答案】 根据题目提供的数据，可选择购买力估算法进行预测：

计算 3 年后 A 地区居民消费品总购买力：210 亿元 $\times(1+9\%)^3=271.96$ 亿元。

计算 3 年后 A 地区居民房地产消费额：271.96 亿元 $\times 20\%=54.39$ 亿元。

计算 2020 年 A 地区居民房地产消费额：210 亿元 $\times 15\%=31.50$ 亿元。

计算 3 年后 A 地区居民房地产剔除价格增长后的消费额：

$$54.39/(1+5\%)^3\text{ 亿元}=46.98\text{ 亿元}$$

计算房地产市场年均增长率：

$$31.5\times(1+i)^3\text{ 亿元}=46.98\text{ 亿元}$$

解得：$i=14.25\%$。

【要点解析】 本案例问题 3 考查了购买力估算法。购买力估算法是通过分析社会居民总购买力，分析购买力投向，导出对某种产品的需求量，常用于预测对消费品的需求。购买力估算法的步骤如图 2-4 所示。

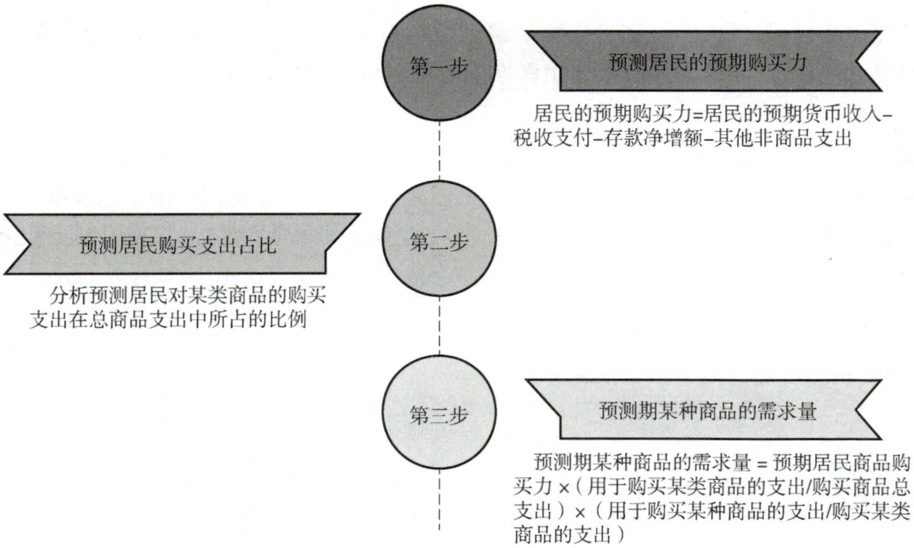

图 2-4　购买力估算法的步骤

问题 4：

【答案】 根据以上计算得到 A 地区房地产剔除价格增长因素的年均增长率达到 14.25%，超过 10%。该企业尚未正式进入 A 地区，因此相对市场占有率为零，根据波士顿矩阵，A 地区房地产市场对企业目前来说属于问题业务，考虑到该地区房地产市场增长率较高，且企业具有房地产开发领域较强的竞争能力，建议企业采用发展战略，对 A 地区进行房地产投资，利用优势扩大市场份额。

【要点解析】 本案例问题 4 考查了波士顿矩阵。本题可根据问题 3 计算结果结合背景信息解答即可。

考点 3　区位熵

例： 为指导产业合理有序发展，推动区域产业优势组合，A 市委托某咨询公司提供产业发展规划咨询服务。通过实地调查，咨询公司了解到该市主要产业包括非金属矿采选业、农副产品加工业、纺织业、木材加工业、金属制品业和汽车制造业等，并测算了这些产业的区位熵，结果见表 2-2。

表 2-2　A 市主要产业的区位熵

产业	非金属矿采选业	农副产品加工业	纺织业	木材加工业	金属制品业	汽车制造业
区位熵	0.68	0.97	6.63	0.50	1.12	3.05

问　题

1. 除了“指导产业合理有序发展，推动区域产业优势组合”的作用外，产业发展规划还有哪些作用？

2. 咨询公司对 A 市产业分析的重点内容包括哪些？

3. 根据区位熵计算结果，判定 A 市哪些产业具有比较优势，哪些产业具有较高的工业水平，并说明理由。

4. 区位熵方法有哪些局限性？

综合分析

本案例知识点涉及《项目决策分析与评价》中产业发展规划的作用、产业发展规划报告编制，《现代咨询方法与实务》中区位熵的内容。可以看出本题考查的综合性较强，考生要注意相关知识点的有机结合及运用。

问题 1：

【答案】 产业发展规划的作用还有：引导和约束投资方向、促进资源合理配置、优化完善产业结构、为专项规划提供基础和依据。

【要点解析】 本案例问题 1 以补充类型的问答题型考查了产业发展规划的作用。项目规划包括产业发展规划、企业发展规划、园区发展规划，简要说明一下其他两种发展规划的作用：

（1）企业发展规划：①对于制订企业具体目标的指导作用；②对企业选择投资方向、企业战略制订、企业资源优化配置、企业组织架构设计等都具有引导和约束作用。

（2）园区发展规划：服务招商引资、落实资源条件、促进园区建设。

问题 2：

【答案】 咨询公司对 A 市产业现状分析的重点内容应包括外部环境分析、内部资源分析、产业政策分析、SWOT 分析。

【要点解析】 本案例问题 2 考查了产业现状分析的内容。产业发展规划报告编制要完成产业现状分析、明确产业发展定位和目标、提出规划实施方案这三个方面的工作。其中，产业现状分析的内容包括外部环境分析、内部资源分析、产业政策分析（国家宏观政策、行业发展政策、行业准入/规范条件、标准和规范）、SWOT 分析。

问题 3：

【答案】 根据区位熵计算结果，A 市中的纺织业、金属制品业、汽车制造业的区位熵大于 1，具有比较优势。区位熵越大，专业化水平越高，所以纺织业、汽车制造业的专业化水平较高。

【要点解析】 本案例问题 3 考查了区位熵值的判断。区域产业集聚度和比较优势产业可以采用区位熵来分析。当该值 >1 时，可以认为该产业是区域的专业化部门；该值越大，专业化水平越高；该值≤1，则认为该产业是自给性部门。因此判定 A 市哪些产业具有比较优势，哪些产业具有较高的工业水平，根据区位熵的值进行判断。纺织业的区位熵为 6.63，金属制造业的区位熵为 1.12，汽车制造业的区位熵为 3.05，区位熵 >1，可以认为这些产业是区域的专业化部门，纺织业、金属制品业、汽车制造业的区位熵大于 1，具有比较优势。区位熵越大，专业化水平越高，所以纺织业、汽车制造业的专业化水平较高。

问题 4：

【答案】区位熵方法的局限性包括：①区位熵是静态分析，难以反映产业优势的动态变化情况和产业之间的互动关联；②区位熵方法基于每一个产业在国家和区域层面具有相同劳动生产率这一前提假设，但实际中各产业的劳动生产率肯定存在差别；③区位熵没有考虑企业规模因素的影响。

【要点解析】本案例问题 4 以直接问答型题目考查了区位熵方法的局限性。本题考查难度较为简单，考生只要记住了该知识点，即可答出本题。本题还可以这样出题：区位熵方法有哪些优点？

考点 4　城市首位度

例：西部某省为承接东部地区产业转移，推动区域协调发展，拟在从具有相关产业均衡和配套条件的 A 市和 B 市中选择一个区县重点布局产业集聚发展区，并委托一咨询公司开展相关研究。经过初步分析，咨询公司从 A 市和 B 市各筛选出前两位区县 G、H 和 K、M，在此基础上进一步比选，为研究经济发展的集聚程度，该咨询公司拟从城市首位度分析这个维度开展研究，收集和整理相关信息见表 2-3。

表 2-3　2018 年某省前六位城市的 GDP 及人口数据表

	A	B	C	D	E	F
GDP/亿元	8241	1326	1143	1032	927	918
人口/万人	1143	349	308	276	263	289

问　题

1. 计算 A 市的两城市首位度指数和四城市首位度指数。
2. 结合计算的首位度指数，分析该省的区域结构和城市集聚状况。
3. 基于区域协调发展要求，应选择哪个市布局产业集聚发展区，说明理由。

综合分析

本案例知识点涉及城市规模等级模型中的城市首位度的内容，考生要熟悉城市首位度的相关计算公式。

问题 1：

【答案】（1）A 市的两城市首位度指数：

$$S_2 = P_{GDP1}/P_{GDP2} = \frac{8241}{1326} = 6.215$$

（2）A 市的四城市首位度指数：

$$S_4 = P_{GDP1}/(P_{GDP2} + P_{GDP3} + P_{GDP4}) = \frac{8241}{(1326 + 1143 + 1032)} = 2.354$$

【要点解析】本案例问题 1 考查了两城市首位度指数、四城市首位度指数的计算。我国人口统计不准确，大小城市间的人均 GDP 相差是较大的，因此，这里用 GDP 比用人口首位度来衡量城市首位度更符合实际。具体计算公式如下：

$$S_2 = P_{GDP1}/P_{GDP2}$$

$$S_4 = P_{GDP1}/(P_{GDP2} + P_{GDP3} + P_{GDP4})$$

$$S_{11} = 2P_{GDP1}/(P_{GDP2} + P_{GDP3} + \cdots + P_{GDP11})$$

注意：上述指标在案例考试中，经常考查两城市首位度指数（S_2）、四城市首位度指数（S_4）。

问题 2：

【答案】A 市的两城市首位度指数为 6.215 > 2，四城市首位度指数为 2.354 > 1，指数过大，表明城市区域结构可能过度集聚，大城市病突出，首位城市压力明显，对该省的经济具有较强的引领作用。

【要点解析】本案例问题2考查了城市首位度分析。本题应结合问题1计算的两城市首位度指数、四城市首位度指数的值进行分析判断。当两城市指数的数值在2以上，四城市指数、十一城市指数的数值在1左右时，说明结构正常、集中适当；当指数过大时，可能导致结构失衡和城市过度集聚，大城市病突出，首位城市压力明显；当指数过小时，集聚效应不明显，不能体现大城市的引领作用。

问题3：

【答案】基于区域协调发展要求，应选择B市布局产业集聚发展区。

理由：因为A市城市区域结构过度集聚，大城市病突出，首位城市压力明显，反映出该地区经济发展水平失衡，应注重其他城市的发展，基于区域协调发展要求，应选择B市布局产业集聚发展区。

【要点解析】本案例问题3考查了城市首位度分析。本题结合问题2的答案进行分析判断。

考点5　区域发展阶段分析

例：某市为编制“十四五”规划，委托一家咨询机构开展研究工作，咨询人员收集了该市近10年的地区生产总值（GDP）、三次产业增加值及比重、城镇人口数量及比重数据（表2-4），在此基础上分析当前该市经济发展阶段。

表2-4　该市近10年地区生产总值（GDP）、三次产业增加值及比重、城镇人口数量及比重数据

年份	地区生产总值/亿元	第一产业		第二产业		第三产业		城镇人口	
		增加值/亿元	比重（%）	增加值/亿元	比重（%）	增加值/亿元	比重（%）	数量/万人	比重（%）
2010	1180.13	46.03	3.9	688.02	58.3	446.09	37.8	117.70	42.6
2011	1217.48	47.48	3.9	700.05	57.5	469.95	38.6	118.32	43.2
2012	1282.05	44.87	3.5	721.79	56.3	515.38	40.2	118.93	43.8
2013	1350.02	45.90	3.4	747.91	55.4	556.21	41.2	119.84	44.5
2014	1408.12	45.09	3.2	763.20	54.2	599.86	42.3	120.96	45.8
2015	1485.27	43.07	2.9	790.17	53.2	652.04	43.9	122.29	46.8
2016	1534.61	38.37	2.5	799.53	52.1	696.71	45.4	125.04	47.4
2017	1584.37	34.83	2.2	804.86	50.8	744.65	47.0	126.62	48.2
2018	1647.06	31.29	1.9	823.53	50.0	790.59	48.0	127.84	48.9
2019	1709.79	29.07	1.7	853.19	49.9	827.54	48.4	128.86	49.6

问　题

1. 分别计算该市2010年和2019年的人均GDP。

2. 从产业结构角度看，说明该市2019年处于工业化发展的哪个阶段，理由是什么？

3. 根据表2-4中数据，该市处于城镇化发展的哪个阶段？说明理由。影响城镇化水平的因素有哪些？

4. 影响产业结构优化的主要因素有哪些？通常第三产业的快速增长，对就业结构（就业人口、城镇化人口）的影响是什么？

（计算部分要求列出计算过程，计算结果保留两位小数）

综合分析

本案例完整地考查了区域发展阶段分析的内容，主要涉及工业化发展阶段、城镇化发展阶段的内容。

问题 1：

【答案】 由城镇化率 = 城镇人口/总人口得，总人口 = 城镇人口/城镇化率。

2010 年总人口 = 城镇人口/城镇化率 = 117.70 万人/42.6% = 276.29 万人。

2019 年总人口 = 城镇人口/城镇化率 = 128.86 万人/49.6% = 259.80 万人。

人均 GDP = 地区生产总值（亿元）/总人口（万人）。

2010 年人均 GDP = 地区生产总值（亿元）/总人口（万人）= 1180.13 亿元/276.29 万人 = 4.27 万元/人。

2019 年人均 GDP = 地区生产总值（亿元）/总人口（万人）= 1709.79 亿元/259.80 万人 = 6.58 万元/人。

【要点解析】 本案例问题 1 考查了人均 GDP 的计算，可根据下列公式计算：城镇化率 = 城镇人口/总人口，总人口 = 城镇人口/城镇化率，人均 GDP = 地区生产总值（亿元）/总人口（万人）。

问题 2：

【答案】 从产业结构角度看，该市 2019 年处于工业化发展的后期阶段。

理由：该市 2019 年第一产业产值比重 1.7% < 10%，第二产业产值比重 49.9% > 第三产业产值比重 48.4%，符合工业化后期阶段的产业结构特征。

【要点解析】 本案例问题 2 考查了工业化发展阶段的判断。工业化不同阶段的产业结构和就业结构特征，如图 2-5 所示。

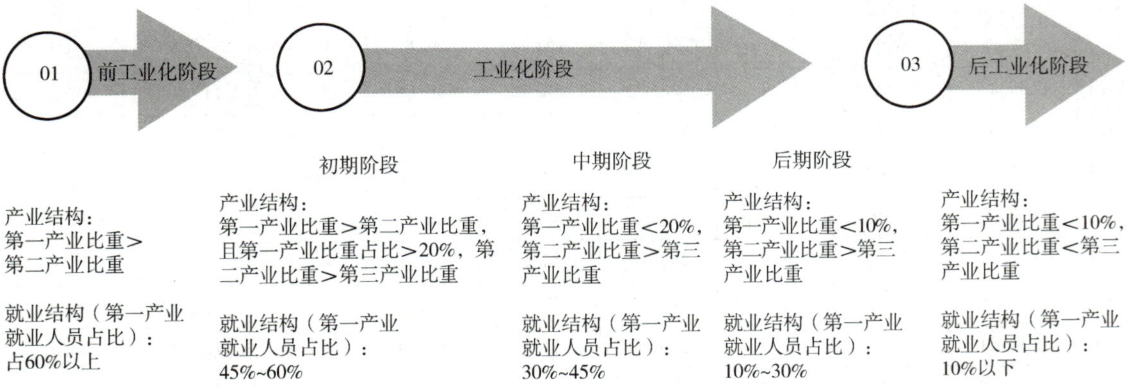

图 2-5　工业化不同阶段的产业结构和就业结构特征

问题 3：

【答案】 根据表 2-4 中数据可以看到，该市处于城镇化快速发展阶段。

理由：根据表 2-4 中数据可以看到，该市自 2010 年以来城镇人口不断增长，城镇化水平持续提升，城镇化率处于 30% ~ 70%，该市处于城镇化快速发展阶段。

影响城镇化水平的因素有：人口数量、国土面积、资源条件、经济结构、历史基础等，其中经济发展水平与其关系最为密切。

【要点解析】 本案例问题 3 考查了城镇化发展阶段的判断及影响城镇化水平的因素。城镇化发展阶段的划分一般用城镇化水平来衡量。根据诺瑟姆曲线，城镇化发展阶段可分为：初期阶段（当城镇化水平处于 10% ~ 30%，城镇化水平较低、发展缓慢）、快速发展阶段（当城镇化水平达到 30% 以后，城镇人口迅速增长，城镇化水平发展快速）、后期阶段（当城镇化水平提高到 70%，城镇化水平发展相对稳定，甚至停滞）。城镇化水平受到很多因素影响，比如人口数量、国土面积、资源条件、经济结构、历史基础等，其中经济发展水平与其关系最为密切。

问题4：

【答案】影响产业结构优化的主要因素包括：经济、人口、环境、制度等方面，其中经济发展水平的高低是决定产业结构的最基本因素，包括生产力发展水平、社会分工和专业化程度、经济总量规模和增长程度等。劳动力是影响产业结构的重要因素。

第三产业的发展程度与城镇化水平高低有着密不可分的关系，城镇化水平越高，第三产业发展水平越高。城市对如商贸、餐饮、房地产、教育、文化体育、卫生保健等生活服务业，以及金融、保险、通信、交通运输、仓储等生产服务业的巨大需求能够提供大量的就业机会，促进人口和产业向第三产业集聚，提高城镇化水平。

【要点解析】本案例问题4考查了产业结构优化。产业结构优化是指通过产业调整，使各产业实现协调发展，并满足社会不断增长的需求的过程中合理化和高级化。产业结构优化体现在产业的高附加值化、高技术化、高集约化、高加工度，表现为第一产业比例缩小，第二、三产业比例提高。影响产业结构优化的主要因素包括：经济（决定产业结构的最基本因素是经济发展水平的高低，具体内容包括生产力发展水平、社会分工和专业化程度、经济总量规模和增长程度等）、人口（劳动力是影响产业结构的重要因素）、环境、制度等方面。

四、本章真题实训

【2023年真题】

A市是Z省GDP排名第一的城市，与周边3个城市一起构成区域最大的城市群。2022年该城市群各城市GDP数据见表2-5。2023年，A市为推动产业结构优化和绿色高质量发展，委托某咨询公司编制产业发展规划。

经研究，咨询公司提出了A市产业发展规划，并拟定了甲、乙两个实施方案。两个方案总投资规模相当，预期产出效益均较好。其中，甲方案的实施可提高产业集中度，乙方案的实施可提高产业附加值水平。

咨询公司拟应用生态足迹法评估方案实施对A市可持续发展水平的影响。已知A市目前人均生态足迹为0.33hm^2/人（$1hm^2=0.01km^2$，下同），均衡人均生态承载力为0.50hm^2/人。甲方案实施后会使A市的人均生态足迹增加0.08hm^2/人，乙方案实施后会使A市的人均生态足迹增加0.12hm^2/人。（忽略方案实施前后A市人口变化）

表2-5　2022年该城市群各城市GDP数据　（单位：亿元）

城市	A市（第一大城市）	B市（第二大城市）	C市（第三大城市）	D市（第四大城市）
GDP	19766	4638	3322	2760

问　题

1. 采用GDP数据，分别用二城市指数、四城市指数计算A市在该城市群中的经济首位度，并根据结果分析A市对区域经济的影响。

2. 咨询公司开展规划编制工作的流程一般包括哪四个阶段？

3. 分别说明甲方案和乙方案对产业结构优化主要体现在哪方面。除此之外，说明体现产业结构优化的主要方面还有哪些。

4. 计算甲方案和乙方案实施后A市的人均生态盈亏。基于生态盈亏结果，评估甲、乙两方案实施后对A市可持续发展能力的影响，并指出咨询公司应推荐哪个方案。

五、本章真题实训答案

1. A市二城市指数 = 19766 ÷ 4638 = 4.26

四城市指数 = 19766 ÷ (4638 + 3322 + 2760) = 1.84

A市二城市指数4.26远大于2，四城市指数1.84也超出1较多，表明A市对区域经济的影响是结构失衡、城市过度聚集，大城市病突出，首位城市压力明显，该省应该注重其他城市的经济发展。

2. 规划编制工作的流程一般包括前期准备、规划调研、规划草案编制、规划衔接论证及送审四个阶段。

3. 甲方案对产业结构优化主要体现在产业的高集约化，乙方案对产业结构优化主要体现在产业的高附加值化。除此之外，体现产业结构优化的主要方面还包括产业的高技术化、高加工度。

4. 甲方案实施后A市的人均生态盈亏 = $[(1-0.12)\times0.50-(0.33+0.08)]\,hm^2/人 = 0.03hm^2/人$

乙方案实施后A市的人均生态盈亏 = $[(1-0.12)\times0.50-(0.33+0.12)]\,hm^2/人 = -0.01hm^2/人$

甲方案实施后，A市均处于生态盈余状态，具备可持续发展的能力。乙方案实施后，A市将处于生态赤字的状态。故推荐甲方案。

六、本章同步练习

试题一

A市为我国珠三角地区的城市，近年来第三产业发展迅速，第三产业占地区生产总值比重超过70%。为进一步促进产业发展，该市现委托某咨询企业为其编制产业规划。咨询企业从该市的统计年鉴中获取了2015年A市及全国行业增加值（表2-6），想通过这些数据来分析哪些行业是具有全国比较优势的产业。该咨询公司采用区位熵的方法来分析该市的优势产业，并分析该市哪些产业具有比较优势。

表2-6　2015年A市及全国行业增加值　（单位：亿元）

行业增加值	A　市	全　国
租赁和商务服务业	1381	17111
文化、体育和娱乐业	293	4931
交通运输、仓储和邮政业	1255	30488
批发和零售业	2697	66187
房地产业	1529	41701
科学研究和技术服务业	466	13498
住宿和餐饮业	403	12154
卫生和社会工作	480	14955
信息传输、软件和信息技术服务业	584	18546
水利、环境和公共设施管理业	118	3852
金融业	1629	57873
教育	611	24253
居民服务、修理和其他服务业	223	10855

（续）

行业增加值	A　市	全　国
公共管理、社会保障和社会组织	449	26623
工业	5186	236507
建筑业	551	46627
农、林、牧、渔业	246	62912
地区生产总值	18100	689073

问　题

1. 简述什么是区位熵及其计算公式。

2. 该咨询公司采用区位熵来计算该市具有全国比较优势的产业，写出具体计算方法，并分析该市哪些产业具有比较优势。

3. 简述区位熵计算方法的优点及局限性。

试题二

某汽车制造企业为了改进产品销售，委托一家咨询公司对某地区家用轿车市场进行分析。

咨询公司采用德尔菲法进行市场分析，选择了汽车经销商、企业和消费者代表共 135 人对中档汽车市场进行调查，以了解影响购买汽车的主要因素。

在第一轮调查中，咨询公司没有指定影响因素，而是让被调查者提出 5 个他认为最重要的因素。经过整理得出影响汽车购买的主要因素（表 2-7）。

表 2-7　影响汽车购买的主要因素

推荐人数	因素							
	质量	品牌	售后服务	价格	外观	功能	油耗	内饰
人数/个	60	100	45	120	70	30	88	28

咨询公司将排名前五位的因素筛选出来，设计了第二轮调查，请被调查者从中选择 3 个他认为最重要的因素并排序（表 2-8）。

表 2-8　第二轮调查意见整理

推荐人数	因素				
	油耗	质量	品牌	价格	外观
选择第一	24	35	6	55	15
选择第二	45	16	20	30	24
选择第三	14	32	30	35	24

问　题

1. 请对第二轮调查结果进行分析，如果给予第一位 3 分，第二位 2 分，第三位 1 分，对影响销售的五大主要因素进行排序，指出影响消费的三个最重要的因素。

2. 咨询公司建议企业采用降价竞争战略是否合理，说明理由。

3. 德尔菲法的优点、缺点包括哪些？

试题三

某咨询公司近期承担了下列两个咨询业务：

业务1：承担甲公司的数据管理与建档工作。经研究，该咨询公司决定采取问卷调查法对甲公司过往几年的业务数据进行归类整理。

业务2：承担乙地区茶叶种植产业的规划咨询业务。经研究，决定采用“波特钻石”模型对其进行相关分析。调研得到该地区基本情况如下：该地区处于我国东南沿海，拥有世界同纬度面积最大、最典型、最完整的中亚热带原生性森林生态系统。该省产茶历史悠久，是全国著名的产茶大省，毛茶产量和产值位居全国第一。该省份在不同茶产区不同茶关键技术上有所突破，有多种先进的种植和生产工艺。地区人口多而耕地少，人均耕地面积仅346m²，全省农村劳动力资源200多万人，占农村人口总量的52%。在政府的引导和市场拉动的共同合力下，区域内多个知名茶叶龙头企业开始出现，起到了非常好的带动作用。政府决定通过现代茶业项目、生态茶园建设、加强质量把控等工作的开展，着力优化茶类品种结构、推动产业升级。

问　题

1. 针对业务1，采用问卷调查法对甲公司过往业务数据进行归类整理是否合理？如不合理应当使用哪种方法？

2. 针对业务2，试运用“波特钻石”模型对乙区域茶产业竞争力影响因素进行分析。

七、本章同步练习答案

试题一

1. 区位熵（简写为LQ）又称专门化率，用于衡量某一区域要素的空间分布情况，反映某一产业部门的专业化程度，以及某一区域在全国的地位和作用等情况。

计算公式如下：

$$L_i = \frac{e_i/e_t}{E_i/E_t} \quad (i=1,\ 2,\ \cdots,\ n)$$

式中　L_i——某区域 i 产业在全国的区位熵；

e_i——区域中 i 产业的总量指标（通常用增加值、产值、产量、就业人数等）；

e_t——区域所有产业对应的总量指标；

E_i——全国 i 产业的总量指标；

E_t——全国所有产业对应的总量指标。

2. 该咨询公司采用区位熵来计算该市具有全国比较优势的产业，具体计算方法见表2-9。

表2-9　2015年A市、全国行业增加值及区位熵表

行业增加值	某市	全国	e_i/e_t	E_i/E_t	区位熵 L_i
租赁和商务服务业	1381	17111	0.076	0.025	3.072
文化、体育和娱乐业	293	4931	0.016	0.007	2.263
交通运输、仓储和邮政业	1255	30488	0.069	0.044	1.567
批发和零售业	2697	66187	0.149	0.096	1.551
房地产业	1529	41701	0.084	0.061	1.396
科学研究和技术服务业	466	13498	0.026	0.020	1.313
住宿和餐饮业	403	12154	0.022	0.018	1.261
卫生和社会工作	480	14955	0.027	0.022	1.222

（续）

行业增加值	某市	全国	e_i/e_t	E_i/E_t	区位熵 L_i
信息传输、软件和信息技术服务业	584	18546	0.032	0.027	1.198
水利、环境和公共设施管理业	118	3852	0.007	0.006	1.168
金融业	1629	57873	0.090	0.084	1.071
教育	611	24253	0.034	0.035	0.958
居民服务、修理和其他服务业	223	10855	0.012	0.016	0.783
公共管理、社会保障和社会组织	449	26623	0.025	0.039	0.642
工业	5186	236507	0.286	0.343	0.835
建筑业	551	46627	0.030	0.068	0.450
农、林、牧、渔业	246	62912	0.014	0.091	0.149
地区生产总值	18100	689073	—	—	—

根据计算结果，该市有11个行业区位熵大于1，可以认为这些行业具有全国比较优势，其中租赁和商务服务业以及文化、体育和娱乐业的区位熵分别为3.072和2.263，在全国范围内具有较强的竞争力。

3. 区位熵计算方法的优点：简单易行、数据容易获取等。

区位熵计算方法的局限性：

（1）区位熵是静态分析，难以反映产业优势的动态变化情况和产业之间的互动关联。

（2）该方法基于每一个产业在国家和区域层面具有相同劳动生产率这一前提假设，但实际中各产业的劳动生产率肯定存在差别。

（3）区位熵没有考虑企业规模因素的影响，假如一个地区在某一产业只有一个或者少量几个规模很大的企业，并且该地区经济总量较小，则就可能造成该地区在该产业上具有较大的区位熵指数，而实际上该地区并不存在产业集聚现象的出现。

试题二

1. 计算因素得分见表2-10。

表2-10　各因素得分

推荐人数	因素				
	油耗	质量	品牌	价格	外观
选择第一×3	24×3	35×3	6×3	55×3	15×3
选择第二×2	45×2	16×2	20×2	30×2	24×2
选择第三×1	14×1	32×1	30×1	35×1	24×1
得分	176	169	88	260	117
权重	0.22	0.21	0.11	0.32	0.14

从表2-10可知，价格、油耗、质量是影响销售量的三个最重要的因素。

2. 咨询公司建议企业采用降价竞争战略是合理的。

理由：因为从表2-10中的得分可以看出，消费对价格高度敏感。

3. 德尔菲法的优点包括：

（1）便于独立思考和判断。

（2）低成本实现集思广益。

（3）有利于探索性解决问题。

（4）应用范围广泛。

德尔菲法的缺点包括：

（1）缺少思想沟通交流。

（2）易忽视少数人的意见。

（3）受到组织者主观影响。

试题三

1. 针对业务1，采用问卷调查法对甲公司过往业务数据进行归类整理不合理。应该使用文案调查法。

2. 对乙区域茶产业竞争力影响因素进行分析：

（1）生产要素：①自然资源。区域生态条件优越，十分适宜茶叶生产，特别是具有茶叶生长地最佳气候条件。同时，该省是我国产茶大省，茶产业历史悠久，具备独特的优势。②科研与人力资源。该区域茶叶科技创新能力强，同时劳动力非常充裕，这对于发展茶叶生产这种传统的劳动密集型产业非常有利，可以很容易获得低成本的劳动力资源。

（2）国内需求：随着人民生活水平的提高，消费者不仅注重茶叶的质量，而且注重茶叶的品牌、包装等。未来国内需求也会逐步扩大，可以为该区域茶叶生产提供更为广阔的发展空间。

（3）相关与支持性产业：区域内虽然茶产业整体规模较大，科研机构多，但各自为战的情况比较多，种植→生产→储存→销售整个环节属于粗放式发展的现实状态，资源配置远未达到最优程度。

（4）政府及机会：政府通过现代茶业项目、生态茶园建设、加强质量把控等工作的开展，着力优化茶类品种结构、推动产业升级，对区域茶产业化发展具有极大的机会。

第三章

资源环境承载力分析

一、本章核心考点分布

- 资源环境承载力分析
  - 生态足迹法（2020年、2022年、2023年）
  - 基于层次分析法的生态环境承载力综合评价法（2019年）

二、专家剖析考点

1. 本章篇幅不大，学习难度较低，并且学习重点较为明确，本章如果考查，可能会考查 1～2 个小问，考查重点应该是在生态足迹法（2020 年考查了 2 个小问、2022 年考查了 2 个小问、2023 年考查了 1 个小问）、基于层次分析法的生态环境承载力综合评价法（2019 年考查了 1 个小问）的应用上。

2. 本章在复习时，重点应放在资源环境承载力的特征、资源环境承载力分析框架、生态足迹法、层次分析法、资源环境承载力分析方法的应用范围的具体选用上面。

3. 对于系统动力学方法、逼近理想解排序方法（TOPSIS 法）、模糊评价法、能值分析法、供给需求差量法、主要成分分析法等在考试中一般不会涉及，考生了解即可。

三、本章核心考点必刷题

考点 1　生态足迹法

例：我国某省某市是一座重工业为主的城市，矿产资源丰富，工业体系发达，土壤肥沃，具有成熟的耕作种植体系。该市综合经济实力较强。在快速的经济社会发展过程中，人地矛盾突出，各种生态环境问题不断凸显。

应用生态足迹法测算其 2017 年生态盈余或生态赤字的水平，评估该市可持续发展状况。某市 2017 年生态足迹及承载力数据见表 3-1。

表 3-1　某市 2017 年生态足迹及承载力数据　（单位：hm^2/人）

土地类型	因素		土地类型	因素		
	人均面积	均衡因子		人均面积	均衡因子	产量因子
可耕地	0.017	2.39	可耕地	0.0229	2.39	1.66
牧草地	0.031	0.51	牧草地	0.0137	0.51	0.19
森林	0.108	1.25	森林	0.0507	1.25	1.10
水域	0.002	0.41	水域	0.0124	0.41	0.20
建筑用地	0.001	2.39	建筑用地	0.0001	2.39	2.80
化石能源地	0.056	1.25	化石能源地	0	1.25	0

问 题

1. 简述生态足迹的概念。
2. 简述生态足迹基本模型的特点。
3. 计算人均生态足迹和人均生态承载力，并进行比较分析。
4. 简述生态足迹基本模型的优点及不足之处。
5. 生态足迹法除了生态足迹基本模型外，还有哪些足迹模型？

综合分析

本案例完整地考查了生态足迹法，需要考生掌握的内容包括概念、基本模型、其他足迹模型类型。

问题 1：

【答案】生态足迹也称生态占用，任何已知人口（某个个人、一个城市或一个国家）的生态足迹是生产这些人口所消费的所有资源和吸纳这些人口所产生的所有废弃物所需要的生态生产性土地的总面积和水资源量。

【要点解析】本案例问题 1 考查了生态足迹的概念。记忆类型的考点，考生直接记忆，不用深究。

问题 2：

【答案】生态足迹基本模型的特点：①是一种综合影响分析；②采用单一时间尺度，即“快拍”式截面；③所使用的产量因子是全球平均产量；④在固定生产与消费条件下的确定性研究；⑤反映的是区域生产与消费的综合信息；⑥使用六类土地利用空间；⑦引入当量因子进行综合。

【要点解析】本案例问题 2 考查了生态足迹基本模型的特点。生态足迹基本模型的特点包括七项内容，考生要牢记，在考试中可能会出简答类型的问题。

问题 3：

【答案】根据生态足迹和生态承载力计算公式，分别计算得到该区域人均生态足迹和人均生态承载力，见表 3-2。该市 2017 年人均生态足迹需求为 0.26465hm^2/人，可利用的人均生态承载力为 0.143950hm^2/人。

表 3-2 某市 2017 年人均生态足迹及人均生态承载力计算表 （单位：hm^2/人）

土地类型	人均生态足迹			土地类型	人均生态承载力			
	人均面积	均衡因子	均衡面积		人均面积	均衡因子	产量因子	均衡面积
可耕地	0.017	2.39	0.04063	可耕地	0.0229	2.39	1.66	0.090853
牧草地	0.031	0.51	0.01581	牧草地	0.0137	0.51	0.19	0.001328
森林	0.108	1.25	0.13500	森林	0.0507	1.25	1.10	0.069713
水域	0.002	0.41	0.00082	水域	0.0124	0.41	0.20	0.001017
建筑用地	0.001	2.39	0.00239	建筑用地	0.0001	2.39	2.80	0.000669
化石能源地	0.056	1.25	0.07000	化石能源地	0	1.25	0	0
人均生态足迹			0.26465	人均生态承载力				0.163579
				生物多样性保护面积				0.019630
				可利用的人均生态承载力				0.143950

该市可利用的人均生态承载力减去人均生态足迹，其值为 -0.1207hm^2/人，表现为生态赤字。这表明该区域的人类负荷已经超过了其生态容量，正面临着不可持续的发展局面。

从资源环境承载力的角度来看，该区域的人类活动过于密集，对资源环境产生了巨大压力。该区域需要在当前经济技术条件下，按照生态系统容量空间范围，大幅度提高资源与能源效率，逐步建立与生态系统容量相适应的绿色发展模式。

【要点解析】本案例问题 3 考查了生态足迹和生态承载力计算。下面将生态足迹基本模型计算公式（表 3-3）进行小结。

表 3-3　生态足迹基本模型计算公式

项目	内容
（1）生态足迹 EF	$EF = Nef = N\sum_{i=1}^{6}(\lambda_i A_i) = N\sum_{i=1}^{6}(\lambda_i \sum_{j=1}^{n} aa_j) = N\sum_{i=1}^{6}\left[\lambda_i \sum_{j=1}^{n}\left(\frac{c_j}{p_j}\right)\right]$ 式中　EF——总生态足迹（hm^2）； N——总人口数； ef——人均生态足迹（hm^2/人）； i=1，2，…，6，代表 6 类生物生产性土地； λ_i——第 i 类生物生产性土地的均衡因子； A_i——人均第 i 类生物生产性土地面积（hm^2/人）； j——消费项目类型； aa_j——人均第 j 种消费项目折算的生物生产性土地面积（hm^2/人）； c_j——第 j 种消费品的人均消费量（kg/人）； p_j——第 j 种消费品的平均生产能力（kg/hm^2）
（2）生态承载力 EC	$EC = (1-0.12)Nec = (1-0.12)N\sum_{i=1}^{6}(a_i\lambda_i\gamma_i)$ 式中　EC——总生态承载力供给； N——总人口数； ec——人均生态承载力（hm^2/人）； a_i——人均第 i 类生物生产性土地面积（hm^2/人）； λ_i——第 i 类生物生产性土地的均衡因子； γ_i——产量因子 最终生态承载力应该在均衡生态承载力的基础上扣除 12% 用以保护生物多样性
（3）生态盈亏 ED	生态盈亏 = 生态承载力 − 生态足迹或 ED = EC − EF 式中　ED——生态盈亏，生态承载力与生态足迹的差值，该指数表明某区域的生态状况。该指数的正值表明生态承载力大于生态足迹，这时表现为生态盈余。该指数的负值表明生态足迹大于生态承载力，这时表现为生态赤字

问题 4：

【答案】生态足迹基本模型的优点在于所需要的资料相对易获取、计算方法可操作性和可重复性强。

不足之处：指标表征单一、过分简化，只衡量了生态的可持续程度，强调的是人类发展对环境系统的影响及其可持续性，而没有考虑人类对现有消费模式的满意程度；难以反映人类活动的方式、管理水平的提高和技术的进步等因素的影响；基于现状静态数据的分析方法，难以进行动态模拟与预测。

【要点解析】本案例问题 4 考查了生态足迹基本模型的优点及不足之处。记忆类型的考点，考生直接记忆，不用深究。在考试中可能会出简答类型的问答题。

问题 5：

【答案】生态足迹法除了生态足迹基本模型外，还有动态改进——时间序列足迹模型、过程改造——投入产出足迹模型、成分法生态足迹模型。

【要点解析】本案例问题 5 考查了生态足迹法的类型。动态改进——时间序列足迹模型、过程改造——投入产出足迹模型、成分法生态足迹模型的计算步骤、各自特点或适用范围均是本章的出题点，考生要重视。

考点2　基于层次分析法的生态环境承载力综合评价法

例：西部某省为承接东部地区产业转移，推动区域协调发展，拟在从具有相关产业均衡和配套条件的A市和B市中选择一个区县重点布局产业集聚发展区，并委托一咨询公司开展相关研究，经过初步分析，咨询公司从A市和B市各筛选出前两位区县G、H和K、M，在此基础上进一步比选，为研究经济发展的资源环境承载能力，该咨询公司拟从资源承载力分析这个维度开展研究，收集和整理相关信息见表3-4。

表3-4　2018年某省A市和B市所属前两位区县资源环境承载力指数

市	区县	生态弹性度指数	环境承载力指数	承载压力度指数
A	G	52.3	32.4	68.2
	H	41.5	22.4	75.4
B	K	61.7	82.5	23.8
	M	38.2	67.9	83.4

问　题

基于资源环境承载力分析，应选择哪个区县布局产业集聚发展区，说明理由。

综合分析

本案例考查了基于层次分析法的生态环境承载力综合评价法。基于层次分析法的生态环境承载力综合评价法的指标计算及分析应用涉及的相关要点要牢记并掌握。

【答案】见前面第2章考点4，已确定在B市布局产业集聚发展区，所以在K、M两个区县间进行比较选择。基于资源环境承载力分析，应选择K区县布局产业集聚发展区。

理由：基于资源环境承载力分析，K区县一级评价指标生态弹性度指数计算结果为61.7，故该区域为较稳定区域；M区县一级评价指标生态弹性度指数计算结果为38.2，故该区域为不稳定区域。

K区县二级评价指标环境承载力指数计算结果为82.5，故该区域为高承载区域；K区县三级评价指标承载压力度指数计算结果为23.8，故该区域为低压区域。

M区县三级评价指标承载压力度指数计算结果为83.4，故该区域为强压区域；M区县二级评价指标环境承载力指数计算结果为67.9，故该区域为较高承载区域。

综上所述，应选择K区县布局产业集聚发展区。

【要点解析】这里考查了基于层次分析法的生态环境承载力综合评价法。生态承载力分析评价表见表3-5。

表3-5　生态承载力分析评价表

分级	<20	21～40	41～60	61～80	>80
一级评价	弱稳定	不稳定	中等稳定	较稳定	很稳定
二级评价	弱承载	低承载	中等承载	较高承载	高承载
三级评价	弱压	低压	中压	较高压	强压

四、本章真题实训

真题一【2022 年真题】

某市为承接区域内中心城市的产业转移，推进产业转型升级，计划在其下辖的 A、B、C 三县中选择一地，建设产业合作园区。为此，该市政府委托甲咨询公司对园区场址进行比选，并编制园区产业发展规划。

甲咨询公司采用现场调研、文献调查等方法调查了 A、B、C 三县的经济、社会和资源环境情况，利用生态足迹法开展资源环境承载力研究。收集整理的相关数据见表 3-6。

表 3-6　人均生态相关数据表　（单位：hm^2/人）

县名	人均生态足迹	人均生态承载力	人均生物多样性保护面积
A 县	0. 284	0. 143	0. 017
B 县	0. 372	0. 423	0. 051
C 县	0. 178	0. 396	0. 048

问　题

1. 规划咨询中现场调研一般包括哪些方式？
2. 资源环境承载力的支撑要素、约束要素和压力要素分别指什么？
3. 分别计算 A、B、C 三县的人均生态盈亏，并根据计算结果分别评价三县的生态盈亏状况及对该县园区后续开发的影响。
4. 基于生态盈亏结果，应该选择哪个县建设产业合作园区更适合？
5. 甲咨询公司编制该园区产业发展规划时，应主要完成哪些重点工作？

（计算部分要求列出计算过程，最终计算结果保留两位小数）

真题二【2020 年真题】

B 市位于我国西部地区长江流域，产业体系较为完善，近年来 B 市经济增长乏力，资源环境问题突显，为抢抓机遇，促进经济转型升级，B 市委托某咨询公司开展“十四五”规划前期研究。

为衡量 B 市可持续发展水平，该咨询公司应用生态足迹法对 B 市资源环境承载力进行评价，相关数据见表 3-7。

表 3-7　B 市人均消费和现存的生物生产性土地面积表

土地类型	人均消费生物生产性土地面积	人均现有生物生产性土地面积	均衡因子	产量因子
	A_i/(m^2/人)	a_i/(m^2/人)	λ_i	γ_i
耕地	180	325	2. 39	1. 86
草地	325	159	0. 51	0. 12
林地	1250	508	1. 25	1. 50
水域	43	125	0. 41	0. 20
建设用地	14	1	2. 39	5. 8
化石燃料用地	603	0	1. 25	0

为统筹考虑各方诉求，提高规划实施效果，该咨询公司还对 B 市“十四五”规划进行了利益相关者分析。

问　题

1. “十四五”规划中 B 市应主动融入的国家重大发展战略有哪些？
2. 除自然资源外，影响经济增长的要素有哪些？
3. 分别计算 B 市的人均生态足迹和人均生态承载力。
4. 计算 B 市的生态盈亏，并据此进行判断和分析。
5. 识别 B 市“十四五”规划的利益相关者，并绘制影响力—利益矩阵。

五、本章真题实训答案

真题一

1. 现场调研方式一般包括召开座谈会、现场踏勘、问卷调查、深度访谈等。

2. （1）支撑要素是指各类资源的供给能力，包括水、土地、矿产、能源等。

（2）约束要素是指生态环境的容纳能力，包括水环境容量、大气环境容量、生态容量等。

（3）压力要素是指经济系统、社会系统的运行与发展需求，包括人口、经济社会发展等。

3. A、B、C 三县的人均生态盈亏计算：

（1）A 县的人均生态盈亏 $=(0.143-0.017-0.284)\text{hm}^2/$人 $=-0.16\text{hm}^2/$人，表现为生态赤字；表明 A 县的人类负荷已经超过了其生态容量，正面临着不可持续的发展局面。从资源环境承载力的角度来看，A 县的人类活动过于密集，对资源环境产生了巨大压力。A 县园区后续开发需要在当前经济技术条件下，按照生态系统容量空间范围，大幅度提高资源与能源效率，逐步建立与生态系统容量相适应的绿色发展模式。

（2）B 县的人均生态盈亏 $=(0.423-0.051-0.372)\text{hm}^2/$人 $=0$，表现为生态平衡；表明 B 县的人类负荷与其生态容量相当，在继续保持生态平衡的条件下可持续发展。B 县园区后续开发需要在当前经济技术条件下，按照生态系统容量空间范围，保持或提高资源与能源效率，保持生态平衡状态或逐步达到生态盈余状态。

（3）C 县的人均生态盈亏 $=(0.396-0.048-0.178)\text{hm}^2/$人 $=0.17\text{hm}^2/$人，表现为生态盈余；表明 C 县人类负荷小于其生态容量，处于可持续发展的状态。C 县园区后续开发可以充分利用生态优势适当提高开发强度。

4. 只有 C 县为生态盈余，有相应的环境容量和资源环境支撑能力。所以应选择 C 县建设产业合作园区。

5. 应主要完成的重点工作包括：一是进行产业现状分析，二是明确产业发展定位和目标，三是提出规划实施方案。

真题二

1. “十四五”规划中 B 市应主动融入的国家重大发展战略有：西部大开发、长江经济带、创新驱动发展战略等。

2. 除自然资源外，影响经济增长的要素有：人力资源、资本、技术。

3. 计算 B 市的人均生态足迹和人均生态承载力：

（1）人均生态足迹 $=(180\times2.39+325\times0.51+1250\times1.25+43\times0.41+14\times2.39+603\times1.25)\text{m}^2/$人 $=2963.29\text{m}^2/$人。

（2）人均生态承载力 $=(325\times2.39\times1.86+159\times0.51\times0.12+508\times1.25\times1.50+125\times$

0.41 ×0.20 +1 ×2.39 ×5.80 +0) m^2/人 =2431.10m^2/人。

(3) 可利用的人均生态承载力 =2431.10m^2/人 ×(1 −12%) =2139.37m^2/人。

4. 计算B市的生态盈亏：

B市的生态盈亏 = 可利用的人均生态承载力 − 人均生态足迹 =2139.37m^2/人 −2963.29m^2/人 = −823.92m^2/人 <0，表现为生态赤字。

这表明B市的人类负荷已经超过了其生态容量，正面临着不可持续发展的局面。从资源环境承载力的角度来看，B市的人类活动过于密集，对资源环境产生了巨大压力。B市需要在当前经济技术条件下，按照生态系统容量空间范围，大幅度提高资源与能源效率，逐步建立与生态系统容量相适应的绿色发展模式。

5. B市“十四五”规划的利益相关者包括市政府；市发展和改革委员会、自然资源管理、规划等相关部门；园区、企业和个人；规划编制单位、新闻媒体及社会公益团体及协会。影响力—利益矩阵如图3-1所示。(此题涉及知识点内容了解即可)

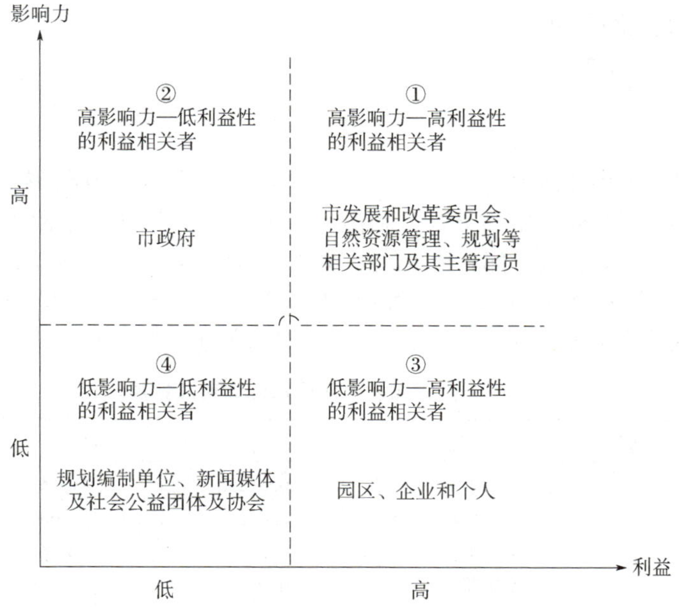

图3-1 影响力—利益矩阵

六、本章同步练习

试题一

A市2019年生态足迹及生态承载力数据见表3-8。

表3-8 A市2019年生态足迹及生态承载力数据

土地类型	因素		土地类型	因素		
	人均面积	均衡因子		人均面积	均衡因子	产量因子
可耕地	0.013	2.8	可耕地	0.0201	2.8	1.43
牧草地	0.071	0.5	牧草地	0.0347	0.5	0.24
森林	0.015	1.1	森林	0.0132	1.1	1.05
化石燃料用地	0.042	1.1	化石燃料用地	0	1.1	0.2
建筑用地	0.001	2.8	建筑用地	0.0001	2.8	2.9
水域	0.038	0.2	水域	0.0786	0.2	0.2

该市下辖区县中，有三个资源环境承载力较好的区县拟引进某可能造成一定生态环境压力的B集团投资，三个区县资源环境承载力指数见表3-9。

表3-9　三个区县资源环境承载力指数

区　县	生态弹性度指标	环境承载力指数	承载压力度指数
C	61.3	24.6	61.4
D	63.2	25.7	59.7
E	59.8	22.1	60.9

问　题

1. 计算人均生态足迹和人均生态承载力，评估该市的可持续发展情况。
2. 应选择哪个区县引入B集团投资，请说明理由。
3. 简述生态足迹基本模型的优点。

(计算结果保留四位小数)

试题二

我国某省某区域地处中亚腹地，基本处于未开发状态，受人类活动的影响较小。该区域具有典型的北温带大陆性干旱气候，年大于10℃积温为3300℃，年平均降雨量约为88.5mm。地势总体较平坦，地表植被不发育，仅局部有稀疏的梭梭等。戈壁为区域内主要土地利用类型，占总面积的38.13%；林地及草地分布较散，以低覆盖度草地为主，占总面积的33.09%。

对照生态弹性度评价指标，该地区具体指标数值见表3-10，权重采用层次分析法确定。

表3-10　生态弹性度评价指标体系及计算

目标层	准则层	指标层	权　重	数　值	打　分
生态弹性度	气候	年大于10℃积温	0.03850	3300℃	30
		年平均降水量	0.01284	88.5mm	20
		年干燥度	0.03049	23.09	10
		无霜期	0.01177	190天	40
	地物覆盖	类型	0.07894	戈壁	10
		质量	0.03049	差	10
	土壤	类型	0.05294	石膏灰棕漠土	10
		质量	0.03530	差	10
	地形地貌	海拔	0.13035	450~1150m	20
		地貌类型	0.13035	风蚀地貌	20
	水文	地表径流	0.37340	有	30
		地下水	0.07469	有	30

本次评价通过水资源承载力和土地资源承载力分析，来分析区域资源承载力状况。

问　题

1. 计算该区域的生态弹性指数，并根据计算结果对该区域进行生态承载力分析评价。
2. 基于层次分析法的生态环境承载力综合评价法的评价指标体系具体包括哪些？
3. 本次评价通过水资源承载力和土地资源承载力分析是否妥当？说明理由。
4. 采用层次分析法对资源环境承载力分析系统中各因素权重的确定步骤有哪些？

七、本章同步练习答案

试题一

1. 计算人均生态足迹和人均生态承载力：

（1）人均生态足迹 $=0.013\times2.8+0.071\times0.5+0.015\times1.1+0.042\times1.1+0.001\times2.8+0.038\times0.2=0.1450$

（2）人均生态承载力 $=0.0201\times2.8\times1.43+0.0347\times0.5\times0.24+0.0132\times1.1\times1.05+0+0.0001\times2.8\times2.9+0.0786\times0.2\times0.2=0.1038$

（3）可利用的人均生态承载力 $=0.1038\times(1-12\%)=0.0913$

可利用的人均生态承载力 − 人均生态足迹 $=0.0913-0.1450=-0.0537$，为生态赤字。这表明该市的人类负荷已经超过了其生态容量，正面临着不可持续发展的局面。

2. 应选择区县 D 引入 B 集团投资。

理由：（1）区县 C 的生态弹性度为较稳定、环境承载力为低承载，承载压力度为较高压。

（2）区县 D 的生态弹性度为较稳定、环境承载力为低承载，承载压力度为中压。

（3）区县 E 的生态弹性度为中等稳定、环境承载力为低承载，承载压力度为较高压。

（4）综上所述：区县 D 的生态弹性度最高，环境承载力最强、承载压力度最低，总体资源环境承载力最佳，因此应选择区县 D 引入 B 集团投资。

3. 生态足迹基本模型的优点在于所需要的资料相对易获取、计算方法可操作性和可重复性强。

试题二

1. 生态弹性指数 $=(0.03850\times30+0.01284\times20+0.03049\times10+0.01177\times40)+(0.07894+0.03049)\times10+(0.05294+0.03530)\times10+(0.13035+0.13035)\times20+(0.37340+0.07469)\times30=22.82$。

该区域为不稳定区域，生态系统自恢复能力极差，破坏后的生态环境需要人为的强烈干预、能量的持续输入才能得以恢复。

2. 基于层次分析法的生态环境承载力综合评价法的评价指标体系具体包括目标层、准则层、指标层和分指标层。

3. 本次评价通过水资源承载力和土地资源承载力分析妥当。

理由：水是制约该区域生态系统的关键因素，由于水资源的时空分布，导致区域土地利用类型的转化，最终决定该地区的土地承载力。

4. 层次分析法对资源环境承载力分析系统中各因素权重的确定步骤是：首先，找出影响区域资源环境承载能力的各资源、环境主要因素，建立目标、因素和因子层次结构，建立指标体系；其次，构造比较判断矩阵，进行层次单排序，检验判断矩阵的一致性，再进行层次总排序，确定各因子的权重；最后，对各指标打分，计算出评价值。

第四章

战略分析

一、本章核心考点分布

二、专家剖析考点

1. 本章内容在历年考试中都会进行考查，属于传统重点章节，在考试中必然会有一个考点或两个考点出现，考生要熟悉本章内容并理解。

2. 波士顿矩阵法属于重点内容，在2017年、2020年、2022年考试中进行了考查，属于高频考点，考生要在熟悉的基础上进行记忆。波士顿矩阵主要分析：市场份额占有率的计算、市场增长率的计算、判断属于什么业务、战略的选择、战略的应用等。

3. 产品生命周期的划分及各阶段特点属于重点内容，考生可根据产品生命周期示意图及实际工作熟练掌握及记忆。

4. 市场战略类别（总体战略、基本竞争战略）是需要考生掌握的内容，在2017年、2018年、2021年、2022年、2023年的考试中进行了考查，考生要结合实际案例进行掌握。

5. 通用矩阵法属于重点内容，在2018年考试中进行了考查，考生要结合实际案例进行掌握。

6. 行业竞争结构的分析（波特五因素模型、行业吸引力分析法）属于重点内容，考生要结合实际案例进行掌握。

7. 企业竞争能力的分析（竞争态势矩阵法、核心竞争能力分析法）需要掌握。

8. 平衡计分卡的内容在2021年考试中进行了考查，考生要熟悉。

三、本章核心考点必刷题

考点 1　产品生命周期及市场战略类别、竞争态势矩阵

例： 甲公司目前主营产品为 A，A 产品所在行业竞争者众多，占有市场份额最高的企业的市场份额为 18%，且行业内主要企业的份额比率均在 1.7 以内。甲公司同两个主要竞争对手乙公司和丙公司的竞争态势矩阵见表 4-1。

表 4-1　竞争态势矩阵

序　号	关键竞争因素/强势指标	权　重	得　分		
			甲公司	乙公司	丙公司
1	生产规模	0.20	4	3	5
2	技术实力	0.15	2	5	3
3	产品质量	0.20	5	4	5
4	成本优势	0.15	3	1	4
5	客户服务能力	0.20	5	3	3
6	财务实力	0.10	1	5	2

为了进一步拓展业务范围，甲公司考虑进入 B 产品市场，为此委托一家咨询公司进行咨询。咨询报告提出 B 产品目前具有技术成熟、质量稳定、消费者全面认同等特征，目前是甲公司进入 B 产品市场的最佳时机，建议尽快进入。

问　题

1. 与竞争对手乙公司和丙公司相比，甲公司的综合竞争能力如何？企业的总体战略有哪几种？
2. 根据咨询公司对 B 产品的市场调查结论，判断 B 产品处于产品生命周期的哪个阶段。
3. 甲公司是否应接受咨询公司的建议？说明理由。

综合分析

本案例所考查的内容涉及竞争态势矩阵、产品生命周期阶段的判别、市场战略类别。产品生命周期可以与波士顿矩阵、竞争态势矩阵、SWOT 分析等内容相互结合出题，考生要对于这些类型的案例多做演练，还要对其相关内容涉及的理论性知识熟练记忆。

问题 1：

【答案】 甲公司的竞争态势矩阵分析见表 4-2。

表 4-2　甲公司的竞争态势矩阵分析

序　号	关键竞争因素/强势指标	权　重	甲公司		乙公司		丙公司	
			得分	加权值	得分	加权值	得分	加权值
1	生产规模	0.20	4	0.80	3	0.60	5	1.00
2	技术实力	0.15	2	0.30	5	0.75	3	0.45
3	产品质量	0.20	5	1.00	4	0.80	5	1.00
4	成本优势	0.15	3	0.45	1	0.15	4	0.60
5	客户服务能力	0.20	5	1.00	3	0.60	3	0.60
6	财务实力	0.10	1	0.10	5	0.50	2	0.20
加权强势总评分		1.00	—	3.65	—	3.40	—	3.85

由于甲公司的加权强势总评分为3.65，竞争对手乙公司的加权强势总评分为3.40，竞争对手丙公司的加强权势总评分为3.85。因此，甲公司的综合竞争能力比竞争对手乙公司强，比竞争对手丙公司弱。

【要点解析】 本案例问题1考查了竞争态势矩阵法（CPM矩阵）。企业竞争能力的分析（基于企业内部要素进行分析评价）的工具包括竞争态势矩阵法、核心竞争能力分析法。企业竞争能力的分析在以前的考试中进行过考查，考生要重点掌握。竞争态势矩阵分析步骤如图4-1所示。

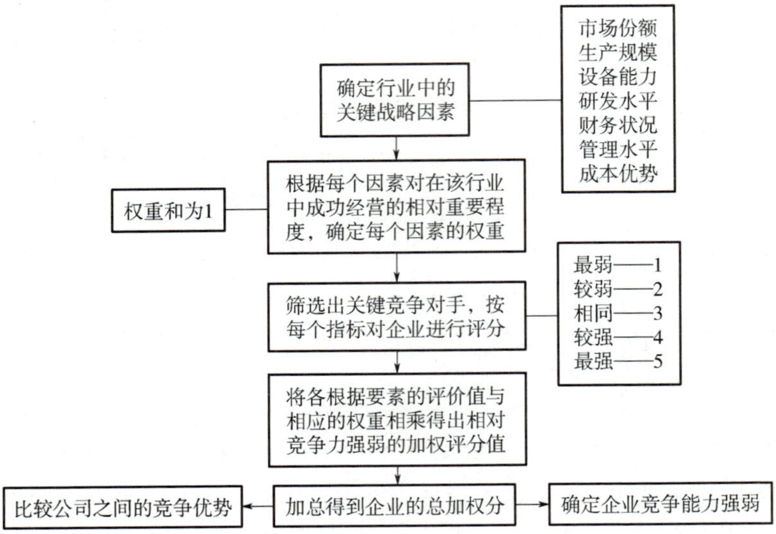

图4-1　竞争态势矩阵分析步骤

问题2：

【答案】 B产品处于产品生命周期的成熟期。企业的总体战略有：稳定战略、发展战略、撤退战略。

【要点解析】 本案例问题2考查了产品生命周期及战略需求。产品生命周期是指产品经过研究开发，到推广应用、普及和衰败所经历的全部时间。产品生命周期各阶段特点及战略需求见表4-3。

表4-3　产品生命周期各阶段特点及战略需求

因素		阶段			
		导入期	成长期	成熟期	衰退期
不同阶段的特点	市场容量	市场需求低	市场需求急剧膨胀	需求逐渐满足、行业增长速度减慢	替代的新产品出现，原有产品市场逐渐萎缩
	生产规模	生产规模不大	生产规模逐步提高，生产能力不足	大规模生产，出现剩余生产力	生产规模缩小，一些企业开始转移生产力
	生产成本	成本高	成本下降	成本下降	成本提高
	产品质量	产品质量不稳定	产品质量提高	产品定型、技术成熟	产品无差异，质量差别小
	竞争	发展速度慢，企业很少	企业数量逐渐增加	企业众多，价格竞争激烈	企业逐步退出
战略特征		需要付出极大代价来培育市场和完善产品；随着企业和行业的发展，可能在行业中树立先入优势	此时是进入该行业的理想时机	市场竞争激烈，企业进入门槛高，除非有强大的资金和技术实力，否则难以取得成功	此时不宜进入此行业

（续）

因素	阶段			
	导入期	成长期	成熟期	衰退期
波士顿矩阵业务	问题业务处于导入期，位于第一象限。行业增长率较高，但相对市场份额不高，不能给企业带来较高的资金回报，这类产品或业务具有发展潜力，但要分析发展潜力和竞争力优势，再决定是否追加投资，扩大市场份额	明星业务处于成长期，位于第二象限。市场占有率和行业增长率都较高，产品或服务具有发展潜力，又具有竞争力，是高速增长市场中的领先者，应是企业重点发展的业务或产品，企业应追加投资，扩大业务	金牛业务处于成熟期，位于第三象限。相对市场份额较高，但行业增长率较低，企业生产规模较大，有大量稳定的现金收益。企业以金牛业务支持明星业务、问题业务或瘦狗业务。企业应采取稳定生产，不再追加投资，尽快收回资金，获取利润	瘦狗业务处于成熟期或衰退期，位于第四象限。相对市场份额及行业增长率较低，市场竞争激烈，企业获利能力差，不能成为利润源泉。如果业务能够经营并维持，则缩小经营范围；如亏损难以继续，则进行业务整合或退出
总体战略选择	发展战略（扩大市场份额） 稳定战略（维持市场份额） 撤退战略（亏损时）	发展战略（扩大市场份额）	稳定战略（维持市场份额）	稳定战略（维持经验） 撤退战略（亏损时出售清理该业务，资金转移其他领域）
竞争战略选择	差异化战略（导入期）	差异化战略（前期） 重点集中战略（中后期）	成本领先战略（中后期） 重点集中战略（中前期）	成本领先战略

注：发展战略包括新领域进入战略、一体化战略（分为纵向一体化战略、横向一体化战略。其中，横向一体化战略是为了扩大生产规模、降低生产成本、巩固市场地位、提高综合竞争力的一种战略）、多元化战略。

问题 3：

【答案】甲公司不应接受咨询公司的建议或不适合在成熟期进入 B 产品市场（这里必须明确判断，回答“不一定”“不应轻易接受建议”“不应盲目进入”等都不对）。

因为进入某产品市场的最佳时期是成长期。在成熟期，市场竞争激烈，企业进入的门槛很高（或者说“成熟期，市场竞争激烈”或“甲公司开发 B 产品较难进入市场”或“有较大障碍”等都可以）。甲公司的资金和技术实力较为薄弱，不适合在成熟期进入 B 产品市场（或者说“除非企业有很雄厚的资金和技术，否则很难成功”也可以）。

【要点解析】本案例问题 3 考查的是产品生命周期的战略特征。在本案例问题 2 中已经做了说明，这里就不再进行说明了。

考点 2　波特五因素模型

例：统计数据表明，某行业内市场占有率前五名的企业为 A、B、C、D、E。E 公司为了制订自身的发展战略，采用五因素模型对行业的竞争结构进行分析。部分因素分析如下：

（1）本行业的新进入者来自国内、国外两个方面。本行业属于资本和技术密集型的行业；对国外进入者，国家有一定限制以对本行业进行必要的保护。

（2）本公司产品的主要原材料供应商十分集中，采购量在各供应商之间分布较均匀，主要原材料暂无替代品。

（3）由于本行业中各企业提供的产品差异性越来越小，因此顾客选择机会较多。

（4）由于科技进步加快，市场上已开始出现性能更高的同类产品，只是目前的价格还略高于传统产品。

基于上述分析，E 公司进一步运用评价矩阵对公司的内部和外部因素进行了综合评价，见表 4-4。

表 4-4　E 公司内部和外部因素评价

项目	关键内部因素	权重	得分	项目	关键外部因素	权重	得分
优势	研发能力强大	0.25	4	机会	一定的政策支持	0.20	3
	产品性能处于中上水平	0.20	3		金融环境宽松	0.10	3
	生产设备较先进	0.15	4		行业技术进步	0.15	2
劣势	资金紧张	0.15	-2	威胁	供应商减少	0.10	-3
	管理不完善	0.15	-3		新的替代产品出现	0.15	-4
	销售渠道不够完善	0.10	-1		销售商拖延结款	0.15	-3
					竞争对手结盟	0.15	-4

问　题

1. 行业竞争结构按市场集中程度、进入和退出障碍、产品差异和信息完全程度等方面体现的不同特征分类，包括哪些类型？

2. 上述四方面因素分别属于五因素模型中的哪个方面？说明每个因素对该行业竞争强度的影响是增强还是减弱。

3. 根据 E 公司的企业内部及外部因素评价结果，画出 SWOT 分析图，指出该公司应选择何种战略，并说明理由。

综合分析

本案例所考查的内容涉及行业竞争结构、波特五因素模型、SWOT 分析。波特五因素模型在以前的考试中进行过考查，考生要重点掌握。

问题 1：

【答案】 行业竞争结构按市场集中程度、进入和退出障碍、产品差异和信息完全程度等方面体现的不同特征分类，包括完全竞争、寡头垄断、双头垄断、完全垄断四种类型。

【要点解析】 本案例问题 1 主要考查行业竞争结构类别。属于记忆型考点，考生记住即可。

问题 2：

【答案】 因素 1 属于新进入者的威胁因素。由于本行业属于资本和技术密集型行业及国家有相应的保护政策，该因素对行业的竞争强度影响相对较弱。

因素 2 属于供应商讨价还价的能力因素。由于企业的主要原材料供应商十分集中，并且主要原材料暂无替代品，该因素对行业的竞争强度影响将增强。

因素 3 属于客户讨价还价的能力因素。由于企业提供的产品差异性越来越小，因此顾客选择机会较多，该因素导致行业的竞争强度影响将增强。

因素 4 属于替代品的威胁因素。由于市场上已开始出现性能更高的同类产品，而且其价格还有降低的可能，造成行业的竞争强度进一步增强。

【要点解析】 本案例问题 2 考查了波特五因素模型。波特五因素模型中的五种力量分别是潜在的进入者、替代品的威胁、客户讨价还价的能力、供应商讨价还价的能力以及现有企业的竞争，前述内容决定行业的竞争力和获利能力。进入壁垒低、存在替代产品、由供应商/客户控制、行业内竞争激烈的市场环境属于最危险的环境。波特五因素模型如图 4-2 所示。

问题 3：

【答案】 首先根据 E 公司的企业内部及外部因素评价结果计算综合得分：

优劣势得分：$4\times0.25+3\times0.20+4\times0.15-2\times0.15-3\times0.15-1\times0.1=1.35$。

机会威胁得分：$3\times0.2+3\times0.1+2\times0.15-3\times0.1-4\times0.15-3\times0.15-4\times0.15=-0.75$。

然后画出 SWOT 分析图（图 4-3），再根据评价得分标注公司所处的象限。

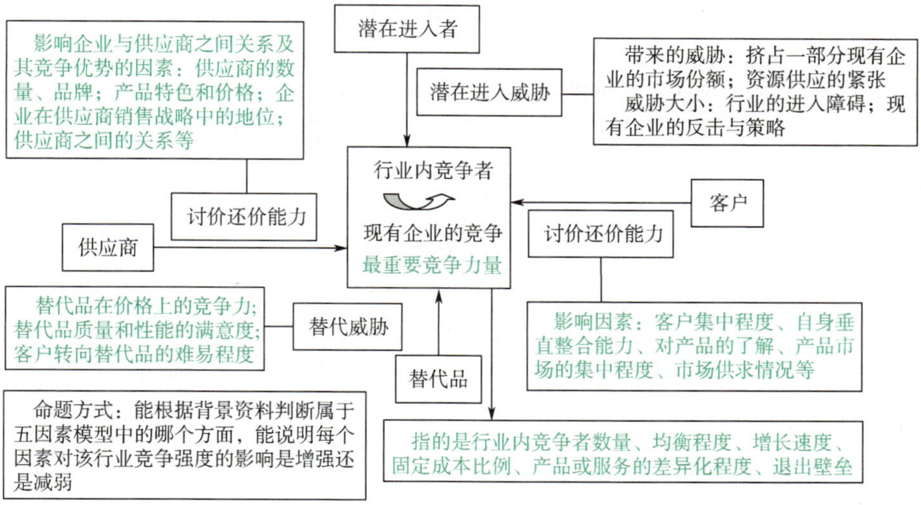

图 4-2　波特五因素模型

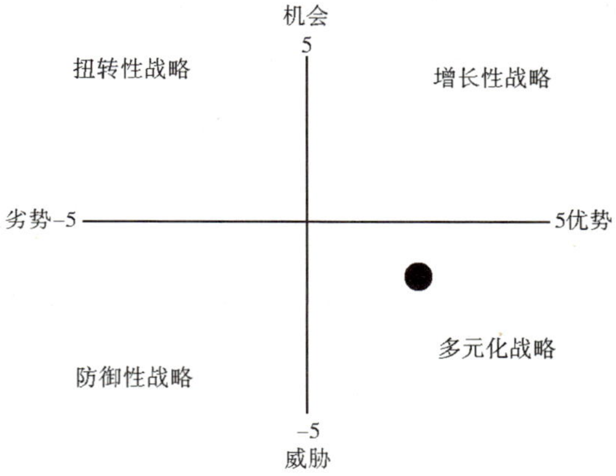

图 4-3　SWOT 分析图

从图 4-3 可以看出本公司尽管具有较大的内部优势，但必须面临严峻的外部挑战。因此选择多元化战略，以利用企业自身优势，避免或降低外部威胁的打击，分散风险，寻找新的发展机会。

【要点解析】 本案例问题考查了市场战略选择。战略分析的方法很多，考生应对这些方法有所熟悉和了解，SWOT 分析是最常用的方法之一，应能熟练运用解决实际问题并给出战略建议。

考点 3　波士顿矩阵

例： 某企业具有相对固定的业务区域，随着经济社会发展和市场环境变化，该企业拟调整业务区域内的市场竞争战略，为此，企业委托咨询公司进行分析研究。

（1）企业收入主要源于 A 业务、B 业务、C 业务，各类业务收入见表 4-5。

表 4-5　2012 ~ 2016 年各类业务收入

年　份	完成业务数量/项	合计业务收入/万元	各类业务收入/万元		
			A 业务	B 业务	C 业务
2012	346	6300	3480	1800	1020
2013	428	7000	3360	2310	1330
2014	473	7500	3320	2584	1596
2015	493	7630	3213	2754	1663
2016	518	7410	2664	2960	1776

（2）2016 年业务区域内 A 业务、B 业务、C 业务市场需求及主要竞争对手的经营数据见表 4-6。

表 4-6　2016 年业务区域内 A 业务、B 业务、C 业务市场需求及主要竞争对手的经营数据

统计对象	A 业务	B 业务	C 业务
区域市场需求总额/万元	30000	25000	15000
主要竞争对手经营收入/万元	5200	3500	1200
今年区域内市场需求增长率（%）	3	12	15

（3）咨询公司分析了当前和今后一个时期经济形势、市场环境、竞争态势，认为：未来企业 A 业务的增长率将会降低，B 业务和 C 业务市场需求将会有所增长，且企业市场竞争难度加大。

问　题

1. 根据表 4-5，说明该企业近五年经营状况。
2. 根据表 4-6，计算该企业三种业务相对市场份额并画出波士顿矩阵图。
3. 根据问题 2 中画出的波士顿矩阵图，该企业对 A 业务和 C 业务应分别采用什么战略？说明理由。

综合分析

本案例考核了企业经营状况分析、波士顿矩阵。波士顿矩阵属于高频考点，考生要将其相关内容重点记忆并掌握。

问题 1：

【答案】五年来，企业的业务数量和业务收入整体均呈增长的趋势。其中，完成业务数量增长[(518－346)/346]×100%＝49.71%，合计业务收入增长[(7410－6300)/6300]×100%＝17.62%。合计业务收入增长率小于完成业务数量增长率，主要原因为业务收入最大的 A 业务的收入（2012 年占总收入的 55.24%）呈现连续下降的趋势，总体下降比例约为[(3480－2664)/3480]×100%＝23.45%；而 B 业务与 C 业务的收入却在呈稳步增长的趋势，其各自增长率为[(2960－1800)/1800]×100%＝64.44%和[(1776－1020)/1020]×100%＝74.12%。

【要点解析】本案例问题 1 考核了企业经营状况分析。企业经营状况是指企业的产品在商品市场上进行销售、服务的发展现状。对其进行经营分析的基本方法是：首先确定分析目标，然后对相关报表的实际数据采用比率法计算其数值，并与过去的业绩或同行业的标准统计数值进行比较，最终判断其结论。这里考生应根据背景资料提供的数据信息，进行五年来企业的业务数量和业务收入分析，要注意数值计算的正确性。

问题 2：

【答案】2016 年该企业三种业务相对市场份额计算如下：

A 业务的相对市场份额为：2664/5200＝0.51；市场增长率为：3%。

B 业务的相对市场份额为：2960/3500＝0.85；市场增长率为：12%。

C 业务的相对市场份额为：1776/1200＝1.48；市场增长率为：15%。

综上所述，可得波士顿矩阵图如图 4-4 所示。

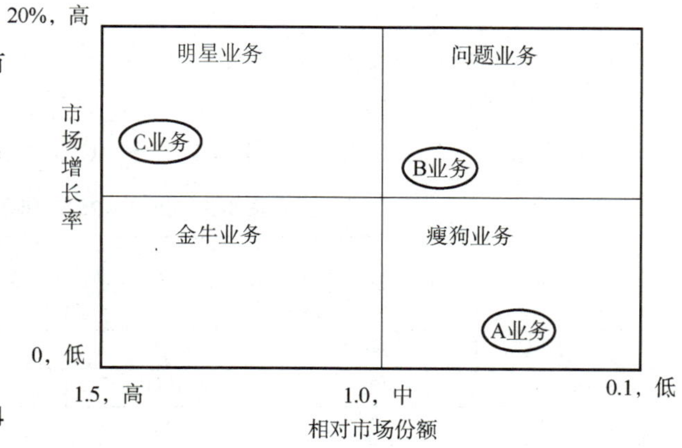

图 4-4　波士顿矩阵图

【要点解析】本案例问题 2 考核了波士

顿矩阵的相对市场份额计算、波士顿矩阵图绘制属于高频考点内容，考生要重点理解 + 记忆。

本案例问题 2 解题思路如下：

（1）先计算相对市场份额：相对市场份额 = 企业的某项产品或服务的市场份额/最大竞争对手市场份额。

（2）在波士顿矩阵图中（图 4-5），需要熟记横坐标、纵坐标代表的含义，还有就是四个业务所在的区域，这些都是考查考生对基础知识的掌握程度。

（3）根据计算的相对市场份额和背景资料中给出的市场增长率，就可画出波士顿矩阵图。

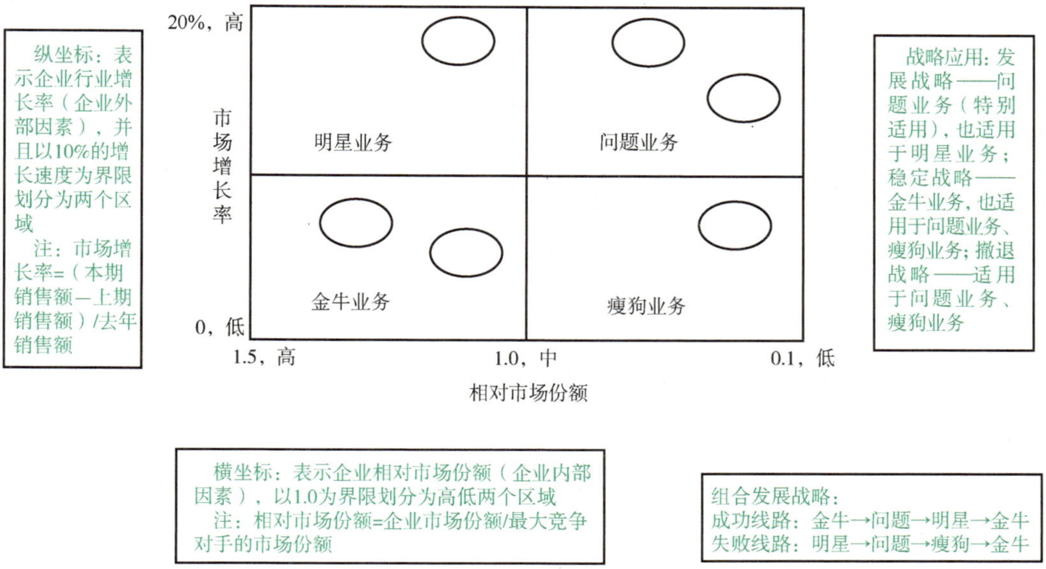

图 4-5　波士顿矩阵图

问题 3：

【答案】根据问题 2 中画出的波士顿矩阵图，该企业的 A 业务属于瘦狗业务，对 A 业务应采用撤退战略和稳定战略。

理由：产品相对市场份额较低，行业增长率也较低，企业活力差。若业务能够经营并维持，则应缩小经营范围；若企业亏损难以为继，则应该采取措施，如对产品进行业务整合或退出业务。

该企业的 C 业务属于明星业务，对 C 业务应当采用发展战略。

理由：产品具有发展潜力，企业又具有竞争力，是高速增长市场中的领先者，应该继续追加投资，扩大业务。

【要点解析】本案例问题 3 考核了波士顿矩阵战略的应用。企业可以采取以下三种不同的战略：

（1）发展战略【重点考核对象】：目的是扩大产品的相对市场份额，适用于问题业务、明星业务。

（2）稳定战略【重点考核对象】：目的是保持产品的相对市场份额，增加短期现金投入，适用于金牛业务、问题业务和瘦狗业务。

（3）撤退战略：目的在于出售或者清理某些业务，以便把资源转移到更有潜力的领域，适用于问题业务、瘦狗业务。

考点 4　平衡计分卡

例：某企业对其“十三五”时期战略规划目标完成情况进行评价。按照平衡计分卡原理将企业高质量、可持续发展战略规划目标分解，并设置 15 项关键绩效指标及其发展目标值，企业战略规划具体执行情况评价见表 4-7。

表 4-7　企业战略规划具体执行情况评价

序号	关键绩效指标（KPI）		单位	绩效		评价
				目标值	完成值	标准值
1	财务	主营业务收入	亿元	2	2.6	90
2		产业链延伸收入	亿元	3	2.7	80
3		资产保值增值率	%	110	432	80
		小计	%		114	250
4	顾客与市场	顾客满意度	分值	80	72	90
5		新市场项目收入占比	%	40	32	80
6		新业务项目收入占比	%	30	27	80
		小计	%		86.8	250
7	过程有效性	全员劳动生产率	万元	90	117	60
8		专利和优秀成果	项	80	72	60
9		设计咨询成果采纳落地率	%	80	72	40
10		项目按计划完成率	%	80	104	30
11		员工知识贡献优良率	%	60	54	60
		小计	%		104.4	250
12	学习与成长	专业带头人	人	20	16	70
13		人均培训时数	学时	300	240	50
14		员工满意度	分值	80	64	60
15		外部专家作用发挥指数	分值	200	220	70
		小计	%		88.4	250
合计						1000

问　题

1. 采用平衡计分卡法时，应关注哪几方面的平衡？

2. 根据表 4-7，计算该企业战略规划目标实施的综合评价得分，并据此对该企业的战略规划目标指标完成情况进行总体评价。

3. 根据表 4-7，找出达到目标要求的绩效指标，并进行评价。

4. 根据表 4-7，找出影响绩效的问题指标，并分别从影响该企业可持续发展和市场开发的角度，提出相应的改进措施。

（计算部分要求列出计算过程，计算结果保留整数）

综合分析

本案例完整地考查了平衡计分卡的内容，主要涉及五项平衡、四个维度评价的综合评价得分、达到目标要求的绩效指标评价、影响绩效的问题指标的改进措施。在该知识点中，考生还需掌握其作用、基本特征、应用步骤、战略管理应用的内容。

问题 1：

【答案】采用平衡计分卡法时，应关注五项平衡：

（1）财务指标和非财务指标的平衡。

（2）企业的长期目标和短期目标的平衡。
（3）结果性指标与动因性指标之间的平衡。
（4）企业内部群体与外部群体的平衡。
（5）先行指标与滞后指标之间的平衡。

【要点解析】本案例问题 1 考查了五项平衡的内容，属于记忆类型知识点，考生记住即可。

问题 2：

【答案】该企业战略规划目标实施的综合评价得分 = 250 × 114% + 250 × 86.8% + 250 × 104.4% + 250 × 88.4% = 984 < 标准值（1000）

该企业的战略规划目标指标总体完成情况未达到“十三五”时期战略规划目标。

【要点解析】本案例问题 2 考查了四个维度评价的综合评价得分。平衡计分卡法从财务、顾客与市场、过程有效性、学习与成长四个维度审视企业业绩。该企业战略规划目标实施的综合评价得分 = 250 × 114% + 250 × 86.8% + 250 × 104.4% + 250 × 88.4% = 984 < 标准值（1000），该企业的战略规划目标指标总体完成情况未达到“十三五”时期战略规划目标。

问题 3：

【答案】达到目标要求的绩效指标包括：主营业务收入、资产保值增值率、全员劳动生产率、项目按计划完成率、外部专家作用发挥指数。

主营业务收入、资产保值增值率绩效评分值较高，说明在财务方面公司战略的实施和执行为公司提高效益做出了贡献。

全员劳动生产率、项目按计划完成率绩效评分值较高，说明公司在过程管理方面人力资源管理、生产管理水平较高。

外部专家作用发挥指数绩效评分值较高，说明在学习与成长方面公司充分发挥了外部专家资源的作用。

【要点解析】本案例问题 3 考查了达到目标要求的绩效指标及评价。根据企业战略规划具体执行情况评价表，当关键绩效指标完成值 > 目标值时，就是达到了目标要求的绩效指标。

问题 4：

【答案】影响绩效的问题指标主要包括：产业链延伸收入、顾客满意度、新市场项目收入占比、新业务项目收入占比、专利和优秀成果、设计咨询成果采纳落地率、员工知识贡献优良率、专业带头人、人均培训时数、员工满意度。

相应的改进措施：产业链延伸收入、新市场项目收入占比和新业务项目收入占比指标较低，反映了该行业市场竞争激烈，应根据市场变化情况及时制订对策和措施，调整市场开发模式，加强市场开发组织能力。顾客满意度指标较低，应提高产品或服务满足需求程度，提高可靠性和性价比。专利和优秀成果、设计咨询成果采纳落地率、员工知识贡献优良率指标较低，应加大研发投入、提高员工素质、加强过程管理。专业带头人、人均培训时数、员工满意度指标较低，应加强员工培训和专业带头人培养，加大培训投入，制订有效的激励措施，为员工成长进步提供良好条件。

【要点解析】本案例问题 4 考查了影响绩效的问题指标并提出改进措施。根据企业战略规划具体执行情况评价表，当关键绩效指标完成值 < 目标值时，就是影响绩效的问题指标，再根据相关指标提出改进措施。

考点 5　通用矩阵

例：某家电生产企业 A 聘请一家咨询单位对其产品及市场进行预测评估。

（1）对其空调主要销售地区进行了市场调查，2014 ~ 2020 年空调销售量和平均价格见表 4-8，预计到 2021 年空调价格下降到 2000 元，现需要预测该地区 2021 年的空调销售量。

表 4-8　2014～2020 年空调销售量和平均价格

年份	平均价格/元	销售量/万台	年份	平均价格/元	销售量/万台
2014	4500	44	2018	2900	58
2015	4000	48	2019	2600	62
2016	3600	51	2020	2300	66
2017	3200	54			

（2）该家电企业分别经营计算机、洗衣机、手机、空调、冰箱等多种产品业务，各产品在行业市场份额分别为 12.5%、14.28%、25%、50% 和 16.67%。鉴于上述情况，该企业为了制订今后的发展战略，对行业吸引力分析后，得出计算机、洗衣机、手机、空调、冰箱几种产品业务的行业吸引力分数分别为 4.36、2.86、4.13、3.14 和 1.67；运用企业内部因素评价矩阵对企业实力进行分析，得到计算机、洗衣机、手机、空调、冰箱几种产品业务的企业实力分值分别为 4.28、3.32、3.12、1.84 和 4.13。需要对其企业的发展战略进行研究。

问　题

1. 请用弹性系数法预测 2021 年该销售区空调的销售量。（计算结果保留两位小数）
2. 作为制造类企业，A 企业竞争成功关键要素包括哪些？
3. 对该企业进行通用矩阵分析，画出通用矩阵图，并为该企业进行战略规划。

综合分析

本案例是一个比较典型的市场分析与战略分析结合起来考查的案例，主要考查了弹性系数法、核心竞争能力分析、通用矩阵的内容，考生需要掌握相关内容。

问题 1：

【答案】 首先计算空调各年的价格弹性系数，见表 4-9。

表 4-9　空调各年的价格弹性系数

年份	平均价格/元	价格较上年增长（%）	产品销售量/万台	销售量较上年增长（%）	价格弹性系数
2014	4500	—	44	—	—
2015	4000	-11.11	48	9.09	-0.82
2016	3600	-10.00	51	6.25	-0.63
2017	3200	-11.11	54	5.88	-0.53
2018	2900	-9.38	58	7.41	-0.79
2019	2600	-10.34	62	6.90	-0.67
2020	2300	-11.54	66	6.45	-0.56

取近 6 年价格弹性系数的平均值作为 2021 年的价格弹性系数：

$$(-0.82-0.63-0.53-0.79-0.67-0.56)/6=-0.67$$

2021 年该产品的价格较 2020 年增长为：$(2000-2300)/2300=-13.04\%$。

2021 年该产品的需求较 2020 年增长为：$-0.67\times(-13.04\%)=8.74\%$。

2021 年该产品的需求量为：66 万台 $\times(1+8.74\%)=71.77$ 万台。

【要点解析】 本案例问题 1 考查了价格弹性系数法。本题涉及的计算公式：价格弹性系数＝购买量变化率/价格变化率。

问题 2：

【答案】 作为制造类企业，A 企业竞争成功关键要素包括：生产成本低、生产能力利用率高、劳工技能高、产品设计能力强等。

【要点解析】本案例问题2考查了核心竞争能力分析。核心竞争能力分析的内容在过去的考试中进行过考查，考生要对相关内容进行熟悉。

问题3：

【答案】通用矩阵图如图4-6所示。

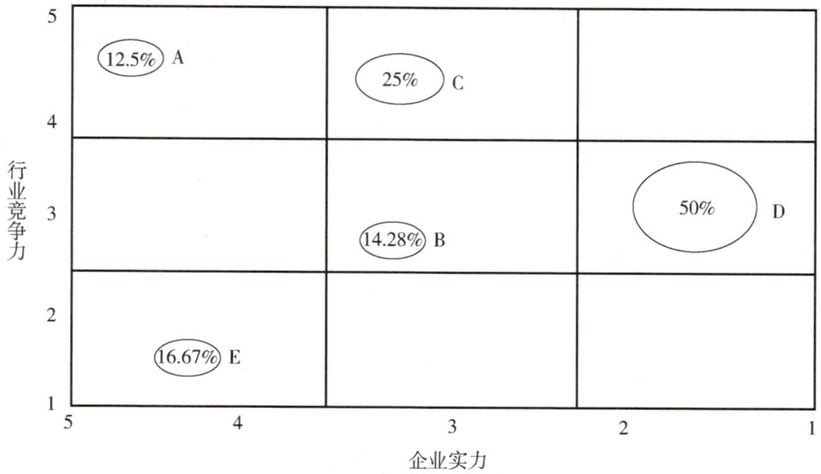

图4-6 通用矩阵图

图4-6中，A代表计算机，B代表洗衣机，C代表手机，D代表空调，E代表冰箱。由通用矩阵可知：

(1) 该企业计算机的企业实力和行业吸引力均较强，其市场份额为12.5%；可采取投资发展策略，扩大生产，增加盈利能力。

(2) 洗衣机的企业实力和行业吸引力均中等，其市场份额为14.28%；可采取区别对待策略、适当盈利策略。

(3) 手机的企业实力中等，但具有较强的行业吸引力，其市场份额为25%；可采取选择重点、投资发展策略，扩大生产，增加盈利能力。

(4) 空调的行业吸引力中等，企业实力较弱，但其市场份额为50%；可采取利用或者退出策略，迅速获利，收回投资，放弃该业务。

(5) 冰箱的企业实力较强，但行业吸引力较低，其市场份额为16.67%；可采取区别对待策略、适当盈利策略。

【要点解析】本案例问题3考查了通用矩阵法。通用矩阵组成及应用步骤如图4-7所示。

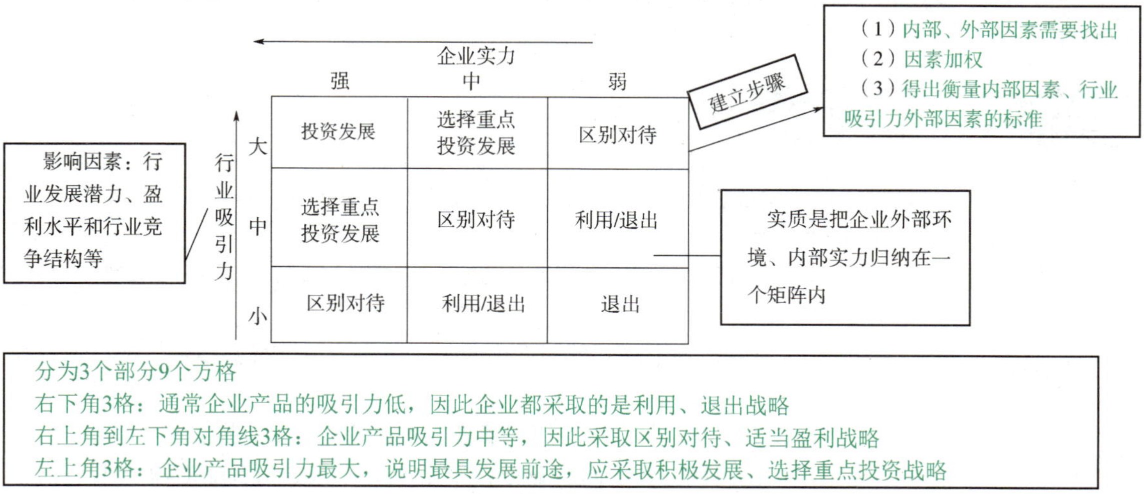

图4-7 通用矩阵组成及应用步骤

四、本章真题实训

【2020 年真题】

受甲企业委托，某咨询公司为其生产经营的 A、B、C、D、E 五类家电产品进行市场分析，调研发现：

（1）A、B 产品是经营了多年的老产品，其业务量占总业务量的 70%，利润占总利润的 75%，在区域市场占主导地位，但从 2018 年开始市场销售增长率已呈下降趋势，数据变化情况与该时期家电行业 A、B 产品的市场变化趋势相符。

（2）C 产品是新开发的产品，2019 年销售增长了 20%，且在该区域内尚未有同类产品出现。

（3）D 产品是高端产品，利润率高，销售增长超过了 10%，但该区域竞争激烈，两家主要竞争对手的市场占有率达 70%，而甲企业只占到 10% 左右。

（4）E 产品市场竞争激烈，甲企业一直以降价作为主要的竞争策略。该产品近 5 年的销售资料见表 4-10。

表 4-10　甲企业 E 产品区域市场平均销售价格和销量

年　　份	平均销售价格/（元/台）	销量/万台
2015	2800	55
2016	2560	59
2017	2188	64
2018	1960	68
2019	1700	70

问　题

1. 产品生命周期分为哪几个阶段？分析 A、B 两类产品目前处在产品生命周期的哪个阶段，该阶段具有什么特点？

2. 根据波士顿矩阵原理，A、B、C、D 产品分别属于什么业务类型，该企业应分别采取什么措施？

3. 如果该区域 2020 年 E 产品的平均价格下降到 1500 元/台，用价格弹性系数法预测该区域 2020 年 E 产品的销售量。

五、本章真题实训答案

1. 产品生命周期分为四个阶段，即导入期、成长期、成熟期和衰退期。

A、B 两类产品目前处在成熟期。

该阶段产品定型，技术成熟，成本下降，利润水平高；行业增长减慢，竞争日趋激烈。

2. 根据波士顿矩阵原理：

A、B 产品相对市场份额高、增长率下降，属于金牛业务。甲企业应维持其稳定生产，不再追加投资，以便尽可能地收回资金，获取利润。

C 产品增长率高，区域内没有同类产品，属于明星业务，甲企业应追加投资，扩大业务。

D 产品增长率高，相对市场份额低，属于问题业务，甲企业应深入分析其是否具有发展潜力和竞争力优势，决定是否追加投资，扩大企业生产规模。

3. 2016～2019 年的价格弹性系数见表 4-11。

表 4-11 2016～2019 年的价格弹性系数

年份	平均销售价格/（元/台）	价格较上年增长	销量/万台	销量较上年增长	价格弹性系数
2015	2800	—	55	—	—
2016	2560	-8.57%	59	7.27%	-0.85
2017	2188	-14.53%	64	8.47%	-0.58
2018	1960	-10.42%	68	6.25%	-0.60
2019	1700	-13.27%	70	2.94%	-0.22

相关计算如下：

2016 年相对 2015 年弹性系数 = [(59 - 55)/55]/[(2560 - 2800)/2800] = -0.85。

2017年相对2016年弹性系数 = [(64 - 59)/59]/[(2188 - 2560)/2560] = -0.58。

2018年相对2017年弹性系数 = [(68 - 64)/64]/[(1960 - 2188)/2188] = -0.60。

2019年相对2018年弹性系数 = [(70 - 68)/68]/[(1700 - 1960)/1960] = -0.22。

取近 4 年的价格弹性系数平均值作为 2020 年的价格弹性系数：

2020 年相对 2019 年弹性系数 = (-0.85 - 0.58 - 0.60 - 0.22)/4 = 0.56。

2020 年 E 产品的价格较 2019 年增长为：(1500 - 1700) × 100%/1700 = -11.76%。

2020 年 E 产品的需求量：70万台 × [1 + (-0.56) × (-11.76%)] = 74.61万台。

或：设 2020 年产量为 X，则 $[(X-70)/70]/[(1500-1700)/1700] = 0.56$，解得：$X = 74.61$ 万台。

六、本章同步练习

试题一

某企业经营 A、B、C、D 四种家电产品。该企业近十年的经营数据见表 4-12，数据中各产品销量变化情况总体与家电行业近十年相应产品的市场变化趋势相符。

表 4-12 2012～2021 年产品经营数据

年份	产品销量/万台				销售利润额/万元				单位产品销售利润/(元/台)				产品目标市场销量占比(%)			
	A	B	C	D	A	B	C	D	A	B	C	D	A	B	C	D
2012	24	17.4	1.2		8640	3132	120		360	180	108		15.24	7.36	17.60	
2013	22	18.8	1.4		7920	3290	144		360	175	103		14.72	7.85	17.50	
2014	21	20.5	1.8		7560	3568	173		360	175	96		13.21	8.34	17.80	
2015	20	19.3	2.2		7000	3281	209		350	170	95		12.33	8.22	18.20	
2016	18	21	2.8		5940	3780	266		330	180	95		11.88	8.62	18.40	
2017	16	21.5	3.6		4800	3655	335		300	170	93		11.23	8.83	18.60	
2018	15.8	20.5	5	0.1	4108	3588	465	72	260	175	93	720	11.54	8.85	18.50	63.25
2019	15.5	19	7.8	0.2	3100	3135	725	150	200	165	93	750	10.26	7.92	18.30	60.58
2020	14	20.3	9.5	0.4	1820	3450	874	312	130	170	92	780	10.23	8.72	18.40	52.36
2021	12	18.3	13	0.8	960	3111	1170	624	80	170	90	780	10.17	7.33	18.20	45.82

2021 年 A、B、C、D 四种家电产品的相对市场份额和所属细分行业市场增长率见表 4-13。

表 4-13　2021 年产品相对市场份额和所属细分行业市场增长率

项目	产品			
	A	B	C	D
相对市场份额	0. 4	1. 1	0. 7	1. 4
所属细分行业市场增长率（%）	-10	-3	31	96

为了预测 C 产品 2022 年的销售量，咨询工程师拟从指数平滑法、成长曲线模型法和回归分析法中选择适宜的预测方法。

问　题

1. 结合产品经营数据和行业情况，分别判断 A 产品、C 产品当前处于产品生命周期的哪个阶段，并指出该企业应分别采取的发展策略。

2. 根据波士顿矩阵原理，判断该企业 A、B、C、D 四种业务分别属于什么业务类型。

3. 该企业对 B 产品、D 产品业务应分别采取什么市场战略？说明理由。

4. 针对咨询工程师提出的三种预测方法，分别从适用范围、数据资料需求和预测结果精确度三个方面描述其各自的特点。

5. 利用从 2019 年起的数据，用指数平滑法预测 B 产品 2022 年的销量（平滑系数 a 取 0. 5，$n=3$）。

（计算部分要求列出计算过程，最终计算结果保留两位小数）

试题二

甲咨询公司受 A 企业委托，为其风电项目提供投资咨询服务。

甲咨询公司收集了 2001 ~ 2011 年我国风力发电机装机容量发展变化数据（表 4-14）和 A 企业2006 ~ 2011 年出售的风力发电机装机容量数据（表 4-15），拟采用简单移动平均法或一次指数平滑法预测企业未来 3 年的销售量。

表 4-14　2001 ~ 2011 年我国风力发电机装机容量发展变化情况

年　度	2001	2002	2003	2004	2005	2006	2007	2008	2009	2010	2011
我国新增风电装机容量/MW	41. 7	66. 3	98. 3	196. 8	506. 9	1287. 6	3311. 3	6153. 7	13803. 2	18928	21630. 9
我国新增风电装机容量年增长率（%）	—	58. 99	48. 27	100. 2	157. 5	154. 0	157. 1	85. 8	124. 3	37. 13	14. 3

表 4-15　A 企业 2006 ~ 2011 年出售的风力发电机装机容量情况

年　度	2006	2007	2008	2009	2010	2011
A 企业出售的风力发电装机容量/MW	44. 45	60. 06	72. 04	82. 03	95. 31	106. 72

为了明确 A 企业风电项目发展战略，甲咨询公司采用了优势、劣势、机会、威胁（SWOT）分析方法。有关事项如下：①按照风电发展规划，我国海上风电的装机容量将从 1000MW 增加到 5000MW；②政府对风电上网电价继续实施优惠政策；③风力发电机生产企业有 100 多家，市场竞争激烈；④A 企业投资海上风力发电机起步较大型同行企业晚 5 年，所以初期市场占有率仅为 8%；⑤A 企业资金雄厚；⑥A 企业技术研发力量强，近年陆续研发了国内领先的多个系列风力发

电机产品；⑦A 企业生产的产品质量稳定；⑧A 企业生产的风力发电机销量逐年上升，形成一定的品牌优势。

假设企业内部各因素权重相同，权重之和为 1；企业外部各因素权重也相同，权重之和也为 1。内外部各因素评价得分绝对值均为 4（得分区间为 -5 ~ 5）。

问　题

1. 根据我国风电装机容量变化趋势，判定我国风力发电机发展所处产品生命周期的阶段，并说明理由。
2. 我国规划体系由哪几类组成？
3. 甲咨询公司拟采用的预测方法是否合理，说明理由。
4. 根据事项①～⑧，列出 A 企业 SWOT 分析中的优势、劣势、机会和威胁因素。
5. 计算 A 企业风电发展内外部因素的综合得分，并据此确定 A 企业应采取的风电发展战略。

试题三

甲公司有三个事业部，分别从事 A、B、C 三类家电产品的生产和销售。这些产品的有关市场销售数据见表 4-16 和发展趋势见图 4-8。在 A、B、C 三类产品市场上，甲公司的最大竞争对手分别是乙公司、丙公司和丁公司。

表 4-16　2009 年市场销售数据　　（单位：万元）

统计对象	产品		
	A	B	C
甲公司销售额	2600	8800	14500
最大竞争对手销售额	4200	22000	11000
全国市场销售总额	32000	84000	64000
近年全国市场增长率	13%	6%	1%

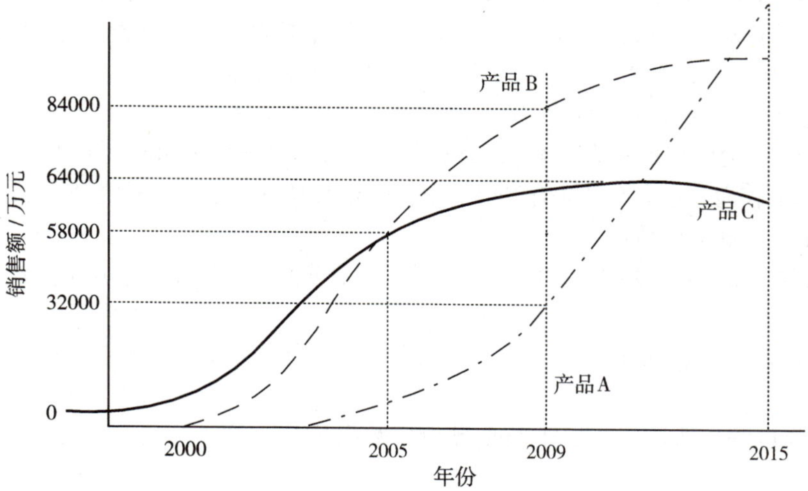

图 4-8　A、B、C 三种产品的发展趋势示意图

问　题

1. 根据图 4-8 分析 A、B、C 三类产品分别处在产品生命周期的哪个阶段，处于成长期和成熟期的产品在市场容量、生产规模和消费者认知方面各自具有什么特点。

2. 用波士顿矩阵分析甲公司的 A、B、C 三类产品分别属于何种业务。

3. 甲公司对 A、C 两类产品应分别采取什么战略？为什么？

4. 在波士顿矩阵中标示出甲公司 A、C 两类产品的发展战略路线方向。

七、本章同步练习答案

试题一

1.（1）A 产品：销量、销售利润额、单位产品销售利润、产品目标市场销量占比指标均呈现逐年下滑趋势，2021 年所属细分行业市场增长率为 -10%，说明市场正在萎缩。所以 A 产品当前处于产品生命周期的衰退期。企业应采取的发展策略为撤退战略，转移生产力，逐步退出该领域。

（2）C 产品：销量、销售利润额指标快速上升；单位产品销售利润、产品目标市场销量占比指标趋于稳定，小幅波动。2021 年所属细分行业市场增长率为 31%，行业在快速增长。所以 C 产品当前处于产品生命周期的成长期。企业应采取的发展策略为发展战略，增加投资，扩大生产，增加盈利能力。

2. 根据波士顿矩阵原理，该企业 A、B、C、D 四种业务类型判断如下：

（1）A 业务：所属细分行业的市场增长率为 -10% <10%，相对市场份额为 0.4 <1.0，所以 A 业务属于瘦狗业务。

（2）B 业务：所属细分行业的市场增长率为 -3% <10%，相对市场份额为 1.1 >1.0，所以 B 业务属于金牛业务。

（3）C 业务：所属细分行业的市场增长率为 31% >10%，相对市场份额为 0.7 <1.0，所以 C 业务属于问题业务。

（4）D 业务：所属细分行业的市场增长率为 96% >10%，相对市场份额为 1.4 >1.0，所以 D 业务属于明星业务。

3.（1）该企业对 B 产品应采取稳定战略，维持稳定生产，不再追加投资。

理由：B 产品相对市场份额为 1.1，市场相对占有率较高，但所属细分行业市场增长率为 -3%，行业成长率较低，企业生产规模较大，能够带来大量稳定的现金收益。

（2）该企业对 D 产品应采取发展战略，追加投资，扩大业务。

理由：D 产品相对市场份额为 1.4，所属细分行业市场增长率为 96%，产品的市场相对占有率和行业增长率都较高，这类产品既有发展潜力，企业又具有竞争力，是高速成长市场中的领先者，应是企业重点发展的产品。

4.（1）指数平滑法：适用于近期或短期预测，数据资料最低要求 5 ~ 10 个，预测结果精确度为较好。

（2）成长曲线模型法：适用于短、中长期预测，数据资料需要至少 5 年数据，预测结果精确度为较好。

（3）回归分析法：适用于短、中长期预测，数据资料需要多年数据，预测结果精确度为很好。

5. 利用从 2019 年起的数据，初始值 F_0 采用 2019 ~ 2021 年共 3 年观测值的平均值：

（1）初始平滑值 $F_0=(19+20.3+18.3)/3$ 万台 $=19.20$ 万台。

（2）$F_{2019}=[0.5\times19+(1-0.5)\times19.2]$ 万台 $=19.10$ 万台。

（3）$F_{2020}=[0.5\times20.3+(1-0.5)\times19.1]$ 万台 $=19.70$ 万台。

（4）$F_{2021}=[0.5\times18.3+(1-0.5)\times19.7]$ 万台 $=19.00$ 万台。

（5）2022 年 B 产品的预测销量为 19 万台。

试题二

1. 我国风力发电机发展所处产品生命周期的阶段是成熟阶段。

理由：因为我国风电装机容量变化趋势为市场需求逐渐满足要求，行业增长速度减慢，行业内企业之间竞争日趋激烈，产品定型，技术成熟，成本下降，利润水平高。

2. 我国规划体系由发展规划、专项规划、区域规划和空间规划四类组成。

3. 甲咨询公司拟采用的预测方法不合理。

理由：在处理水平型历史数据时，或观测数据没有明显波动时可采用简单移动平均法和一次性指数平滑法，而题目中数据波动变化较大。

4. A 企业 SWOT 分析中的优势、劣势、机会和威胁因素如下：

优势：资金雄厚；研发能力强；产品质量稳定；销量逐年上升，形成一定品牌优势。

劣势：A 企业起步较大型同行企业晚 5 年，市场占有率仅 8%。

机会：风电发展规划中，海上风力发电机装机容量从 1000MW 增加到 5000MW；政府对风电上网电价继续优惠。

威胁：风力发电生产企业 100 多家，市场竞争激烈。

5. A 企业风电发展内外部因素的综合得分见表 4-17。

表 4-17　A 企业风电发展内外部因素的综合得分

项目	因素	权重	得分	加权数	项目	因素	权重	得分	加权数
优势	⑤	0.2	4	0.8	机会	①	1/3	4	4/3
	⑥	0.2	4	0.8		②	1/3	4	4/3
	⑦	0.2	4	0.8	威胁	③	1/3	-4	-4/3
	⑧	0.2	4	0.8	综合	合计	1	—	4/3
劣势	④	0.2	-4	-0.8					
综合	合计	1	—	2.4					

A 企业机会大于威胁、优势大于劣势，应采取增长性战略，增加投资，扩大生产，提高市场占有率。

试题三

1. A 产品处于导入期，C 产品处于成熟期，B 产品处于成长期。处于成长期和成熟期的产品在市场容量、生产规模和消费者认知方面各自具有的特点见表 4-18。

表 4-18　处于成长期和成熟期的产品在市场容量、生产规模和消费者认知方面各自具有的特点

特点	成长期	成熟期
市场容量	市场容量逐步扩大 市场渗透率迅速提高 产品价格不断降低	市场逐渐饱和
生产规模	生产规模逐步提高 生产能力不足	大规模生产 出现剩余能力
消费者认知	消费者认知度逐步提高 产品从高收入者向大众消费扩散	消费者全面认同 产品替代、重复购买

2. 首先计算三类产品的相对市场份额，见表 4-19。

表 4-19　三类产品的相对市场份额

统计对象	产品		
	A	B	C
甲公司销售额	2600	8800	14500
最大竞争对手销售额	4200	22000	11000
相对市场份额	0. 62	0. 40	1. 31
近年全国市场增长率	13%	6%	1%

再根据计算结果画出波士顿矩阵，如图 4-9 所示。

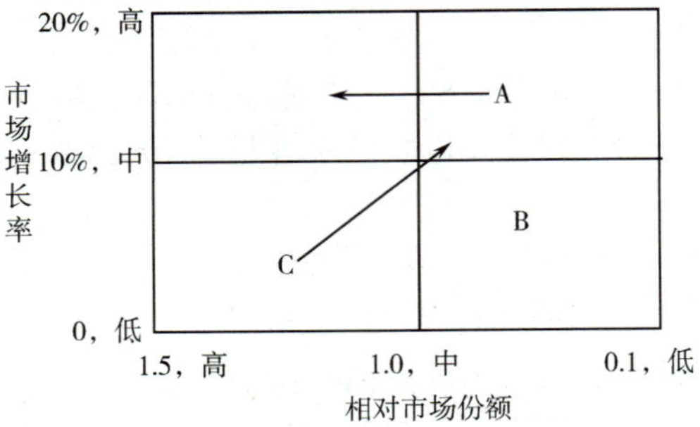

图 4-9　波士顿矩阵

所以 A 是问题业务，B 是瘦狗业务，C 是金牛业务。

3. A 处于第四象限，是问题业务，对 A 的战略是进一步深入分析企业是否具有发展潜力和竞争力优势，从而决定是否追加投资，扩大市场份额。因为该业务特点是市场增长率较高，需要企业投入大量资金予以支持，但企业该业务的相对市场份额不高，不能给企业带来较高的资金回报。

C 是金牛业务，对 C 采取的战略是维持稳定生产，不再追加投资，尽可能回收资金，获取利润。因为其特点是产品的相对市场份额较高，但市场增长率较低，可能处于生命周期中的成熟期，企业生产规模较大，能够带来大量稳定的现金收益。

4. 甲公司 A、C 两类产品的发展战略路线方向如波士顿矩阵（图 4-9）中的箭头所示。

第五章
市场分析

一、本章核心考点分布

二、专家剖析考点

1. 本章内容在历年考试中都会进行考查，属于传统重点章节，在考试中必然会考一道案例题，本章需要记忆的内容不多，主要以理解和实际练习为主，考试中本章的考查题目难度不高。

2. 市场预测方法类别及特点等内容属于重要内容，且是必考点，一般在案例中考查一个判断类型的题目。其中，市场预测方法特点在 2010 年、2011 年、2013 年、2014 年、2016 年、2018 年、2022 年、2023 年进行了考查；考查难度不大，一般不会要求写很多，写出要点即可得分，因此要重点记忆要点。

3. 简单移动平均法属于必考点及重要考点，在 2010 年、2011 年、2013 年、2014 年、2018 年、2023 年进行了考查，考生要熟练记忆相关公式及相关参数代表的含义，并通过演练案例进行巩固掌握。

4. 弹性系数分析法属于必须掌握的内容，在 2010 年、2012 年、2017 年、2018 年、2019 年、2020 年、2021 年进行了考查，考生要熟练记忆相关公式及相关参数代表的含义，并通过演练案例进行巩固掌握。

5. 线性回归分析法、一次平滑指数法属于重点内容，在考试中经常考查，考生要重点记忆。在复习时，一定要牢记其相关公式，弄清各种方法所涉及的变量之间的关系，切勿混淆。

6. 消费系数法及购买力估算法也是需要考生掌握的内容。

7. 对于定性预测方法中的类推预测方法、征兆指标预测方法、点面联想法考生也要做相关了解。

三、本章核心考点必刷题

考点 1　线性回归分析与市场预测方法

例：某公司有 A、B、C 三项业务，分别提供不同的产品和服务。为寻求企业资源的最佳组合，该公司采用波士顿矩阵对上述三项业务进行了分析，如图 5-1 所示。

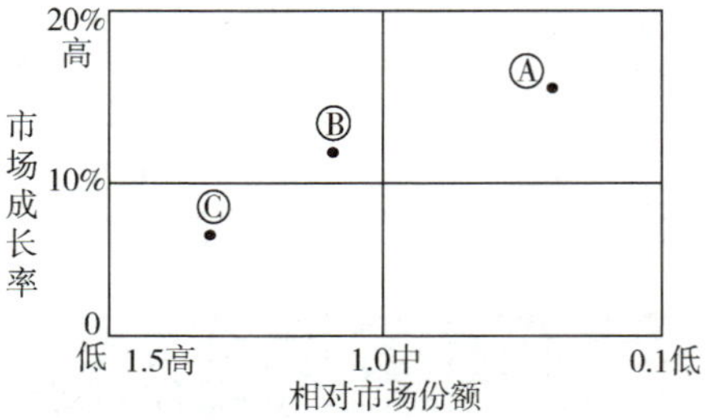

图 5-1　波士顿矩阵

为了进一步预测 B 业务的产品市场，该公司的咨询人员讨论了各种预测方法。其中甲咨询工程师认为：移动平均法是一种因果分析方法，可用于长期预测；一元回归分析法是一种时间序列方法，适合近期或短期预测。

咨询人员最终采用回归分析法进行预测，预测结果是 2018 年 B 业务的产品市场需求为 3000 万台。t 检验系数 $t(a/2, n-2) = 2.04$，$S_0 = 140$（其中 $a = 0.025$，$n = 30$）。

问　题

1. 根据波士顿矩阵分析结果，判断 A、B、C 各属于哪一类业务，分别说明其特点及应采用的战略。

2. 甲咨询工程师对移动平均法和回归分析法的看法是否正确？说明理由。

3. 根据市场需求预测结果，分析 2018 年 B 业务的产品需求量的区间及其可能的概率。

综合分析

本案例主要涉及波士顿矩阵分析、市场预测的方法、线性回归分析的内容，考生要重点掌握。

问题 1：

【答案】（1）A 业务属于“问题”业务。

特点：行业增长率较高，需要企业投入大量的资金予以支持，但是企业产品的相对市场份额不高，不能给企业带来较高的资金回报，这类产品业务会有发展潜力。这类业务特别适合发展战略，需要深入分析企业是否具有发展潜力和竞争力优势，决定是否追加投资，扩大企业生产规模。

（2）B 业务属于“明星”业务。

特点：产品的市场占有率和行业增长率都较高，这类产品或服务既有发展潜力，企业又具有竞争力，是高速增长市场中的领先者，行业处于生命周期中的成长期，应是企业重点发展的业务或产品。这类业务通常采取发展战略，需要追加投资，扩大业务。

（3）C 业务属于“金牛”业务。

特点：产品的相对市场份额较高，但行业增长率较低，行业可能处于生命周期中的成熟期，企业生产规模较大，能够带来大量稳定的现金收益。企业的战略是维持其稳定生产，不再追加投资，以便尽可能地收回资金，获取利润。

【要点解析】本案例问题 1 考查的是波士顿矩阵分析。该考点是一个经常考查的考点。解答该问题的关键是先对行业的竞争状况进行分析，并在此基础上分析企业的市场竞争地位及优势和劣势，最后根据分析结果确定企业的战略选择。

问题 2：

【答案】甲咨询工程师对移动平均法和一元线性回归分析法的看法不正确。

理由：移动平均法是一种时间序列方法，一般只适合近期或短期预测。一元线性回归法是一种因果性预测方法，通过寻找变量间的因果关系，从而对因变量进行预测，适合于短、中、长期预测。

【要点解析】本案例问题 2 考查了市场预测方法的特点。市场预测方法的特点见表 5-1。

表 5-1 市场预测方法的特点

预测方法		内容	适用范围
定性预测方法		类推预测法	长期预测
		专家预测法	
		征兆预测法	
		点面联想法	相似、接近、具有其他某种关系事件的预测
定量预测方法	因果分析法	回归分析法	短期预测、中长期预测
		消费系数法	
		弹性系数法	中长期预测
		购买力估算法	短期预测、中长期预测
	延伸性预测法（时间序列分析）	移动平均法	近期或短期预测
		指数平滑法	
		成长曲线法	短期预测、中长期预测

注：定性预测重点考查专家预测法（德尔菲法）；定量预测重点考查因果分析法（其中，回归分析只考一元回归，消费系数法较简单，偶尔会考查，弹性系数法是重点）和延伸预测法（指数平滑法只考查一次平滑，移动平均法考查简单移动平均法）。

问题 3：

【答案】 在 $a=0.025$ 的显著性检验水平上，2018 年 B 业务的产品需求区间为 $y_0' \pm t(a/2,\ n-2)S_0=(3000 \pm 2.04 \times 140)$ 万台 $=(3000 \pm 285.6)$ 万台。

即 2018 年的需求量在（2714.4，3285.6）区间的概率为 97.5%。

【要点解析】 本案例问题 3 考查了一元线性回归分析。线性回归分析法见表 5-2。

表 5-2 线性回归分析法

项目		内容
基本公式		$y=a+bx+e$ 式中，a 表示回归常数；b 表示回归系数；e 表示误差项或称回归余项
a、b 计算		$a=\bar{y}-b\bar{x}$；$b=\dfrac{\sum_{i=1}^{n} x_i y_i-\bar{x}\sum_{i=1}^{n} y_i}{\sum_{i=1}^{n} x_i^2-\bar{x}\sum_{i=1}^{n} x_i}$
回归检验	方差分析	$R^2=\dfrac{\sum_{i=1}^{n}(y_i'-\bar{y})^2}{\sum_{i=1}^{n}(y_i-\bar{y})^2}=1-\dfrac{\sum_{i=1}^{n}(y_i-y_i')^2}{\sum_{i=1}^{n}(y_i-\bar{y})^2}$
	相关系数检验	$R=\dfrac{\sum_{i=1}^{n}(x_i-\bar{x})(y_i-\bar{y})}{\sqrt{\sum_{i=1}^{n}(x_i-\bar{x})^2\sum_{i=1}^{n}(y_i-\bar{y})^2}}$
	t 检验	$t_b=\dfrac{b}{S_b}=b\sqrt{\dfrac{\sum_{i=1}^{n}(x_i-\bar{x})^2}{\sum_{i=1}^{n}(y_i-y_i')^2/(n-2)}}$ 式中，S_b 是参数 b 的标准差；$S_b=S_y/\sqrt{\sum_{i=1}^{n}(x_i-\bar{x})^2}$，$n$ 为样本个数
	点预测	$y_0'=a+bx_0$
	区间预测	$y_0' \pm t\ (a/2,\ n-2)\ S_0$ $S_0=S_y\sqrt{1+\dfrac{1}{n}+\dfrac{(x_0-\bar{x})^2}{\sum_{i=1}^{n}(x_i-\bar{x})^2}}$

（续）

预测步骤	（1）利用历史数据计算回归参数 a、b，建立模型 （2）回归检验，将历史数据代入模型对回归系数、相关系数方程进行检验，以判定预测模型的合理性、适用性。对于一元线性回归，方差分析、相关系数检验、t 检验等方法的检验效果相同，选择其中一项检验就行 （3）将自变量的未来值 x_0 代入回归模型，进行点预测和区间预测 （4）预测结果分析

考点2　指数平滑法

例：W 厂生产的 A 产品 2018 年 3 月市场份额与最大竞争者的市场份额的比率（相对市场份额）为 1.2，市场成长率为 14%。鉴于目前的市场态势，该厂拟调整 2018 年二季度的生产计划。为此，委托 Y 咨询公司对该厂所在地区的 A 产品的销售量进行预测。Y 公司根据本公司目前仅有的行业统计信息库，统计了 W 厂所在地区 2017 年 10 月～2018 年 3 月的 A 产品销售量，见表 5-3。

表 5-3　W 厂所在地区 2017 年 10 月～2018 年 3 月的 A 产品销售量（单位：万台）

时间	2017 年 10 月	2017 年 11 月	2017 年 12 月	2018 年 1 月	2018 年 2 月	2018 年 3 月
销售量	5.54	5.75	5.59	5.33	6.06	6.57

同时，Y 公司为了进一步提高自己的竞争能力，并为业主提供更加优质的咨询服务，拟进一步完善本公司的数据库。

问　题

1. 运用波士顿矩阵分析 W 厂目前生产的 A 产品属于哪类业务。针对此业务，该厂应采取何种战略？

2. 采用一次指数平滑法，预测该地区 2018 年 4 月的 A 产品销售量。（平滑系数取 0.3，初始值取前 3 个观测值的平均值。列出计算过程，中间结果保留到小数点后三位，最终结果保留到小数点后两位）

3. 除了指数平滑法外，还有哪些常用的延伸预测法？各自的适用条件是什么？

4. 什么是数据库管理系统？应包括哪些内容？

综合分析

本案例考查的侧重点是指数平滑法。主要考查了波士顿矩阵、一次指数平滑法、延伸预测法的适用范围、数据库管理系统的内容。

问题 1：

【答案】运用波士顿矩阵分析，A 产品的相对市场份额为 1.2，市场成长率为 14%，可以在图 5-2上确定该产品的位置，也可直接根据波士顿矩阵横坐标和纵坐标的含义确定，该产品属于“明星”业务，应该采取发展战略，追加投资、扩大业务。

【要点解析】本案例问题 1 考查了波士顿矩阵。波士顿矩阵（成长—份额矩阵）的研究对象是企业全部产品或服务组合，通过分析相关业务现金流量的平衡，寻求资源最佳组合。在对波士顿矩阵进行考查时，不仅可能考查相对市场份额的计算、波士顿矩阵图的绘制，也有可能会让考生分析背景资料中所涉及业务类型的战略发展方向。因此考生可根据要求对背景资料仔细阅读，对问题正确分析，在答题时宁可多答不可少写。对关于波士顿矩阵的相关内容多熟悉几遍，多做练习，在考试时遇到这类熟题时就会得心应手了。

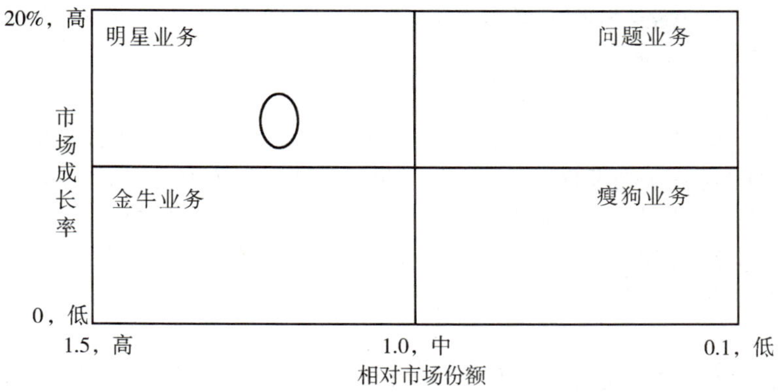

图 5-2　波士顿矩阵图

问题 2：

【答案】（1）计算初始平滑值：

$$F_0 = \frac{x_1 + x_2 + x_3}{3} = (5.54 + 5.75 + 5.59)/3\text{ 万台} = 5.627\text{ 万台}$$

（2）由指数平滑法公式得出：

$$F_1 = [0.3 \times 5.54 + (1 - 0.3) \times 5.627]\text{万台} = 5.601\text{ 万台}$$
$$F_2 = [0.3 \times 5.75 + (1 - 0.3) \times 5.601]\text{万台} = 5.646\text{ 万台}$$
$$F_3 = [0.3 \times 5.59 + (1 - 0.3) \times 5.646]\text{万台} = 5.629\text{ 万台}$$
$$F_4 = [0.3 \times 5.33 + (1 - 0.3) \times 5.629]\text{万台} = 5.539\text{ 万台}$$
$$F_5 = [0.3 \times 6.06 + (1 - 0.3) \times 5.539]\text{万台} = 5.695\text{ 万台}$$
$$F_6 = [0.3 \times 6.57 + (1 - 0.3) \times 5.695]\text{万台} = 5.958\text{ 万台}$$

因此，2018 年 4 月的 A 产品销售量为 5.96 万台。

【要点解析】本案例问题 2 考查了指数平滑法。下面小结指数平滑法（一般考查一次指数平滑法）的相关要点，如图 5-3 所示。

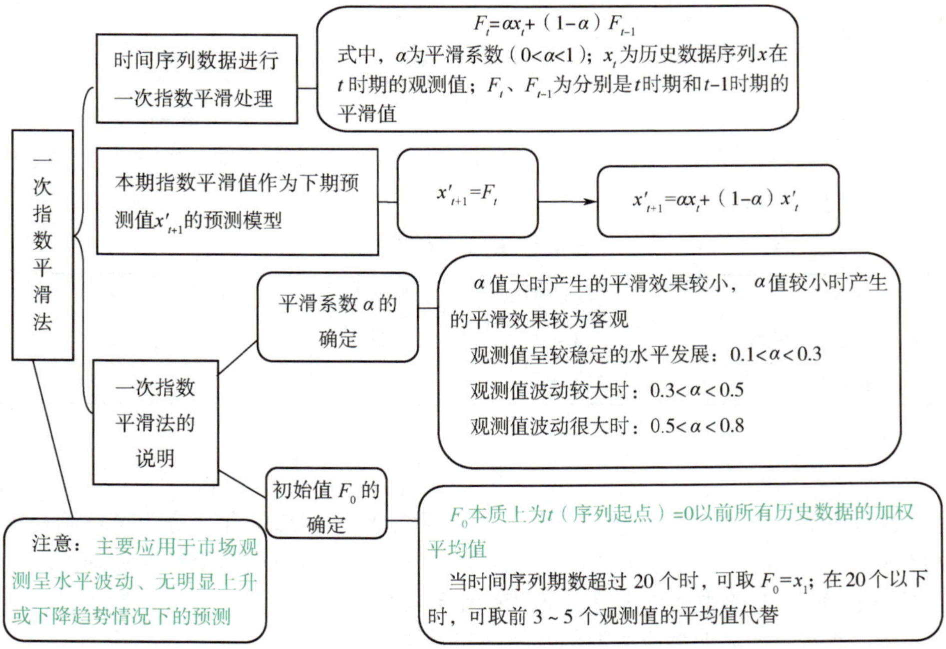

图 5-3　一次指数平滑法

指数平滑法的解题思路：①明确样本数量，求得 F_0；②寻找到 α，并列式：$F_1 = \alpha x_1 + (1-\alpha)F_0$；③依次计算需要的 F_n，且 $F_n = x_{n+1}$。

问题 3：

【答案】除了指数平滑法外，常用的延伸预测法还有移动平均法、成长曲线模型。

（1）移动平均法适用于短期预测，主要用于以月度或周为单位的近期预测。

（2）成长曲线模型适用于短期和中长期预测，需要至少 5 年的数据。

【要点解析】本案例问题 3 考查了延伸预测法。市场预测方法的特点属于重要考点，并且属于重复考查概率较高的内容，考生要重点记忆。

问题 4：

【答案】数据库管理系统是根据数据模型研制的描述、建立和管理数据库的专用软件，一般由数据库语言、数据库管理程序和数据库使用程序三部分组成。

【要点解析】本案例问题 4 考查了数据库管理系统的内容。考查程度较为简单，属于记忆类型的知识点，考生直接记忆，不用深究。

考点 3　弹性系数法

例：某咨询企业接受 A 企业委托，对该企业 2018 年在目标市场空调产品的销售量进行预测，并制订其产品业务发展战略。

该咨询公司对 A 企业 2011～2017 年目标市场空调产品的销售情况进行了调研，相关数据见表 5-4。根据市场信息，预计 2018 年空调平均售价为 2000 元/台。

表 5-4　A 企业 2011～2017 年目标市场空调销售量和平均售价

年　份	平均售价/（元/台）	销售量/万台	价格弹性系数
2011	4500	41	
2012	4000	48	-1.54
2013	3600	51	-0.63
2014	3200	54	-0.53
2015	2900	58	-0.79
2016	2600	62	-0.67
2017	2300	66	-0.56
2018	2000		

A 企业还生产经营食物料理机、洗衣机、手机、空调、冰箱等产品。咨询公司运用通用矩阵分析，给出的相关评价分值见表 5-5。

表 5-5　相关评价分值

产品类型	食物料理机	洗衣机	手机	空调	冰箱
该产品所在行业吸引力	4.36	2.86	4.13	2.14	1.67
企业实力	4.28	3.32	3.12	1.84	4.13

问　题

1. 基于 2011 年以来的数据，用价格弹性系数法预测 A 企业 2018 年目标市场空调的销售量。
2. 说明该咨询公司选用弹性系数法而不选用简单移动平均法进行需求预测的理由。
3. 绘出通用矩阵，在图中标出 A 企业各产品业务的位置。
4. 指出 A 企业对各产品业务应采取的发展战略及措施。

（要求列出计算过程，计算结果保留两位小数）

综合分析

本案例综合考查了价格弹性系数法、市场预测方法的特点、通用矩阵、市场战略。本案例涉及的知识点较多，考生要将相关知识点牢记，这样才能做到融会贯通。

问题1：

【答案】 从表5-4可以看出，2011～2017年该地区空调的价格弹性系数在－1.54～－0.53变化，将2011～2017年平均价格弹性系数作为2018年价格弹性系数。

2018年价格弹性系数＝(－1.54－0.63－0.53－0.79－0.67－0.56)/6＝－0.79。

2018年价格变化率＝[(2000－2300)/2300]×100%＝－13.04%。

2018年空调销量增长率＝－0.79×(－13.04%)＝10.30%。

2018年空调销量＝66万台×(1＋10.30%)＝72.80万台。

【要点解析】 本案例问题1考查了弹性系数分析法。有关弹性系数法的考查重点就在于价格弹性、能源需求弹性、收入弹性这几个点上，经常考查的是价格弹性。考生关于价格弹性公式、价格弹性预测的相关内容要重点记忆并要多多研习此类案例题，勤记多练，在对价格弹性预测进行计算时，要按照预测步骤一项一项地计算，切记不可有遗漏。下面将收入弹性系数、价格弹性系数、能源需求弹性系数进行小结。

（1）收入弹性系数（图5-4）

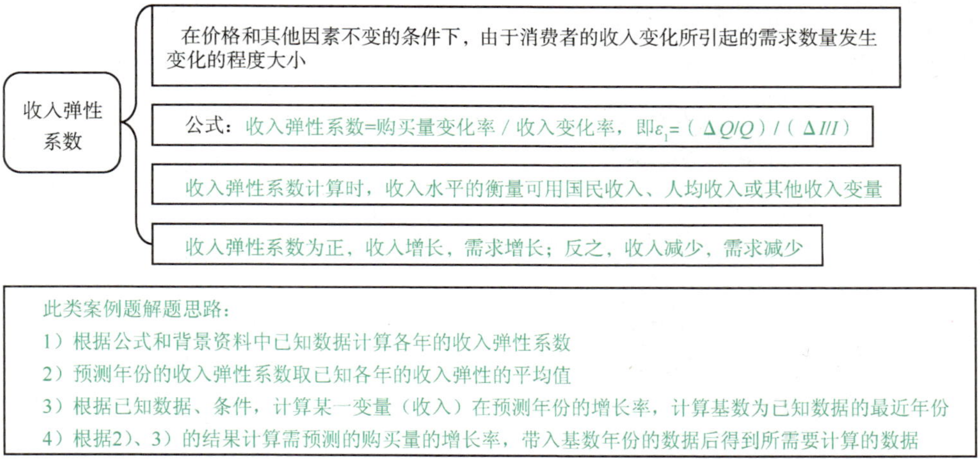

图5-4　收入弹性系数

（2）价格弹性系数（表5-6）

表5-6　价格弹性系数

概　　念	公　　式	反映内容	价格与需求量关系
收入水平不变时，某一种产品购买量变化率与其价格变化率的比率	价格弹性系数＝购买量变化率/价格变化率，即 ε_p＝（$\Delta Q/Q$）/（$\Delta P/P$） 价格弹性系数均为负数	反映价格变动方向与需求量变动方向相反	价格上升，需求量下降；价格下降，需求量上升
注意：预测年份的价格弹性系数可取已知各年的价格弹性系数的平均值			
此类案例题解题思路： 1）根据价格弹性的计算公式和背景资料中给出的数据计算各年的价格弹性系数 2）求出各年价格弹性系数的均值作为预测年份的价格弹性系数 3）根据背景资料中给出的数据计算某一变量（一般是价格）在预测年份的增长率，一般是以背景资料中给出的数据的最近年份作为计算基数年份 4）根据第2）、3）的计算结果计算需要预测的变量（一般是购买量）的增长率，代入基数年份的数据后得到需要计算的预测数据			

（3）能源需求弹性系数（表 5-7）

表 5-7　能源需求弹性系数

反映国民经济的重要指标	公　　式	
有社会总产值、国内生产总值、工农业总产值、国民收入、主要产品产量等	能源的国内生产总值弹性系数 = 能源消费量变化率/国内生产总值变化率，即 $\varepsilon_e = (\Delta E/E)\ /\ (\Delta GDP/GDP)$	注意：对于能源需求弹性系数的修正一般不采用直接的方法，而需要由专家根据相关资料进行修正

此类案例解题思路：

1）根据背景资料中提供的数据计算能源需求弹性系数，经修正后作为预测年份的能源需求弹性系数

2）根据已知数据，计算预测年份国内生产总值的增长率

3）根据 1）、2）计算能源需求的增长率，一般以已知数据的最近年份作为计算基数年份，然后代入数据后得到所需计算的值

问题 2：

【答案】 该咨询公司选用弹性系数法而不选用简单移动平均法进行需求预测的理由：因为简单移动平均法只适用于短期市场需求预测，不能用于长期需求预测。

【要点解析】 本案例问题 2 考查了市场预测方法的特点。市场预测方法的考查一般都是根据相关预测方法特点判断预测使用方法的正确性，考生要注意掌握。

问题 3：

【答案】 通用矩阵图如图 5-5 所示。

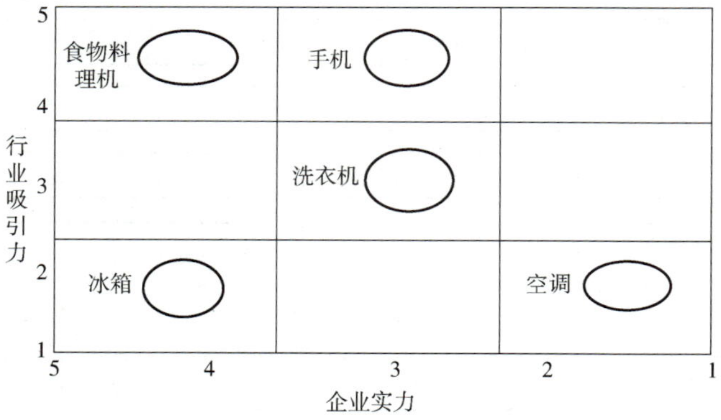

图 5-5　通用矩阵图

【要点解析】 本案例问题 3 考查了通用矩阵的绘制。可以利用市场吸引力和企业实力的具体数值来绘制通用矩阵。也可以采用行业竞争力和企业实力来绘制通用矩阵，由于本题并没有给出每个业务的市场份额，所以适宜采用行业吸引力及企业实力来绘制通用矩阵。

问题 4：

【答案】 A 企业对各产品业务应采取的发展战略及措施：

（1）空调：应该采用退出战略。采取迅速获利，收回投资，放弃空调业务。

（2）冰箱和洗衣机：应该采用区别对待，适当盈利战略。对这两项业务 A 企业应该进一步分析，若有盈利和发展潜力，可继续投资发展，扩大市场份额；若没有发展潜力，应快速回笼资金，保障盈利前提下逐步退出市场。

（3）食物料理机：采用投资发展战略，扩大生产，增加盈利能力。

（4）手机：选择重点投资发展战略，扩大生产，增加盈利能力。

【要点解析】 本案例问题 4 考查了通用矩阵与企业战略选择。由本题上一小问中绘制的通用矩阵图，再根据 A 公司每个产品在矩阵中所处的位置，可以具体确定针对各个产品应当采取的

战略。

考点4　简单移动平均法

例：某生产企业主要生产 A、B 两类产品。由于目前市场对 C 类产品的需求在增加，因此，该企业拟投资建设生产 C 产品的项目，组建了项目工作小组以更好地分析 A、B 产品市场和进行 C 产品项目的前期工作。项目工作小组开展了下列工作：

（1）项目经理召集工作小组成员进行市场研究，大家讨论得出的主要观点有：

1）进行市场调查，只有通过实地调查才能获得有效的调查数据。

2）定性预测不能给出明确的市场需求量，因此在预测市场需求量时，应排除定性预测法。

（2）通过市场调查，项目工作小组获得了 2013 年 A、B 产品的市场销售额数据，见表 5-8。

表 5-8　2013 年 A、B 产品市场销售额数据

项　目	产　品	
	A	B
本企业销售额/万元	1000	8800
最大竞争对手销售额/万元	1200	6800
全国市场总销售额/万元	6000	40950
近年全国市场年平均增长率（%）	15	3

（3）通过市场调查，项目工作小组获得了 2013 年市场上 C 产品的销售额数据，见表 5-9。

表 5-9　2013 年 C 产品市场销售额数据

项　目	月　份							
	5	6	7	8	9	10	11	12
C 产品月销售额/万元	70	90	110	135	160	200	230	270

问　题

1. 分别判断（1）中项目工作小组成员的观点是否正确，简要说明理由。

2. 绘制波士顿矩阵，分析说明 A、B 产品分别属于企业的什么业务，并说明理由；该企业应对其分别采取什么战略？

3. 用移动平均法预测 C 产品 2014 年前三个月的市场销售额（$n=3$）。

（计算结果保留两位小数）

综合分析

本案例综合考查了工程咨询信息调查方法、市场预测方法的特点、波士顿矩阵、移动平均法等要点内容。

问题 1：

【答案】 对（1）中项目工作小组成员的观点的判断及理由：

1）观点不正确。

理由：市场调查方法可分为文案调查、实地调查、问卷调查、实验调查等几类。各种方法各有优缺点，均可获得有效的调查数据，应考虑收集信息的能力、调查研究的成本、时间要求、样本控制和人员效应的控制程度。

2）观点不正确。

理由：定性预测是基于经验、智慧和能力的基础上进行的预测，精确度较好，在市场预测中应采用定性和定量相结合的方法。

【要点解析】 本案例问题1考查了工程咨询信息调查方法、市场预测方法的特点。问题1是工程咨询信息调查方法、市场预测方法的特点等要点的考查形式之一，考生要注意根据背景资料中描述的情形进行分析判断。

问题2：

【答案】（1）计算产品的市场增长率和相对市场份额：

A产品的市场增长率为15%，相对市场份额＝1000/1200＝0.83。

B产品的市场增长率为3%，相对市场份额＝8800/6800＝1.29。

（2）绘制波士顿矩阵图如图5-6所示。

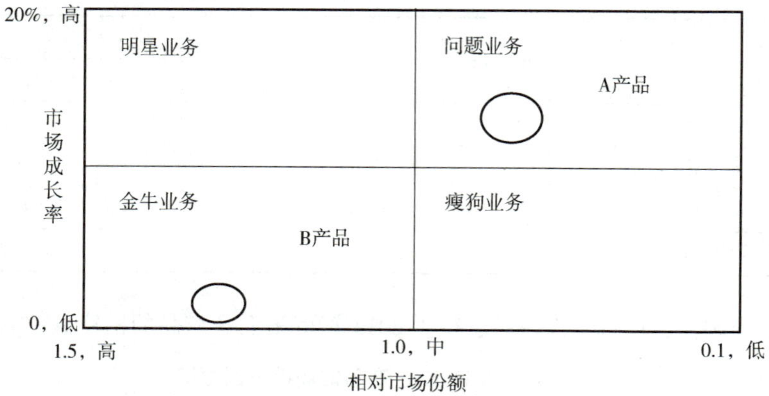

图5-6　波士顿矩阵图

由波士顿矩阵图可知，A产品为问题业务，B产品为金牛业务。

（3）该企业对A产品、B产品分别采取的战略：

对于A产品，虽然有发展潜力，但要深入分析企业是否具有发展潜力和竞争力优势，决定是否采取发展战略，即追加投资、扩大企业市场份额，将其培养成明星业务。

对于B产品，该企业应采取稳定战略，即保持市场份额，维持其稳定生产，不再追加投资，以便尽可能地回收资金，获取利润。

【要点解析】 本案例问题2考查了波士顿矩阵。对于波士顿矩阵的考查，一般是相对市场份额的计算、波士顿矩阵图的绘制、相应的产品战略，考生要牢记波士顿矩阵的相关要点。

问题3：

【答案】 移动平均法的计算公式为

$$F_{t+1}=\frac{1}{n}\sum_{i=t-n+1}^{t}x_i$$

式中，F_{t+1}是$t+1$时的预测数，n是在计算移动平均值时所使用的历史数据的数目，即移动时段的长度。

$n=3$时，用移动平均法预测C产品2014年前三个月的市场销售额：

2014年1月的市场销售额Q_1预测＝$(x_{10}+x_{11}+x_{12})/3=(200+230+270)/3$万元＝233.33万元。

2014年2月的市场销售额Q_2预测＝$(x_{11}+x_{12}+Q_1)/3=(230+270+233.33)/3$万元＝244.44万元。

2014年3月的市场销售额Q_3预测＝$(x_{12}+Q_1+Q_2)/3=(270+233.33+244.44)/3$万元＝249.26万元。

C 产品 2014 年前三个月的市场销售额 = （233.33 + 244.44 + 249.26）万元 = 727.03 万元。

【要点解析】 本案例问题 3 考查了简单移动平均法的计算。移动平均法属于重要考点，在 2010 年、2011 年、2013 年、2014 年、2018 年、2023 年考试中进行了考查，考生要熟练记忆相关公式及相关参数代表的含义。下面总结移动平均法的相关要点（图 5-7）。

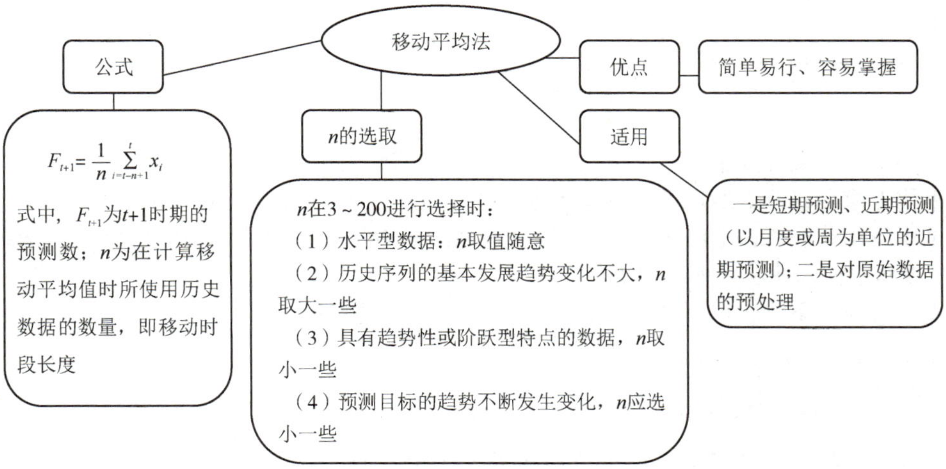

图 5-7　移动平均法

四、本章真题实训

【2021 年真题】

某咨询机构受一汽车销售公司的委托，对某地区家用轿车消费市场进行分析预测，该咨询机构从委托单位得到了该地区每万人家用轿车销售量数据，并通过其他途径采集了人均收入有关信息，见表 5-10。

表 5-10　某地区人均收入与每万人家用轿车销售量数据

年份	人均收入/(元/年)	每万人家用轿车销售量/辆
2016	39800	61.38
2017	41800	64.83
2018	43750	68.62
2019	45870	72.26
2020	47800	76.34

为了预测 2021 年该地区家用轿车的销售量，咨询机构拟采用德尔菲法对 2021 年人均收入进行预测。邀请了 5 位专家召开专家会议，专家对不同的人均收入水平预测的概率，见表 5-11。

已知 2020 年该地区人口为 229.5 万人，年人口增长率为 0.6%。

表 5-11　专家会议调查人均收入水平预测概率

人均收入/(元/年)	专家序号				
	1	2	3	4	5
49000	20	15	20	25	5

（续）

人均收入/(元/年)	专家序号				
	1	2	3	4	5
50200	40	50	55	50	45
50600	35	30	25	20	45
51175	5	5	0	5	5

问　题

1. 咨询信息的来源除了由委托单位提供外，还有哪些采集途径？

2. 根据专家会议调查所得到的概率数据，计算该地区 2021 年人均收入预测的期望值。

3. 采用德尔菲法对该地区 2021 年人均收入预测是否适宜？说明理由。该咨询机构组织的专家会议是否属于德尔菲法？说明理由。

4. 用收入弹性系数法预测该地区 2021 年家用轿车的销售量。

五、本章真题实训答案

1. 咨询信息的来源除了由委托单位提供外，还包括网络和出版物、借阅与购买以及自有信息，具体采集途径包括文案调查、实地调查、问卷调查、实验调查等几种。

2. 2021 年人均收入预测期望值 = 49000 元 ×（20% + 15% + 20% + 25% + 5%）× 1/5 + 50200 元 ×（40% + 50% + 55% + 50% + 45%）×（1/5）+ 50600 元 ×（35% + 30% + 25% + 20% + 45%）×（1/5）+ 51175 元 ×（5% + 5% + 0% + 5% + 5%）×（1/5）= 50159 元。

3. 采用德尔菲法对该地区 2021 年人均收入预测不适宜。

理由：德尔菲法尤其适用长期预测，特别是当预测时间跨度长达 10 ~ 30 年，以及预测缺乏历史数据时，采用德尔菲法能够取得较好的效果。该地区 2021 年人均收入预测属于短期预测，且有近 5 年的人均收入数据。

该咨询机构组织的专家会议不属于德尔菲法。

理由：德尔菲法选择专家的数量为 20 人左右，但该咨询机构只组织了 5 位专家。德尔菲法具有匿名性，应邀专家背靠背作答，相互不了解彼此的意见。德尔菲法具有收敛性，采用多轮征询意见，通过专家意见反馈，让专家更好地修改和完善自己的意见，最终形成初步预测意见。

4. 用收入弹性系数法预测该地区 2021 年家用轿车的销售量：

2017 年收入弹性系数 = [(64.83 − 61.38)/61.38]/[(41800 − 39800)/39800] = 1.12。

2018 年收入弹性系数 = [(68.62 − 64.83)/64.83]/[(43750 − 41800)/41800] = 1.25。

2019 年收入弹性系数 = [(72.26 − 68.62)/68.62]/[(45870 − 43750)/43750] = 1.09。

2020 年收入弹性系数 = [(76.34 − 72.26)/72.26]/[(47800 − 45870)/45870] = 1.34。

取 2017 ~ 2020 年收入弹性系数的平均值作为 2021 年的收入弹性系数：

2021 年的收入弹性系数 = (1.12 + 1.25 + 1.09 + 1.34)/4 = 1.20。

设 2021 年家用轿车销量为 Q，则有：[(Q − 76.34)/76.34]/[(50159 − 47800)/47800] = 1.20，解得：Q = 80.86 辆/万人。

该地区 2021 年家用轿车的销售量 = 80.86 × [229.5 ×（1 + 0.6%）] 辆 = 18669 辆。

六、本章同步练习

试题一

2017 年 5 月，A 市统计局公布了 2016 年 A 市居民消费购买力为 600 亿元，其中国产手机在消费品中的比重为0.5%。国产手机的平均价格为2500元/台，预计在今后三年内无大的变动。居民消费品购买力在今后三年（2017年、2018年、2019年）每年递增3%。国产手机在消费中的比重每年递增10%。

问　题

1. 什么是购买力估算法?
2. 简述居民的预期购买力计算公式。
3. 预测A市今后三年国产手机的潜在需求量。

(要求列出计算过程，计算结果保留整数)

试题二

某地2010～2015年某家用电器销售量和人均年收入见表5-12，预计到2017年人均年收入较2015年增加36%，年人口增长控制在0.5%以内。

表5-12　某地2010～2015年某家用电器销售量和人均年收入

年份	人均收入/（元/年）	人口/万人	销售量/万台	年份	人均收入/（元/年）	人口/万人	销售量/万台
2010	2600	620	32	2013	4200	632	44
2011	3000	624	35	2014	4900	636	49
2012	3500	628	39	2015	5800	640	54

甲、乙两公司是该家用电器在国内市场的主要竞争对手，甲公司为了制订主要针对乙公司的竞争战略，运用竞争态势矩阵对两家公司进行了对比分析，见表5-13。

表5-13　两公司关键竞争因素权重和得分

关键竞争因素	权重	甲公司得分	乙公司得分	关键竞争因素	权重	甲公司得分	乙公司得分
产品质量/性能	0.15	4	3	销售网络	0.1	3	4
声誉	0.15	5	4	财务资源	0.1	3	4
研发能力	0.15	4	5	区位优势	0.05	1	3
制造能力	0.1	4	4	相对成本地位	0.2	4	3

基于上述分析，该公司决定将产品重点放在某一特定的目标市场上，向其提供与众不同的产品，不断推陈出新，以高质量、新时尚的形象立足于市场，从而形成竞争优势。

问　题

1. 叙述采用弹性系数分析法进行预测的特点。
2. 请用收入弹性系数法预测2017年该家用电器的需求量。
3. 请根据上述竞争态势矩阵对甲公司做出评价。
4. 试论述甲公司所运用的是哪种竞争战略。
5. 现甲公司拟研制开发出大尺寸的液晶电视推向市场，可采用什么方法预测分析其市场发展趋势？说明理由。

七、本章同步练习答案

试题一

1. 购买力估算法是通过分析社会居民总购买力、购买力投向，导出对某种产品的需求量。

2. 居民的预期购买力 = 居民的预期货币收入 − 税收支付 − 存款净增额 − 其他非商品支出。

3. 第一年手机的潜在需求量为：

$600\times10^{8}\times(1+3\%)\times0.5\%\times(1+10\%)/2500$ 台 $=135960$ 台。

第二年手机的潜在需求量为：

$600\times10^{8}\times(1+3\%)^{2}\times0.5\%\times(1+10\%)^{2}/2500$ 台 $=154043$ 台。

第三年手机的潜在需求量为：

$600\times10^{8}\times(1+3\%)^{3}\times0.5\%\times(1+10\%)^{3}/2500$ 台 $=174530$ 台。

试题二

1. 用弹性系数分析法进行预测的优点：简单易行，计算方便，计算成本低，需要的数据少，应用灵活广泛。但也存在以下缺点：一是其分析带有一定的局限性和片面性，计算弹性或做分析时，只能考虑两个变量之间的关系，而忽略了其他相关变量所产生的影响；二是弹性分析的结果在许多情况下显得比较粗糙，弹性系数可能随着时间的推移而变化，以历史数据推算出的弹性系数预测未来可能不准确，许多时候要分析弹性系数的变动趋势，对弹性系数进行修正。

2. 首先计算该家用电器的收入弹性系数，见表 5-14。

表 5-14　该家用电器的收入弹性系数计算

年份	收入较上年增长(%)	每万人该家用电器的消费/(台/万人)	每万人该家用电器的消费增长(%)	收入弹性系数
2010		516		
2011	15.4	561	8.7	0.56
2012	16.7	621	10.7	0.64
2013	20	696	12.1	0.61
2014	16.7	770	10.6	0.63
2015	18.4	844	9.6	0.52

如，2011 年较 2010 年收入增长为：$[(3000-2600)/2600]\times100\%=15.4\%$。

2011 年较 2010 年每万人该电器消费增长为：$[(561-516)/516]\times100\%=8.7\%$。

则收入弹性系数 $=8.7\%/15.4\%=0.56$。

类似，可以求得 2012 年、2013 年、2014 年、2015 年各年的收入弹性系数(表 5-15)。

该电器几年来收入弹性系数的平均值为：$(0.56+0.64+0.61+0.63+0.52)/5=0.59$，取 2017 年的收入弹性系数为 0.59。

以 2015 年为基数，则：

2017 年每万人该电器消费增长 = 收入增长比率 × 收入弹性系数 $=36\%\times0.59=21.2\%$。

每万人该电器需求量：844 台 $\times(1+21.2\%)=1023$ 台。

2017 年当地人口数：640 万人 $\times(1+0.5\%)^{2}=646$ 万人。

所以，2017 年该地该电器需求量为：$(646\times1023/10000)$ 万台 $=66$ 万台。

3. 根据题目中竞争态势矩阵，可计算出甲、乙两公司的竞争能力综合得分分别为：

甲公司的得分为：$0.15\times4+0.15\times5+0.15\times4+0.1\times4+0.1\times3+0.1\times3+0.05\times1+0.2\times4=3.8$。

乙公司的得分为：$0.15\times3+0.15\times4+0.15\times5+0.1\times4+0.1\times4+0.1\times4+0.05\times3+0.2\times3=3.75$。

计算结果表明，甲公司与乙公司的竞争能力较为接近，甲公司虽然在得分上较乙公司稍高，但差值不大，因此，甲公司面临着较大的压力。

4. 甲公司所运用的竞争战略首先是重点集中战略，它把自己的产品定位于某一种特定的目标市场上；同时，还运用了差别化战略，即产品品种、质量和性能的差别化战略，通过向目标市场提供与众不同的产品，不断推陈出新，以高质量、新时尚的形象立足于市场。

5. 可采用产品类推预测方法，根据彩色显像管电视、等离子电视、背投电视、计算机液晶显示器等产品和市场的发展变化情况，来分析液晶电视的市场发展趋势。因为液晶电视，特别是大尺寸的液晶电视，在国内市场还属于比较新的产品，可根据功能、结构、原材料、规格等方面的相似性，从一些已知产品的需求及演变情况来分析推测类似新产品的需求及其发展变化趋势。

第六章

现金流量分析

一、本章核心考点分布

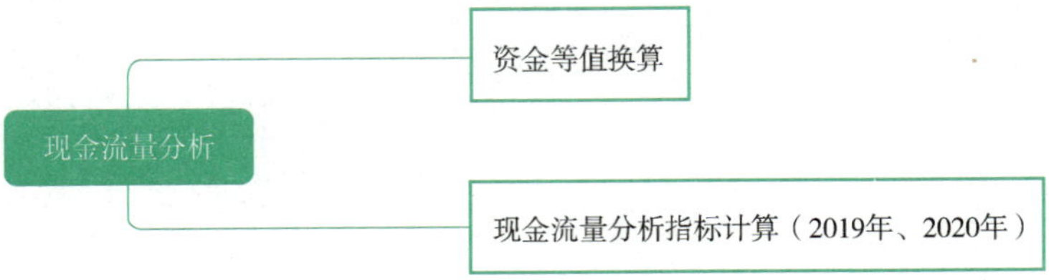

二、专家剖析考点

1. 本章内容的核心要点是现金流量，由此产生了项目经济评价指标、方法，这些都是经济分析的基础内容。该部分内容在考试中不会单独出题计算，却是学好财务分析、经济分析的基础，因此考生对其涉及的公式要牢固掌握，并且能够熟练运用。

2. 现金流量分析类的题型，可以绘制现金流量图或列表求解。

3. 现金流量与现金流量图的表示是重点内容，需要考生熟悉并记忆。

4. 资金等值换算、价值性指标的计算（2019 年、2020 年考试中考查了净现值计算）、比率性指标的计算（2020 年考试中考查了净现值率计算）、时间性指标的计算是本章的重点内容，考生重点掌握公式、概念，尤其是公式中参数代表的相关含义，要记牢。

5. 资金时间价值的含义与衡量、资金等值的概念属于重点内容，考生要熟悉。

6. 现金流量分析指标的类别只做了解即可。

三、本章核心考点必刷题

考点 1　资金等值换算

例：某农场拟于 2011 年初在某河流上游植树造林 500hm^2，需要各类投资共 5000 万元。农场将承包该林地并拟于 2017 年初择伐林木后，将林地无偿移交给地方政府。预计所伐木材销售净收入为 12 万元/hm^2。

由于流域水土得到保持，气候环境得到改善，预计流域内 3 万亩农田粮食作物从 2012 年起到择伐树木时止，每年将净增产粮食 360 万 kg，粮食售价 1.5 元/kg。假设银行贷款利率和财务基准收益率均为 6%，社会折现率为 10%，不存在价格扭曲现象。

问　题

1. 在考虑资金时间价值的情况下，该农场 2017 年初所伐木材销售净收入能否回收全部投资？

2. 在对本项目的评估论证中，某咨询工程师认为应从国民经济评价的角度，分析项目的经济合理性，农作物增产收入应看作是本项目的经济效益。你是否赞同其观点？简述理由。计算本项目的经济净现值，分析本项目是否经济合理。

3. 某咨询工程师认为流域内种植农作物的农户是本项目的利益相关者，应对其进行利益相关者分析。你是否赞同其观点？简述理由。

4. 利益相关者分析一般采取哪些步骤进行？

综合分析

本案例所考查的内容涉及资金时间价值换算、经济净现值的计算、利益相关者分析。对其前述内容，考生要重点理解并掌握。

问题 1：

【答案】 2017 年初该农场所伐树木的净收入能否回收全部投资的判断如下：

（1）2017 年初所伐树木的净收入：12 万元/$hm^2 \times 500hm^2 = 6000$ 万元。

（2）在财务基准收益率为 6% 的情况下，6000 万元投资在 2011 年初的现值：6000 万元 $\times (1+6\%)^{-6} = 4299.76$ 万元 < 5000 万元。

因此，在考虑资金时间价值因素的情况下，木材净收入不能回收全部投资。

【要点解析】 本案例问题 1 主要考查资金时间价值换算。等值计算公式、相关参数代表的含义、资金等值换算公式以及对应的现金流量图均是本章的出题点，在以前考试中也对其前述内容进行过考查，因此考生要重点掌握。要明确在什么情况下用什么公式，如果考试中还要画出相对应的现金流量图，那么现金流量图的绘制也是考生需要掌握的内容。资金等值换算见表 6-1。

表 6-1　资金等值换算

计算项目		公　式	系数名称符号	现金流量图
一次支付型	终值计算	$F=P(1+i)^n = P(F/P, i, n)$	一次支付终值系数 $(F/P, i, n)$	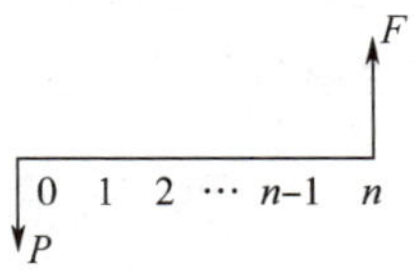
	现值计算	$P=F(1+i)^{-n} = F(P/F, i, n)$	一次支付现值系数 $(P/F, i, n)$	
多次支付型	等额支付终值计算	$F = A\frac{(1+i)^n - 1}{i}$	等额支付终值系数 $(F/A, i, n)$	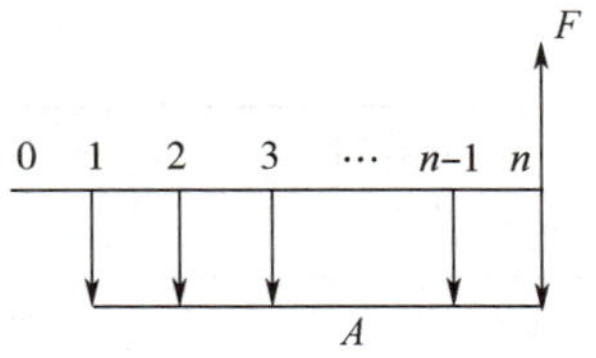
	偿债基金计算	$A = F\frac{i}{(1+i)^n - 1}$	等额支付偿债基金系数 $(A/F, i, n)$	
	年金现值计算	$P = A\frac{(1+i)^n - 1}{i(1+i)^n}$	等额支付年金现值系数 $(P/A, i, n)$	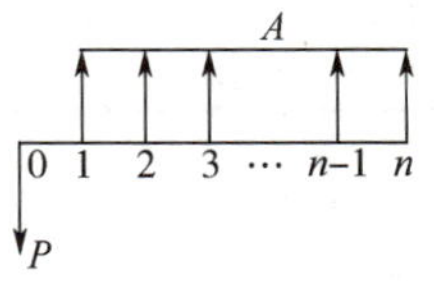
	资金回收计算	$A = P\frac{i(1+i)^n}{(1+i)^n - 1}$	等额支付资金回收系数 $(A/P, i, n)$	

注：P 为现值；F 为终值；A 为等额年金；i 为计息周期的利率；n 为计息周期数。

问题 2：

【答案】（1）同意其观点，应视为本项目的经济效益。

理由：凡项目对社会经济所做的贡献，均计为项目的经济效益，包括项目的直接效益和间接效益。由于流域水土得到保持，气候环境得到改善，流域内农田粮食作物增产，属于项目的间接效益。

（2）每年粮食作物的净收入 = 360 万 kg × 1.5 元/kg = 540 万元。

本项目的经济净现值 ENPV = $\left[-5000+6000\times(1+10\%)^{-6}+540\times\frac{(1+10\%)^{5}-1}{10\%\times(1+10\%)^{5}}\times(1+10\%)^{-1}\right]$ 万元 = 247.78 万元 > 0。

因此，项目经济合理。

【要点解析】 本案例问题 2 主要考查经济净现值的计算及经济合理性的判断。根据《建设项目经济评价方法与参数》，经济净现值的计算公式：$\text{ENPV}=\sum_{t=1}^{n}(B-C)_t(1+i_s)^{-t}$，式中 B 表示经济效益流量；C 表示经济费用流量；$(B-C)_t$ 表示第 t 年的经济净效益流量；n 表示计算期；i_s 表示社会折现率。经济费用效益分析中，ENPV ≥ 0，从经济资源配置的角度，认为该项目可以被接受。

问题 3：

【答案】 同意其观点。

理由："利益相关者"指的是与建设项目或发展规划有利害关系的人、群体或机构。流域内农户从项目中获得的收益，直接关系到当地农户对本项目的接受和支持程度。因此，应进行利益相关者分析。

【要点解析】 本案例问题 3 主要考查利益相关者分析。记忆型的考点，考生熟记即可。

问题 4：

【答案】 利益相关者分析一般采取以下四个步骤进行：

（1）识别利益相关者。

（2）分析利益相关者的利益构成。

（3）分析利益相关者的重要性和影响力。

（4）制订主要利益相关者参与方案。

【要点解析】 本案例问题 4 主要考查利益相关者分析步骤。记忆型的考点，考生熟记即可。

考点 2　现金流量分析指标计算

例： 某项目投资现金流量表见表 6-2。

表 6-2　某项目投资现金流量　　（单位：万元）

计算期	1	2	3	4	5	6	7	8
1. 现金流入量	—	—	600	1000	1000	1000	1000	1200
2. 现金流出量	600	900	300	500	500	500	500	500
3. 净现金流量	-600	-900	300	500	500	500	500	700
4. 累计净现金流量	-600	-1500	-1200	-700	-200	300	800	1500

问　题

1. 计算该项目的静态投资回收期，并据此判断项目是否可行（行业基准投资回收期 P_c = 5 年）。
2. 时间性指标除了静态投资回收期之外，还包括哪些指标？

综合分析

本案例综合考查了静态投资回收期、时间性指标。涉及的知识点较少，考生直接记忆即可。

问题 1：

【答案】$P_t = \left[(6-1) + \frac{|-200|}{500}\right]$年 $= 5.4$ 年。

因为该项目 $P_t > P_c$，所以项目不可行。

【要点解析】 本案例问题 1 考查了静态投资回收期的计算。静态投资回收期属于时间性指标，下面将时间性指标（表 6-3）的相关要点进行小结。

表 6-3　时间性指标

指标	定　义	计　算	判　据	
静态投资回收期（P_t）	在不考虑资金时间价值时，回收初始投资，其单位通常用“年”表示。一般从建设开始年算起，定义式为 $\sum_{t=0}^{P_t}(CI-CO)_t = 0$	通过财务现金流量表中的净现金流量、累计净现金流量计算求得，公式为 P_t = 累计净现金流量开始出现正值的年份数 −1 + $\frac{\text{上一年累计净现金流量的绝对值}}{\text{当年净现金流量}}$	$P_t \leqslant P_c$，接受；$P_t > P_c$，拒绝接受	注意：只能用于粗略评价或者作为辅助指标和其他指标结合起来使用
动态投资回收期（P_t'）	考虑了资金时间价值，通常情况下从建设开始年算起，定义式为 $\sum_{t=0}^{P_t'}(CI-CO)_t(1+i)^{-t} = 0$	通过财务现金流量表中的净现金流量折现值、累计净现金流量折现值计算求得，计算公式为 P_t' = 累计净现金流量折现值开始出现正值的年份数 −1 + $\frac{\text{上一年累计净现金流量折现值的绝对值}}{\text{当年净现金流量折现值}}$	$P_t' \leqslant P_c'$时（P_c'表示基准动态投资回收期），考虑接受项目，条件是贴现率取 i_c（行业基准收益率）	

问题 2：

【答案】 时间性指标除了静态投资回收期之外，还包括动态投资回收期。

【要点解析】 本案例问题 2 考查了时间性指标。项目经济评价常用指标包括时间性指标、价值性指标、比率性指标。问题 1 中，已经阐述了时间性指标，下面说明价值性指标、比率性指标的相关要点。

1. 价值性指标的计算（表 6-4）

表 6-4　价值性指标的计算

指标	定　义	计　算	判　据
净现值（NPV）	通常是将项目计算期内的各年净现金流量，依据给定的折现率，然后折算到计算期期初（即第 1 年年初）的现值代数和	$NPV(i) = \sum_{t=0}^{n}(CI-CO)_t(1+i)^{-t}$ 式中，n 为计算期期数；i 为设定折现率	NPV≥0，则接受；NPV <0，则拒绝
净年值（NAV）	按给定的折现率，通过等值换算将方案计算期内各个不同时点的净现金流量分摊到计算期内各年的等额年值	$NAV(i) = NPV(i)(A/P,i,n)$ 式中，NAV(i) 为净年值；($A/P,i,n$) 为等额支付资本回收系数	对于单一项目：NAV≥0 时，项目可行；NAV <0 时，项目不可行

2. 比率性指标的计算（表 6-5）

表 6-5　比率性指标的计算

<table>
<tr><th>指标</th><th>定　义</th><th>计　算</th><th>判　据</th></tr>
<tr><td rowspan="2">内部收益率（IRR）</td><td>使项目净现值为零时的折现率，表达式为
$\sum_{t=0}^{n}(CI-CO)_t(1+IRR)^{-t}=0$</td><td rowspan="2">线性插值公式为
$IRR=i_1+(i_2-i_1)\dfrac{NPV_1}{NPV_1+\lvert NPV_2\rvert}$
式中，IRR 为内部收益率；i_1为较低的试算折现率；i_2为较高的试算折现率；NPV_1为与 i_1 对应的净现值（正）；NPV_2为与 i_2 对应的净现值（负）</td><td rowspan="2">对单独一个项目：$IRR \geqslant i_c$（或 i_s），则项目在经济上可接受；$IRR < i_c$（或 i_s），则项目在经济上应予拒绝</td></tr>
<tr><td>项目在第 1 年年初的 I_p（投资现值），以后每年年末获得相等的 R（净收益），则该指标可表示为
$(P/A, IRR, n)=\dfrac{I_P}{R}$
$(A/P, IRR, n)=\dfrac{R}{I_P}$
财务内部收益率，记为 FIRR；经济内部收益率，记为 EIRR</td></tr>
<tr><td>净现值率（NPVR）</td><td>按设定折现率求得的项目净现值与原始投资现值的比率</td><td>$NPVR=\dfrac{NPV}{I_p}=\dfrac{\sum_{t=0}^{n}(CI-CO)_t(1+i)^{-t}}{\sum_{t=0}^{n}I_t(1+i)^{-t}}$
$I_p=\sum_{t=0}^{n}I_t(P/F,i,n)$
式中，I_p为项目投资现值；I_t为第 t 年投资额；n 为计算期年数；$(P/F, i, n)$ 为现值系数</td><td>独立方案：$NPV \geqslant 0$，项目可接受；若 $NPVR < 0$，方案不可行，应予拒绝</td></tr>
</table>

四、本章真题实训

【2020 年真题】

某公司拟新建一套装置，有 A、B 两种主流生产工艺方案可供选择。已知方案 A、方案 B 的生产规模分别为 1 万 t/年，3 万 t/年，两方案建设期均为 1 年，生产期均为 10 年，不考虑期末残值。流动资金均在建设期末投入使用，生产期各年生产负荷均为 100%。两方案主要投入产出数据见表 6-6。

表 6-6　方案 A、方案 B 主要投入产出数据　　（单位：万元）

名　称	方案 A	方案 B
建设投资	40000	60000
年销售收入	12000	36000
年经营成本	4100	24000
年总成本费用	8100	30000

两方案流动资金按年经营成本的 15% 计取，均不考虑借贷资金，项目现金流量按年末发生计。上述金额均不含增值税，忽略增值税、税金及附加的影响。项目财务内部收益率所得税前基准收益率为 12%，复利系数见表 6-7。

表 6-7　复利系数

i	12%		
n	2	9	10
$(P/A, i, n)$	1.6901	5.3282	5.6502

问　题

1. 项目决策时，对 A、B 两种生产工艺技术比选应考虑哪些主要因素？

2. 计算方案 A、方案 B 的财务净现值和净现值率，并分别根据方案整体经济效果，单位投资盈利能力推荐方案。

3. 计算方案 A、方案 B 的正常年份产品价格的盈亏平衡点，并根据计算结果推荐方案。

4. 当产品价格下降 5% 时，计算方案 A、方案 B 净现值和净现值率的变化幅度，并说明哪个方案抗风险能力较强。（计算部分应列出计算过程，计算结果保留整数）

五、本章真题实训答案

1. 项目决策时，对 A、B 两种生产工艺技术比选应考虑的主要因素包括：①先进性；②适用性；③安全性；④可靠性；⑤经济合理性；⑥符合清洁生产工艺要求。

2. 方案 A：

（1）净现值 $NPV_A = [(-40000 - 4100 \times 15\%)/(1+12\%) + (12000-4100)(P/A, 12\%, 10)/(1+12\%) + 4100 \times 15\%/(1+12\%)^{11}]$万元 = 3767万元。

（2）净现值率 $NPVR_A = 3767/[(40000 + 4100 \times 15\%)/(1+12\%)] = 10.39\%$。

方案 B：

（1）净现值 $NPV_B = [(-60000 - 24000 \times 15\%)/(1+12\%) + (36000-24000)(P/A, 12\%, 10)/(1+12\%) + 24000 \times 15\%/(1+12\%)^{11}]$万元 = 4787万元。

（2）净现值率 $NPVR_B = 4787/[(60000 + 24000 \times 15\%)/(1+12\%)] = 8.43\%$。

方案 A 的财务净现值 < 方案 B 的财务净现值，所以根据方案总体经济效果，应选择方案 B。

方案 A 的净现值率 > 方案 B 的净现值率，所以根据单位投资盈利能力，应选择方案 A。

3. 从背景资料中可知，本题中相关金额均不含增值税，忽略增值税、税金及附加的影响。因此，假设方案 A 的正常年份产品售价的盈亏平衡点为 P_A，方案 B 的正常年份产品售价的盈亏平衡点为 P_B，则有：

$P_A \times 1 = 8100$，解得 $P_A = 8100$ 元

$P_B \times 3 = 30000$，解得 $P_B = 10000$ 元

$P_A < P_B$，用产品售价表示的盈亏平衡点越低，抗风险能力越强，所以推荐 A 方案。

4. 方案 A：

（1）当产品价格下降 5% 时，方案 A 第 2 ~ 11 年每年末的差额净现金流量 = $-(12000 \times 5\%)$ 万元 = −600万元。

（2）差额净现值 = $-600 \times (P/A, 12\%, 10)/1.12$万元 = −3027万元。

（3）方案 A 的净现值变化幅度 = 净现值率变化幅度 = $-3027 \times 100\%/3767 = -80\%$。

方案 B：

（1）当产品价格下降 5% 时，方案 B 第 2 ~ 11 年每年末的差额净现金流量 = $-(36000 \times 5\%)$ 万元 = −1800 万元。

（2）差额净现值 = −1800万元 × $(P/A, 12\%, 10)/1.12$ = −9081万元。

（3）方案 B 的净现值变化幅度 = 净现值率变化幅度 = －9081 ×100% /4787 = －190% 。

方案 A 的净现值和净现值率的变化幅度小于方案 B 的净现值和净现值率的变化幅度，所以方案 A 的抗风险能力较强。

六、本章同步练习

试题一

某承包人参与一项工程的投标，在其投标文件中，基础工程的工期为 4 个月，报价为 1200 万元；主体结构工程的工期为 12 个月，报价为 3960 万元。该承包人中标并与发包人签订了施工合同。合同中规定，无工程预付款，每月工程款均于下月末支付，提前竣工奖为 30 万元/月，在最后 1 个月结算时支付。

签订施工合同后，该承包人拟定了以下两种加快施工进度的措施：

（1）开工前夕，采取一次性技术措施，可使基础工程的工期缩短 1 个月，需技术措施费用 60 万元。

（2）主体结构工程施工的前 6 个月，每月采取经常性技术措施，可使主体结构工程的工期缩短 1 个月，每月末需技术措施费用 8 万元。

假定贷款月利率为 1%，各分部工程每月完成的工作量相同且能按合同规定收到工程款，现值系数见表 6-8。

表 6-8　现值系数

n	1	2	3	4	5	6	11	12	13	14	15	16	17
$(P/A, 1\%, n)$	0.990	1.970	2.941	3.902	4.853	5.795	10.368	11.255	—	—	—	—	—
$(P/F, 1\%, n)$	0.990	0.980	0.971	0.961	0.951	0.942	0.896	0.887	0.879	0.870	0.861	0.853	0.844

问　题

1. 若按原合同工期施工，该承包人基础工程款和主体结构工程款的现值分别为多少？
2. 该承包人应采取哪种加快施工进度的技术措施方案使其获得最大收益？
3. 画出在基础工程和主体结构工程均采取加快施工进度技术措施情况下的该承包人的现金流量图。

（计算结果均保留两位小数）

试题二

甲公司拟投资某领域，委托乙咨询公司进行可行性研究。乙咨询公司规划了 A、B 两个项目，其中 B 项目又有 B1、B2 两个不同的建设方案。两个项目的建设期均为 1 年，生产期均为 5 年。在乙咨询公司组织的方案比选会议上，项目经理提出：对 B 项目的选址应考虑自然环境因素和交通运输因素，且需按表 6-9 构建运营费用的比较内容。

表 6-9　B 项目与厂址比选相关的运营费用比较

序号	比较内容	B1 方案运营费用	B2 方案运营费用
1	原料运输		
2	……		
3	……		

设定财务基准收益率为 10%，各项目现金流量见表 6-10，复利系数表见表 6-11。

表 6-10　各项目现金流量　（单位：万元）

	A 项目	B 项目	
		B1 方案	B2 方案
投资	2000	5000	6000
年净收益	700	1500	1750

表 6-11　复利系数

i	10%					
n	2	3	4	5	6	7
$P/A,\ i,\ n$	1.7355	2.4869	3.1699	3.7908	4.3553	4.8684

问　题

1. 除项目经理提出应考虑的两项因素外，B 项目选址还应考虑哪些因素？
2. 根据表 6-9 列出 B 项目比选的相关运营费用的比较内容（用文字描述，不少于五项）。
3. 采用差额净现值法，通过计算给出 B 项目的推荐方案。
4. 当甲公司的资金上限分别为 6500 万元和 8000 万元时，用净现值法给出推荐项目。

（要求列出计算过程，计算结果保留两位小数）

七、本章同步练习答案

试题一

1. （1）基础工程每月工程款 $A_1=(1200/4)$ 万元 $=300$ 万元。

则，基础工程每月工程款的现值：

$PV_1=A_1(P/A,\ 1\%,\ 4)(P/F,\ 1\%,\ 1)=(300\times3.902\times0.990)$ 万元 $=1158.89$ 万元。

（2）主体结构工程每月工程款 $A_2=(3960/12)$ 万元 $=330$ 万元。

则，主体结构工程款的现值：

$PV_2=A_2(P/A,\ 1\%,\ 12)(P/F,\ 1\%,\ 5)=(330\times11.255\times0.951)$ 万元 $=3532.16$ 万元。

2. 该承包商可采用以下三种加快施工进度的技术措施方案：

（1）仅加快基础工程的施工进度。则：

$$PV_{基}=(1200/3)(P/A,\ 1\%,\ 3)(P/F,\ 1\%,\ 1)+(3960/12)(P/A,\ 1\%,\ 12)(P/F,\ 1\%,\ 4)+30(P/F,\ 1\%,\ 16)-60$$
$$=(400\times2.941\times0.990+330\times11.255\times0.961+30\times0.853-60)\text{万元}$$
$$=4699.52\text{ 万元。}$$

（2）仅加快主体结构工程的施工进度。则：

$$PV_{结}=(1200/4)(P/A,\ 1\%,\ 4)(P/F,\ 1\%,\ 1)+(3960/11)(P/A,\ 1\%,\ 11)(P/F,\ 1\%,\ 5)+30(P/F,\ 1\%,\ 16)-8(P/A,\ 1\%,\ 6)(P/F,\ 1\%,\ 4)$$
$$=(300\times3.902\times0.990+360\times10.368\times0.951+30\times0.853-8\times5.795\times0.961)\text{万元}$$
$$=4689.52\text{ 万元。}$$

（3）既加快基础工程的施工进度，又加快主体结构工程的施工进度。则：

$$PV=(1200/3)(P/A,\ 1\%,\ 3)(P/F,\ 1\%,\ 1)+(3960/11)(P/A,\ 1\%,\ 11)(P/F,\ 1\%,\ 4)+60(P/F,\ 1\%,\ 15)-60-8(P/A,\ 1\%,\ 6)(P/F,\ 1\%,\ 3)$$

$=(400\times2.941\times0.990+360\times10.368\times0.961+60\times0.861-60-8\times5.795\times0.971)$万元

$=4698.19$ 万元。

由计算结果看出，仅加快基础工程施工进度的技术措施方案能获得较大收益。

3. 在基础工程和主体结构工程均采取加快施工进度技术措施情况下的现金流量图如图 6-1 所示。

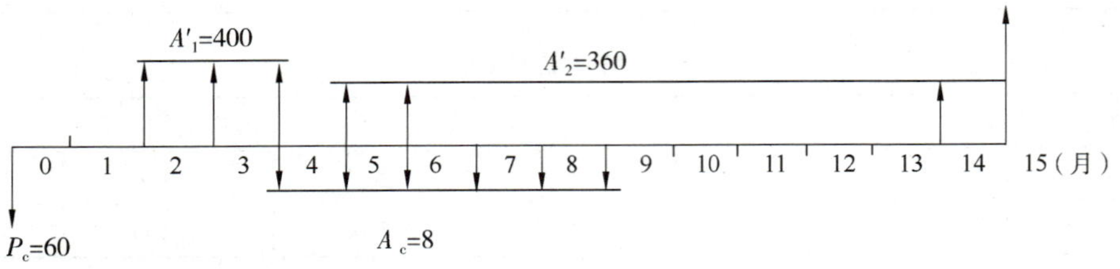

图 6-1　现金流量图

试题二

1. 除项目经理提出应考虑的两项因素外，B 项目选址还应考虑下列因素：①市场因素；②劳动力因素；③社会政策因素；④人文因素；⑤集聚因素。

2. 根据表 6-6，B 项目比选的相关运营费用的比较内容如下：①燃料运输费；②产品运输费；③动力费；④排污费；⑤其他运营费用。

3. 采用差额净现值法，通过计算给出 B 项目的推荐方案：

B2 方案和 B1 方案相比较，投资额增加(6000 − 5000)万元 = 1000万元，年净收益增加 = (1750 − 1500)万元 = 250万元。

差额净现值 = $[-1000/(1+10\%)]$万元 + $[250\times(P/A,10\%,5)/(1+10\%)]$万元 = −47.55 万元 < 0，因此 B 项目的推荐方案为 B1 方案。

4. 各方案的净现值计算：

(1) A 方案的净现值 = $-2000/(1+10\%)$万元 + $700\times(P/A,10\%,5)/(1+10\%)$万元 = 594.15万元。

(2) B1 方案的净现值 = $-5000/(1+10\%)$万元 + $1500\times(P/A,10\%,5)/(1+10\%)$万元 = 623.82万元。

(3) B2 方案的净现值 = $-6000/(1+10\%)$万元 + $1750\times(P/A,10\%,5)/(1+10\%)$万元 = 576.27万元。

当甲公司的资金上限为 6500 万元时，推荐 B 项目 B1 方案。

当甲公司的资金上限为 8000 万元时，推荐 A + B1 方案。

第七章

工程项目投资估算

一、本章核心考点分布

二、专家剖析考点

1. 投资估算是项目咨询工作的重要组成部分，因此咨询工程师应熟练掌握各种估算方法，尤其是对进口设备购置费、涨价预备费和建设期利息的计算。

2. 本章内容涉及的计算公式较多，对公式不可死记硬背，应通过多做案例来进行记忆。同时，在复习中一定要注意公式应用的前提条件以及公式中各参数代表的含义。

3. 工程项目投资估算方法可以作为单独的案例题进行考查，也可以与财务分析、经济分析的相关内容结合起来出综合性的题型进行考查，属于必得分题，考生要注意数值计算的准确性。

4. 建设工程项目总投资估算属于重点内容，在 2010 年、2012 年、2016 年、2018 年、2020 年、2022 年考试中进行了考查，考生要熟悉。

5. 建设期利息的估算属于重点内容，在 2010 年、2012 年、2016 年、2017 年、2018 年、2019 年、2020 年、2021 年考试中进行了考查，并且属于高频考点，考生要通过多做案例来进行记忆。

6. 建设投资分类估算法估算步骤、工程费用估算、工程建设其他费用估算、预备费估算都是需要考生掌握的内容，也属于重点内容，应通过多做案例来进行记忆。

7. 流动资金的估算方法（扩大指标估算法、分项详细估算法）是需要考生掌握的内容。

8. 对于建设投资简单估算法，重点掌握比例估算法、设备及厂房系数法。

三、本章核心考点必刷题

考点1　建设投资分类估算法、建设期利息估算

例： 某新建项目建设期2年，估计建筑工程费及安装工程费为8000万元，设备及工（器）具购置费为6000万元，工程建设其他费用为9000万元，基本预备费费率为10%，建设期价格上涨指数（基于工程费用）预计为5%。项目工程费用和工程建设其他费用均为第1年投入60%，第2年投入40%。

全部建设投资的30%为自有资金，其余为银行贷款。该项目自有资金和建设投资借款在各年年内均衡发生，借款年利率为6%。每年计息一次，建设期内不支付利息。

问　题

1. 计算项目工程费用。
2. 计算项目基本预备费和涨价（价差）预备费。
3. 若该项目资金筹措采用项目融资方式，则其权益融资包括哪些?
4. 计算项目建设期利息。

（要求列出计算过程，计算结果保留两位小数）

综合分析

本案例重点考查建设投资分类估算法的相关知识点。本案例考查了项目工程费用的计算、基本预备费及涨价（价差）预备费的计算、权益融资的来源及建设期利息的计算。

建设投资分类估算法在2010年、2012年、2016年、2017年、2019年、2020年、2022年、2023年的考试中考查过，属于高频考点，考生要重视。建设投资分类估算法中的建设投资估算、项目工程费用估算、预备费估算都是命题者比较青睐的考点，尤其前述考点通常与资金成本分析、建设期利息的计算、工程项目经济分析、工程项目财务分析等考点结合在一起进行综合性考查，考生尤其要对这类综合类型的案例题所涉及的公式熟练记忆并掌握，对于公式不可死记硬背，要通过多多研习前述类型的案例来进行记忆。同时，复习时一定要注意公式应用的前提条件以及公式中各参数代表的实际含义。前述综合类型的案例在考试中计算都不复杂，关键就是牢记公式，按照估算步骤一步一步地计算，不要有任何遗漏。考生在计算时，能分项计算的，尽量不要写综合类型的计算式，这样也能保证在最后答案错误的时候，前面列分项计算的内容如果正确，多少也能得分。

运用建设投资分类估算法对工程项目建设投资进行估算时，第一步是工程费用估算，其中需要分别估算的费用项目是建筑工程费、设备购置费和安装工程费，然后进行汇总得出项目建设所需的工程费用；第二步是工程建设其他费用估算，该费用在工程费用的基础上估算；第三步是基本预备费估算，该费用的计费基数是工程费用和工程建设其他费用；第四步是涨价预备费估算，该费用的计费基数是分年的工程费用；第五步是建设投资汇总（注意：此时建设投资不含建设期利息），各项费用加总求得该费用。

问题1：

【答案】 项目工程费用＝建筑及安装工程费＋设备及工(器)具购置费＝(8000＋6000)万元＝14000万元。

【要点解析】 本案例中问题1考查的是项目工程费用的计算。单位建筑工程投资估算法（以单位建筑工程量投资×建筑工程总量来估算建筑工程费）、单位实物工程量投资估算法（以单位

实物工程量投资×实物工程量总量来估算建筑工程费）、概算指标投资估算法（以建筑面积、体积等为计量单位确定人工、材料和机械台班的消耗量标准和造价指标）都是该费用的估算方法。考生要对前述内容进行熟悉并掌握。

问题2：

【答案】 项目基本预备费=（工程费用+工程建设其他费用）×基本预备费费率=（14000+9000）万元×10%=2300万元。

第1年工程费用投入=14000万元×60%=8400万元。

第1年涨价预备费=8400万元×[(1+5%)-1]=420万元。

第2年工程费用投入=14000万元×40%=5600万元。

第2年涨价预备费=5600万元×$[(1+5\%)^2-1]$=574万元。

项目涨价（价差）预备费=420万元+574万元=994万元。

【要点解析】 本案例中问题2考查的是基本预备费和涨价（价差）预备费的计算。预备费估算见表7-1。

表7-1 预备费估算

费用估算	基本预备费（工程建设不可预见费）估算	涨价预备费（价格变动不可预见费）估算
计算公式	基本预备费=(工程费用+工程建设其他费用)×基本预备费费率	$PC=\sum_{t=1}^{n}I_t[(1+f)^t-1]$ 式中，PC为涨价预备费；I_t为第t年的工程费用（工程费用=建筑工程费+设备购置费+安装工程费）；f为建设期价格上涨指数；n为建设期；t为年份
注意	（1）工程费用=建筑工程费+设备购置费+安装工程费 （2）基本预备费估算基数：工程费用和工程建设其他费用之和	（1）涨价预备费估算基数：工程费用 （2）涨价预备费需根据分年投资计划分年度计算 （3）第n年的涨价预备费=第n年工程费用×[（1+上涨指数)^n-1] （4）总的涨价预备费=各年涨价预备费之和

问题3：

【答案】 若该项目资金筹措采用项目融资方式，则其权益融资包括普通股、优先股融资。

【要点解析】 本案例中问题3考查的是权益融资的来源。记忆型考点，直接记忆。

问题4：

【答案】 第1年贷款金额=(8000+6000+9000+2300)万元×60%×(1-30%)+420万元×(1-30%)=10920万元。

第1年贷款利息=10920万元/2×6%=327.60万元。

第2年贷款金额=(8000+6000+9000+2300)万元×40%×(1-30%)+574万元×(1-30%)=7485.80万元。

第2年贷款利息=(10920+327.6+7485.8/2)万元×6%=899.43万元。

项目建设期利息=327.6万元+899.43万元=1227.03万元。

【要点解析】 本案例中问题4考查的是项目建设期利息的计算。该考点属于高频考点，在2010年、2012年、2017年、2018年、2019年、2020年、2021年考试中考查过。项目建设期利息的估算规则如图7-1所示。

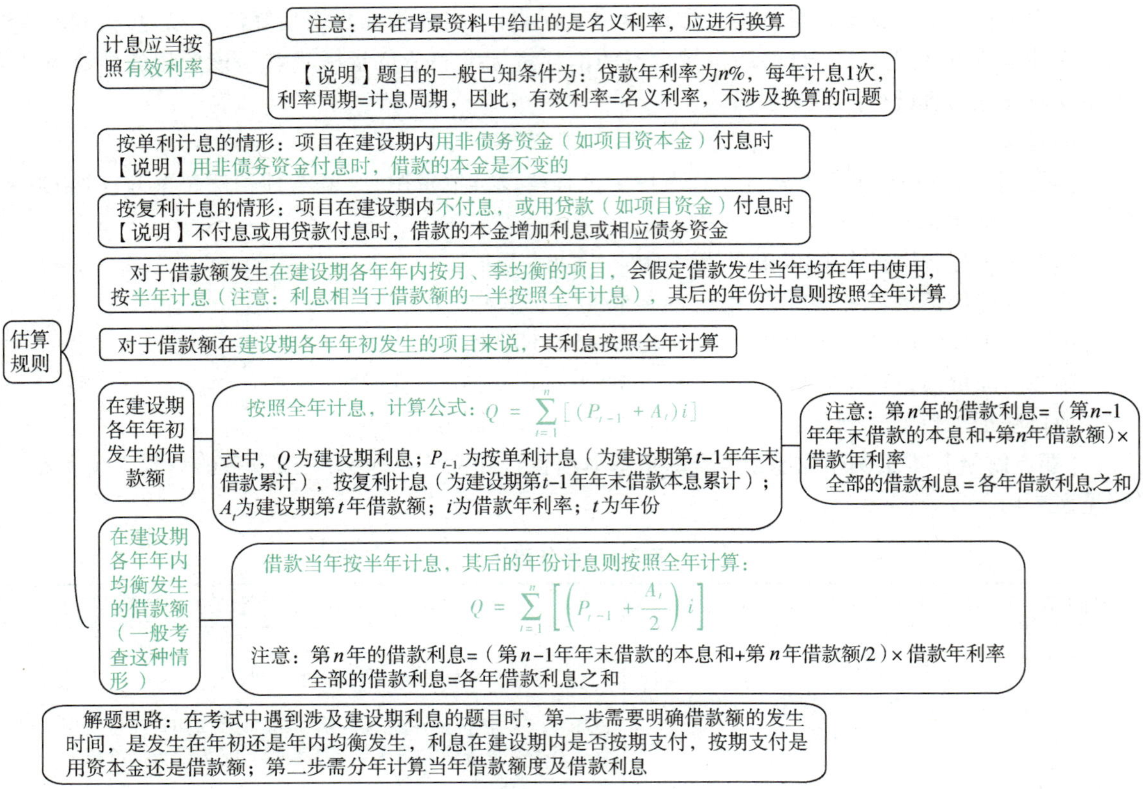

图 7-1　项目建设期利息的估算规则

考点 2　建设投资简单估算法

例：某地拟新建一个制药厂。根据预可行性研究提供的工艺设备清单和询价资料，估算该项目主厂设备投资 4200 万元，主厂房的建筑工程费占设备投资的 18%，安装工程费占设备投资的 12%，其他工程费用按设备（含安装）和主厂房投资系数法进行估算，有关系数见表 7-2。上述各项费用均形成企业固定资产。

表 7-2　其他工程费用系数表

辅助工程	公用工程	服务性工程	环境保护工程	总图运输工程	工程建设其他费
9%	12%	0.7%	2.8%	1.5%	32%

预计建设期物价平均上涨率 3%，基本预备费为 10%。建设期 2 年，建设投资第 1 年投入 60%，第 2 年投入 40%。

本项目的资金来源为自有资金和借款，贷款本金为 6000 万元，年利率为 6%。每年贷款比例与建设资金投入比例相同，且在各年年中均衡发放。与银行约定，从生产期的第 1 年开始，按 5 年等额还本付息方式还款。固定资产折旧年限为 8 年，按平均年限法计算折旧，预计净残值率为 5%，在生产期末回收固定资产余值。

问　题

1. 估算该项目的建设投资。
2. 计算建设期利息以及还款期第 1 年的还本额和付息额。
3. 计算固定资产净残值、各年折旧额（要求列出计算式）。

综合分析

本案例涉及的考点包括设备及厂房系数法、比例估算法、项目建设投资的计算、建设期利息、还本金额与付息额的计算、固定资产净残值的计算、折旧额的计算。本案例涉及的计算量较大，考生要对背景资料中所提供的数据信息进行深入理解，结合相关建设投资估算方法对题目中要求计算的项目进行计算。考查难度中等，要注意计算的准确性。

问题1：

【答案】先采用比例估算法估算主厂房的建筑工程费和安装工程费，再用设备和厂房系数法估算其他工程费用。

（1）主厂房的建筑工程费 = 4200 万元 × 18% = 756 万元。

主厂房的安装工程费 = 4200 万元 × 12% = 504 万元。

主厂房的工程费用 = (4200 + 756 + 504) 万元 = 5460 万元。

（2）其他工程的工程费用 = 5460 万元 × (9% + 12% + 0.7% + 2.8% + 1.5%) = 1419.6 万元。

（3）工程费用 = (5460 + 1419.6) 万元 = 6879.6 万元。

（4）工程建设其他费用 = 5460 万元 × 32% = 1747.2 万元。

（5）基本预备费 = (6879.6 + 1747.2) 万元 × 10% = 862.68 万元。

涨价预备费 = $\sum_{t=1}^{n} I_t[(1+f)^t - 1]$

该项目建设期 2 年，第 1 年投入 60%，第 2 年投入 40%。

第 1 年的涨价预备费 = 6879.6 万元 × 60% × [(1 + 3%) − 1] = 123.83 万元。

第 2 年的涨价预备费 = 6879.6 万元 × 40% × [$(1 + 3\%)^2$ − 1] = 167.59 万元。

涨价预备费 = (123.83 + 167.59) 万元 = 291.42 万元。

（6）建设投资 = (6879.6 + 1747.2 + 862.68 + 291.42) 万元 = 9780.9 万元。

【要点解析】本案例问题 1 考查了建设投资简单估算法。本题解答的关键点在于考生对比例估算法、设备和厂房系数法的掌握。在对该项目的建设投资进行计算时，要按照建设投资的估算步骤一步步进行，熟记估算公式，避免遗漏数据。下面小结建设投资简单估算要点，见表 7-3。

表 7-3　建设投资简单估算要点

项　目		内　容
比例估算法	以拟建项目的设备购置费为基数进行估算	计算公式：$C = E(1 + f_1P_1 + f_2P_2) + I$ 式中，C 为拟建项目的建设投资；E 为拟建项目根据当时当地价格计算的设备购置费；P_1、P_2 为已建项目中建筑工程费和安装工程费占设备购置费的百分比；f_1、f_2 为由于时间、地点等因素引起的定额、价格、费用标准等综合调整系数；I 为拟建项目的其他有关费用
	以拟建项目的工艺设备投资为基数进行估算	计算公式：$C = E(1 + f_1P_1' + f_2P_2' + f_3P_3' + \cdots) + I$ 式中，E 为拟建项目根据当时当地价格计算的工艺设备投资；P_1'、P_2'、P_3'为已建项目各专业工程费用占工艺设备投资的百分比；其他符号含义同前
设备及厂房系数法		总建设费用 = 工艺设备投资 × 设备费设备系数合计 + 厂房土建投资 × 土建费用系数合计 + 其他有关费用

问题2：

【答案】（1）贷款年中均衡发生，采用复利计算。

第 1 年建设期利息 = [(6000 × 60%) 万元/2] × 6% = 108 万元。

第 2 年建设期利息 = (6000 × 60% + 108 + 6000 × 40%/2) 万元 × 6% = 294.48 万元。

建设期利息 =(108 +294.48)万元 =402.48 万元。

(2) 还款第 1 年年初的借款本息累计:(6000 +402.48)万元 =6402.48 万元。

采用等额还本付息方式:

每年还本付息额 =6402.48 万元 ×(A/P, 6%, 5) =1519.95 万元。

还款期第 1 年利息 =6402.48 万元 ×6% =384.15 万元。

还款期第 1 年还本 =(1519.95 −384.15)万元 =1135.8 万元。

【要点解析】 本案例问题 2 考查了建设期利息的计算、还本额与付息额的计算。看似数据计算较多，只要分清计算所需公式，代入数据计算正确不是问题。根据《建设项目经济评价方法与参数》，等额还本付息方式的计算公式：$A = I_c \frac{i(1+i)^n}{(1+i)^n - 1}$。式中，$A$ 为每年还本付息额（等额年金）；I_c 为还款起始年年初的借款余额（含未支付的建设期利息）；i 为年利率；n 为预定的还款期；$\frac{i(1+i)^n}{(1+i)^n - 1}$ 为资金回收系数，可以自行计算或查复利系数表。其中：每年支付利息 = 年初借款余额 × 年利率，每年偿还本金 = A − 每年支付利息，年初借款余额 = I_c − 本年以前各年偿还的借款累计。

问题 3:

【答案】 固定资产原值 = 建设投资 + 建设期利息 =(9780.9 +402.48)万元 =10183.38 万元。

残值 =10183.38 万元 ×5% =509.17 万元。

采用平均年限法，则年折旧额 =(10183.38 −509.17)万元/8 =1209.28 万元。

【要点解析】 本案例问题 3 考查的是固定资产净残值的计算、折旧额的计算。相关计算公式:

(1) 固定资产原值 = 工程费用（设备购置费、安装工程费、建筑工程费）+ 固定资产其他费用（工程建设其他费用中应计入固定资产原值的部分）+ 预备费 + 建设期利息 − 可抵扣的固定资产进项税额

(2) 固定资产净残值（余值）= 固定资产原值 × 净残值率

(3) 固定资产采用年限平均法计算时:

$$\text{年折旧率} = \frac{1 - \text{预计净残值率}}{\text{折旧年限}} \times 100\%$$

$$\text{年折旧额} = \text{固定资产原值} \times \text{年折旧率}$$

考点 3 流动资金估算、进口设备购置费计算、项目总投资估算

例: 某项目的建设前期年限为 1 年，建设期为 2 年，该项目的实施计划为：第 1 年完成项目的全部投资 40%，第 2 年完成 60%，投入在建设期各年年内均衡发生，第 3 年项目投产并且达到 100% 设计生产能力，预计年产量为 3000 万 t。

全套设备拟从国外进口，重量 1850t，装运港船上交货价为 460 万美元，国际运费标准为 330 美元/t，海上运输保险费费率为 0.2685%，中国银行费率为 0.45%，外贸手续费费率为 1.7%，关税税率为 22%，增值税税率为 17%，美元兑人民币的银行牌价为 1:6.6，设备的国内运杂费费率为 2.3%。

根据已建同类项目统计情况，一般建筑工程费占设备购置投资的 27.6%，安装工程费占设备购置投资的 10%，工程建设其他费用占设备购置投资的 7.7%，以上三项的综合调整系数分别为 1.23、1.15、1.08。

本项目固定资产投资中有 2000 万元来自银行贷款，其余为自有资金，且不论借款还是自有资金均按计划比例投入。根据贷款协议，贷款利率按 11% 计算，按季计息。基本预备费费率 10%，建设期内涨价预备费平均费率为 6%。

根据已建成同类项目资料，每万 t 产品占用流动资金为 1.3 万元。

问　题

1. 计算项目设备购置投资。
2. 估算项目固定资产投资额。
3. 试用扩大指标法估算流动资金。
4. 估算该项目的总投资。

(计算结果保留小数点后两位)

综合分析

本案例涉及的考点有设备购置投资费用的计算、固定资产投资额的计算、扩大指标法估算流动资金的计算、项目总投资额的计算。本案例计算涉及的数据较多，但是考查难度中等，考生要分清计算每个费用时涉及的计费基数，还有就是相关计算公式的运用，要记牢。

问题1：

【答案】 进口设备货价 = 装运港船上交货价 × 外汇市场美元兑换人民币中间价 = 460 × 6.6 万元 = 3036 万元。

国际运费 = 设备重量 × 国际运费标准单价 × 外汇市场美元兑换人民币中间价 = 1850 × 330 × 6.6/10000 万元 = 402.93 万元。

国外运输保险费 = (进口设备货价 + 国外运费) × 国外运输保险费费率 = (3036 + 402.93) 万元 × 0.2685% = 9.23 万元。

银行财务费 = 进口设备货价 × 中国银行费率 = 3036 × 0.45% 万元 = 13.66 万元。

到岸价格 = 进口设备货价 + 国际运费 + 国外运输保险费 = (3036 + 402.93 + 9.23) 万元 = 3448.16 万元。

外贸手续费 = 进口设备到岸价格 × 外贸手续费费率 = 3448.16 万元 × 1.7% = 58.62 万元。

进口关税 = 进口设备到岸价格 × 关税税率 = 3448.16 万元 × 22% = 758.60 万元。

增值税 = (进口设备到岸价 + 进口关税) × 增值税税率 = (3448.16 + 758.60) 万元 × 17% = 715.15 万元。

国内运杂费 = 进口设备离岸价 × 国内运杂费费率 = 3036 万元 × 2.3% = 69.83 万元。

设备购置费 = (3036 + 402.93 + 9.23 + 13.66 + 58.62 + 758.60 + 715.15 + 69.83) 万元 = 5064.02 万元。

【要点解析】 本案例问题 1 主要考查了进口设备购置费的计算。本考点在 2019 年、2020 年考试中进行了考查，考生要将相关要点牢记并掌握。问题 1 涉及的计算公式为：

进口设备购置费 = 进口设备货价 + 进口从属费 + 国内运杂费。

(1) 进口设备货价 = 进口设备离岸价 FOB × 人民币外汇牌价。

(2) 进口从属费用 = 国外运费 + 国外运输保险费 + 进口关税 + 进口环节消费税 + 进口环节增值税 + 外贸手续费 + 银行财务费。

1) 国外运费 = 进口设备离岸价 FOB × 国外运费费率或国外运费 = 单位运价 × 运量。

2) 国外运输保险费 = (进口设备离岸价 FOB + 国外运费) × 国外运输保险费费率(注：进口设备按到岸价 CIF 计价时，国外运费和国外运输保险费不必计算)。

3) 进口关税 = 进口设备到岸价 CIF × 人民币外汇牌价 × 进口关税税率。

4) 进口环节消费税 = (进口设备到岸价 CIF × 人民币外汇牌价 + 进口关税)/(1 − 消费税税率) × 消费税税率。

5) 进口环节增值税 = (进口设备到岸价 CIF × 人民币外汇牌价 + 进口关税 + 消费税) × 增值税税率。

6）外贸手续费＝进口设备到岸价 CIF×人民币外汇牌价×外贸手续费费率。

7）银行财务费＝进口设备货价×人民币外汇牌价×银行财务费费率（可行性研究阶段视货价为离岸价 FOB）。

（3）国内运杂费＝进口设备离岸价 FOB×人民币外汇牌价×国内运杂费费率。

问题 2：

【答案】工程费用＋工程建设其他费用＝设备购置费×（1＋建筑工程费占投资购置费的比例×建筑工程费的综合调整系数＋安装工程费占投资购置费的比例×安装工程费的综合调整系数＋工程建设其他费用占设备购置费的比例×工程建设其他费用的综合调整系数）＝5064.02 万元×（1＋27.6%×1.23＋10%×1.15＋7.7%×1.08）＝7786.64 万元。

基本预备费＝（工程费用＋工程建设其他费用）×基本预备费费率＝7786.64 万元×10%＝778.66 万元。

工程费用＝5064.02 万元×（1＋27.6%×1.23＋10%×1.15）＝7365.52 万元。

涨价预备费＝7365.52 万元×40%×[（1＋6%）－1]＋7365.52 万元×60%×[（1＋6%）^{2}－1]＝723.00 万元。

贷款年实际利率 $i_{eff}=\left[\left(1+\frac{r}{m}\right)^m-1\right]=[(1+11\%/4)^4-1]\times100\%=11.46\%$。

建设期第 1 年贷款利息＝2000/2 万元×40%×11.46%＝45.84 万元。

建设期第 2 年贷款利息＝（2000×40%＋45.84＋2000/2×60%）万元×11.46%＝165.69 万元。

建设期贷款利息＝（45.84＋165.69）万元＝211.53 万元。

固定资产投资＝工程费用＋工程建设其他费用＋基本预备费＋涨价预备费＋建设期贷款利息＝（7786.64＋778.66＋723.00＋211.53）万元＝9499.83 万元。

【要点解析】本案例问题 2 主要考查了固定资产投资额的计算。问题 2 的一个难点是实际利率（即有效利率）的计算，本案例背景资料中给出的是名义利率，要将名义利率换算为实际利率（即有效利率），转换公式为：$i_{eff}=\left(1+\frac{r}{m}\right)^m-1$。

问题 3：

【答案】流动资金＝预计年产量×每万 t 产品占用的流动资金＝3000×1.3 万元＝3900 万元。

【要点解析】本案例问题 3 主要考查了流动资金的计算。根据背景资料中提供的信息进行计算。流动资金估算的要点见表 7-4。

表 7-4　流动资金估算的要点

项　　目	计算公式
扩大指标估算法	流动资金＝年营业收入额×营业收入资金率 流动资金＝年经营成本×经营成本资金率 流动资金＝年产量×单位产量占用流动资金额
分项详细估算法	流动资金＝流动资产－流动负债 流动资产＝应收账款＋预付账款＋存货＋现金 流动负债＝应付账款＋预收账款 流动资金本年增加额＝本年流动资金－上年流动资金

问题 4：

【答案】项目总投资＝固定资产投资＋流动资金＝（9499.83＋3900）万元＝13399.83 万元。

【要点解析】本案例问题 4 主要考查了项目总投资的计算。项目总投资构成如图 7-2 所示。

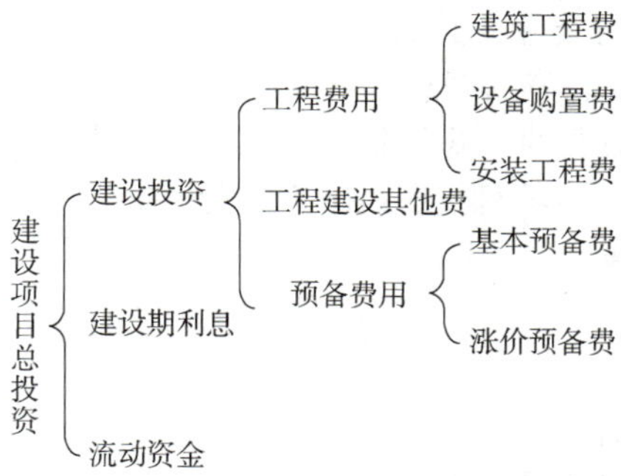

图 7-2　项目总投资构成（按概算法分类）

四、本章真题实训

真题一【2022 年真题】

某企业为提高产能，计划筹措资金 27000 万元建设一条新的生产线项目，为此，委托甲咨询公司进行初步可行性研究。

甲咨询公司提交的初步可行性研究报告显示，该项目建设期 2 年，设备购置费估算 15000 万元；工程建设其他费用估算 3000 万元，其中办公及生活家具购置费 30 万元；项目流动资金估算 1200 万元。按项目进度计划，工程费用的分年投入比例均为 50%，基本预备费费率为 10%，涨价预备费以工程费用为计算基数，建设期价格上涨指数取 4%。根据在建及已建成同类项目统计资料，建筑工程费为设备购置费的 24%，安装工程费为设备购置费的 8%。

建设投资的 40% 为自有资金，其余为银行借款，不考虑税金因素影响。

问　题

1. 采用比例估算法计算该项目的工程费用。
2. 计算该项目的基本预备费，并说明基本预备费的用途。
3. 计算该项目的涨价预备费。
4. 计算建设投资中自有资金的金额，并说明项目自有资金来源通常有哪些。判断企业计划筹措的资金是否满足项目总投资需要，并说明理由。
5. 比例估算法可否满足该阶段估算精度要求？建设投资的简单估算方法还有哪些？

真题二【2020 年真题】

某建设项目部分投资估算见表 7-5。

表 7-5　某建设项目部分投资估算　　（单位：万元）

建筑工程费	10000	
安装工程费	3000	
设备购置费	27000	其中，进口设备费到岸价 5000 万元，关税税率为 10%，进口环节增值税率为 13%，银行财务费为 5 万元，外贸手续费费率为 1%
工程建设其他费	4000	
流动资金	1200	

项目建设期为 2 年，投资分年使用比例为第 1 年 40%、第 2 年 60%。基本预备费费率为 5%，建设期涨价预备费估算为 3260 万元。

项目建设投资的40%为自有资金，其余资金来自银行贷款，贷款年利率为6%，每年计息1次，建设期内用自有资金按期支付贷款利息。项目自有资金和银行贷款各年内均衡投入使用。

项目自有资金通过发行普通股的方式筹集，已知市场上发行的同期国债年利率为4%，市场投资组合预期年收益率为10%，该项目投资风险系数为1.1。

以上费用数据均包含增值税。

问　题

1. 计算项目的进口设备购置费。
2. 计算项目的工程费用和基本预备费。
3. 计算建设投资和建设期利息。
4. 计算财务分析时使用的项目总投资。
5. 计算项目自有资金的成本，并说明除了银行贷款，一般项目的债务资金筹集还有哪些方式？

（计算部分应列出计算过程，计算结果保留两位小数）

五、本章真题实训答案

真题一

1. 该项目的工程费用计算如下：

（1）该项目的建筑工程费 = 15000 万元 × 24% = 3600 万元。

（2）该项目的安装工程费 = 15000 万元 × 8% = 1200 万元 。

（3）该项目的工程费用 = (3600 + 15000 + 1200) 万元 = 19800 万元。

2. （1）该项目的基本预备费 = (19800 + 3000) 万元 × 10% = 2280 万元。

（2）基本预备费的用途是：事先预留，用于在项目实施中可能发生，但在项目决策阶段难以预料的支出。

3. 该项目的涨价预备费计算如下：

（1）建设期第1年的涨价预备费 = 19800 万元 × 50% × [(1 + 4%) − 1] = 396 万元。

（2）建设期第2年的涨价预备费 = 19800 万元 × 50% × $[(1+4\%)^2-1]$ = 807.84 万元。

（3）该项目的涨价预备费 = (396 + 807.84) 万元 = 1203.84 万元。

4. （1）建设投资 = (19800 + 3000 + 2280 + 1203.84) 万元 = 26283.84 万元。

（2）建设投资中自有资金 = 26283.84 万元 × 40% = 10513.54 万元 。

（3）自有资金来源包括留存收益、应收账款、闲置资产变卖等。

（4）项目总投资 = 建设投资 + 建设期利息 + 流动资金。其中，建设投资 26283.84 万元加上流动资金 1200 万元为 27483.84 万元，已经超过了 27000 万元，所以企业计划筹措的资金不能满足项目总投资需要。

5. 比例估算法可以满足初步可行性研究阶段的估算精度要求。

建设投资的简单估算方法还包括单位生产能力估算法、生产能力指数法、系数估算法、估算指标法等。

真题二

1. 计算项目的进口设备购置费：

(1) 进口关税 = 5000 万元 × 10% = 500 万元。

(2) 进口环节增值税 = (5000 + 500) 万元 × 13% = 715万元。

(3)外贸手续费 = 5000万元 × 1% = 50万元。

(4)进口设备购置费 = (5000 + 500 + 715 + 50 + 5)万元 = 6270万元。

2. 计算项目的工程费用和基本预备费：

(1)工程费用 = 建筑工程费 + 设备购置费 + 安装工程费 = (10000 + 3000 + 27000)万元 = 40000万元。

(2)基本预备费 = (工程费用 + 工程建设其他费用) × 基本预备费费率 = (40000 + 4000) × 5%万元 = 2200万元。

3. 计算建设投资：

建设投资 = [40000 + 4000 + (2200 + 3260)]万元 = 49460万元。

计算建设期利息：

(1)建设期第 1 年利息 = (49460 × 40% × 60%/2) × 6%万元 = 356.11万元。

(2)建设期第 2 年利息 = (49460 × 40% × 60% + 49460 × 60% × 60%/2) × 6%万元 = 1246.39万元(建设期第 1 年利息在第 1 年末已支付)。

(3)建设期利息 = (356.11 + 1246.39)万元 = 1602.50万元。

4. 计算项目总投资：

项目总投资 = 建设投资 + 建设期利息 + 流动资金 = (49460 + 1602.50 + 1200)万元 = 52262.50万元。

5. 项目自有资金的成本 = 4% + 1.1 × (10% − 4%) = 10.6%。

债务资金筹资的方式还有发行债券、融资租赁等。

六、本章同步练习

试题一

某咨询公司正准备进行一工业项目的财务评价，有关资料及数据如下：

(1) 建筑工程费用估算为 480 万元。

(2) 项目计划采用进口设备，设备重 1000t，离岸价为 400 万美元，国际运费标准为 300 美元/t，海上运输保险费费率为 0.266%，中国银行费率为 0.5%，外贸手续费费率为 1.5%，关税税率为 22%，增值税税率为 17%，美元的银行牌价为 6.5 元人民币，设备的国内运杂费费率为 2.5%。

(3) 项目的工具、器具及生产家具费费率取 6%。

(4) 安装工程费按设备原价的 10% 计。

(5) 工程建设其他费按工程费的 24% 计算，基本预备费费率取 5%。

(6) 项目分两年进行投资，工程费用的投入比例分别为 55%、45%。预计建设期间的价格上涨率为 6%。

(7) 项目部分建设投资采用银行借款，第 1 年贷款额为 2500 万元，第 2 年贷款额为 3500 万元。贷款年初发放，银行利率取 6.21%。与银行约定，从生产期的第 1 年开始还款，按 5 年等额还本付息方式偿还。

问　题

1. 计算项目工程费用和工程建设其他费用。
2. 计算基本预备费和涨价预备费。
3. 计算建设期利息。
4. 计算项目的静态投资和动态投资。

试题二

某企业拟新建一工业项目，委托某咨询公司编制项目可行性研究报告。

咨询工程师从自然因素、运输因素、市场因素方面考虑，提出了 A、B、C 三个厂址选择方案。

咨询工程师对厂址方案的投资及经营成本进行对比分析时，以 A 方案为基准，分析了各方案在投资和经营成本方面的差异，见表 7-6。根据对同类项目的统计分析得知，以工艺设备及安装费为基础的其他专业工程费系数为 0.4，以厂房土建费用为基础的其他专业工程费系数为 0.08。

表 7-6　各方案在投资和经营成本方面的差异

	A 方案	B 方案	C 方案
1. 建设投资差异/万元			
1.1 主体工程费	基准值		
1.1.1 工艺设备及安装费		7000	15000
1.1.2 厂房土建费用		2000	7000
1.2 其他专业工程费			
1.3 其他费用（含土地费用）		-630	-1270
2. 经营成本差异/（万元/年）			
2.1 原料运费	基准值	-5000	-8000
2.2 燃料动力费		-600	-1000
2.3 固定成本		700	1000

项目投资所得税的基准收益率为 10%。项目建设期为 2 年，各年投资比例均为 50%，运营期为 8 年。以上数据均不含增值税，项目现金流量按年末发生计。

问　题

1. 选择项目厂址时，除自然、运输、市场因素外，还应考虑的主要影响因素有哪些？

2. 在比选厂址方案时，除建设条件、投资和经营成本比较以外，还应进行哪些方面的比较？

3. 采用设备及厂房系数法计算 B 方案和 C 方案的工程费用与基准值的差额，并列出建设投资估算的其他简单估算方法。

4. 计算 B 方案和 C 方案之间的经营成本差额。

5. 若 B 方案和 C 方案的建设投资估算额分别为 100000 万元、116800 万元，计算两个方案的差额项目投资财务净现值，并据此判断优劣。

（计算部分要求列出计算过程，计算结果保留两位小数。复利系数见表 7-7）

表 7-7　复利系数

i	10%					
n	5	6	7	8	9	10
$(P/A, i, n)$	3.7908	4.3553	4.8684	5.3349	5.7590	6.1446
$(F/A, i, n)$	6.1051	7.7156	9.4872	11.4359	13.5795	15.9374

试题三

某工业园区引入一中外合资经营投资项目。项目投资总额（含增值税）为 8000 万美元，其中，建筑工程费 10000 万元，安装工程费 3000 万元，工程建设其他费用 5500 万元，预备费 3500 万元。合资公司注册资本占投资总额的40%，由中外双方按6:4的股份比例出资。注册资本全部用于建设投资，其余所需资金由银行贷款解决。项目建设期2年，资金使用比例各年均为50%。注册资本和建设投资借款在各年年内均衡发生，借款年利率为5%，每年计息一次，建设期内不支付利息。

项目外汇为1000万美元，全部用于支付进口设备原值（离岸价），从属费用按设备原值的25%以人民币计算，其中1台进口设备A的增值税为200万元，增值税税率为16%，设备关税税率为5%，设备的国内运杂费忽略不计。国内设备购置费为12000万元（含增值税）。项目投资所含增值税在生产期抵扣，各项费用除注明以美元计外，均以人民币计。外汇汇率按照1美元=6.66元人民币计。

问　题

1. 计算该投资项目中外双方各自的股权出资额（以美元计），并说明注册资本的出资方式有哪些。

2. 除了进口设备的增值税和关税，一般进口设备的从属费用还可能包括哪几项？

3. 计算项目的购置费和建设投资。

4. 在可行性研究阶段，暂以进口货物到岸价作为关税完税价格，则A设备的到岸价是多少？

5. 计算该项目的建设期利息。

（要求列出计算过程，计算结果保留两位小数）

七、本章同步练习答案

试题一

1. 计算项目工程费用：

（1）估计设备购置费：

1）进口设备货价=400×6.5万元=2600万元。

2）国际运费=300×1000×6.5万元=195万元。

3）海运保险费=(2600+195)×0.266%万元=7.4万元。

4）关税=(2600+195+7.4)×22%万元=616.5万元。

5）增值税=(2600+195+7.4+616.5)×17%万元=581.2万元。

6）银行财务费=2600×0.5%万元=13万元。

7）外贸手续费=(2600+195+7.4)×1.5%万元=42.0万元。

8）进口设备原价=(2600+195+7.4+616.5+581.2+13+42.0)万元=4055.1万元。

9）设备购置费=(4055.1+2600×2.5%)万元=4120.1万元。

（2）工具、器具及生产家具费：2600×6%万元=156万元。

（3）安装工程费：4055.1×10%万元=405.51万元。

（4）工程费用：(480+4120.1+156+405.51)万元=5161.61万元。

(5)工程建设其他费用=5161.61×24%万元=1238.79万元。

2. （1）基本预备费：(5161.61+1238.79)×5%万元=320.02万元。

（2）涨价预备费：

第1年：5161.61×55%×[(1+6%)-1]万元=170.33万元。

第2年：5161.61×45%×[$(1+6\%)^2$-1]万元=287.09万元。

合计涨价预备费为457.42万元。

3. 计算建设期利息：

第 1 年：2500 ×6.21% 万元 =155.25 万元。

第 2 年：(2500 +155.25 +3500) ×6.21% 万元 =382.24 万元。

合计建设期利息为 537.49 万元。

4. 建设投资如下：

不含建设期利息和涨价预备费的建设投资（静态投资）为（5161.61 +1238.79 +320.02）万元 =6720.42 万元。

含建设期利息和涨价预备费的建设投资（动态投资）为（6720.42 +537.49 +457.42）万元 =7715.33 万元。

试题二

1. 还应考虑的主要影响因素有劳动力因素、社会和政策因素、人文条件因素、集聚因素。

2. 还应进行环境保护条件、厂址安全条件的比较。

3. （1）采用设备及厂房系数法计算 B 方案和 C 方案的工程费用与基准值的差额：

①B 方案其他专业工程费 =(7000 ×0.4 +2000 ×0.08)万元 =2960 万元。

②C 方案其他专业工程费 =(15000 ×0.4 +7000 ×0.08)万元 =6560 万元。

③B 方案的工程费用与基准值的差额 =(7000 +2000 +2960)万元 =11960 万元。

④C 方案的工程费用与基准值的差额 =(15000 +7000 +6560)万元 =28560 万元。

(2)建设投资简单估算法还有单位生产能力估算法、生产能力指数法、比例估算法、估算指标法。

4. B 方案和 C 方案之间的经营成本差额 =[(−5000 −600 +700) −(−8000 −1000 +1000)]万元/年 =3100 万元/年。

5. 经营成本差额$_{C-B}$ =C 方案经营成本 −B 方案经营成本 = −3100 万元。

建设投资差额$_{C-B}$ =C 方案建设投资 −B 方案建设投资 =(116800 −100000)万元 =16800 万元，项目建设期为 2 年，各年投资比例均为 50%，故建设期第 1 ~2 年建设投资差额均为 16800/2 =8400 万元。

建设期第 1 ~2 年差额净现金流量$_{C-B}$ =(0 −8400)万元 = −8400 万元。

运营期第 1 ~8 年差额净现金流量$_{C-B}$ =[0 −(−3100)]万元 =3100 万元。

B 方案和 C 方案的差额项目投资财务净现值：

$NPV_{C-B} = [(-8400)/(1+10\%) + (-8400)/(1+10\%)^2 + 3100 \times (P/A,10\%,8)/(1+10\%)^2]$万元 = −910.59 万元。

$NPV_{C-B} < 0$，不满足 $NPV_{C-B} \geq 0$ 的评判准则要求，所以投资较小的 B 方案优于投资较大的 C 方案，投资较大 C 的方案被淘汰，最终选择投资较小的 B 方案。

试题三

1. 计算该投资项目中外双方各自的股权出资额（以美元计）：

中方出资额 =8000 万美元 ×40% ×60% =1920 万美元。

外方出资额 =8000 万美元 ×40% ×40% =1280 万美元。

注册资本的出资方式有：可以货币出资，也可以用建筑物、厂房、机器设备或其他物料、工业产权、土地使用权、专有技术、场地使用权等作价出资。

2. 除了进口设备的增值税和关税，一般进口设备的从属费用还可能包括国外运费、国外运输保险费、进口环节消费税、外贸手续费和银行财务费等。

3. 计算项目的购置费和建设投资：

（1）设备购置费 =[1000 ×(1 +25%) ×6.66 +12000]万元 =20325.00 万元。

（2）建设投资 =(20325 +10000 +3000 +5500 +3500)万元 =42325.00 万元。

4. 在可行性研究阶段，暂以进口货物到岸价作为关税完税价格，则设 A 设备的到岸价是 X 万元，则

$(1+5\%)\times 16\% X=200$ 万元。

解得 $X=1190.48$ 万元。

5. 计算该项目的建设期利息：

银行借款总额 $=(42325-8000\times 40\%\times 6.66)$ 万元 $=21013$ 万元。

第 1 年建设期利息 $=21013$ 万元 $\times 50\%/2\times 5\%=262.66$ 万元。

第 2 年建设期利息 $=(21013\times 50\%+262.66+21013\times 50\%/2)$ 万元 $\times 5\%=801.12$ 万元。

建设期利息合计 $=(262.66+801.12)$ 万元 $=1063.78$ 万元。

第八章

融资方案分析

一、本章核心考点分布

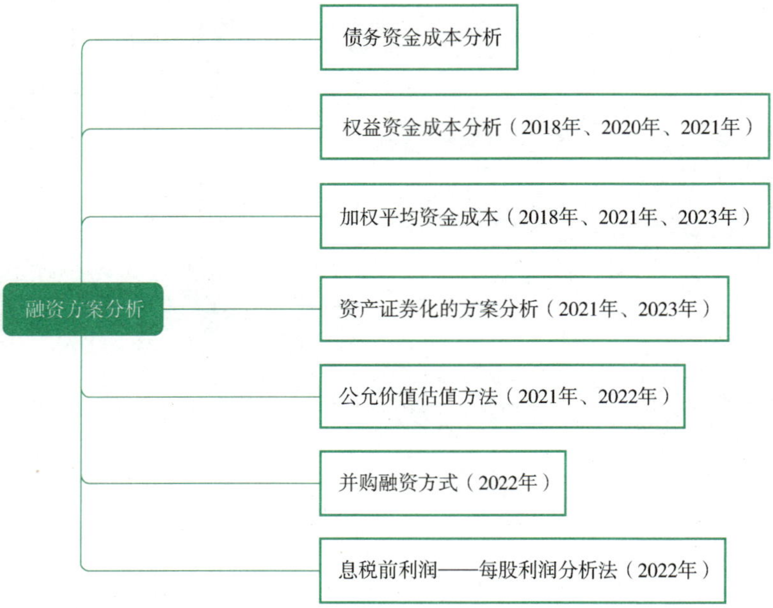

二、专家剖析考点

1. 融资方案分析的复习难度不大，重点在于各类融资资金的资金成本及资金结构优化比选，因此对于涉及的公式要记清，不能混淆。

2. 本章内容虽然涉及的公式简单，但是题目样式较多，一定要把定义记住，逐年分清各项费用，然后代入公式计算。

3. 权益资金成本的分析属于重点内容，在 2013 年、2017 年、2018 年、2020 年、2021 年考试中进行了考查，考生可通过多做案例来进行记忆。

4. 加权平均资金成本的计算属于重点内容，在 2013 年、2016 年、2018 年、2021 年、2023 年考试中进行了考查，考生要对相关内容进行熟练记忆。

5. 债务资金的成本分析在过去的考试中进行了考查，其内容是需要考生掌握的内容。

6. 资产证券化定价模型、PPP 项目资产证券化不属于重点考查内容，考生了解即可。

7. 并购融资方式的内容需掌握。

8. 资金成本构成及计算、资金结构优化比选方法等相关内容中，考生要牢记公式。

9. 资产证券化方案分析及公允价值估值方法等相关内容，考生需熟悉。

三、本章核心考点必刷题

考点 1　债务资金成本分析

例：某新建项目设计生产能力为 550 万 t/年，总投资 140000 万元，其中建设投资 125000 万元，建设期利息 5300 万元，流动资金 9700 万元。根据融资方案，资本金占项目总投资的比例为 35%，由 A、B 两个股东直接投资，其资金成本采用资本资产定价模型进行确定，其中社会无风险投资收益率为 3%，市场投资组合预期收益率为 8%，项目投资风险系数参照该行业上市公司的平均值取 1；项目其余投资来自银行长期贷款，贷款年利率为 7%，所得税税率为 25%。

项目达到正常生产年份的销售收入 125000 万元，销售税金及附加 1200 万元，固定成本 42500 万元，可变成本 21000 万元。

上述各项费用、收入、成本均为不含增值税价格，不考虑增值税及相关附加税。

问　题

1. 计算本项目融资方案的总体税后资金成本。
2. 计算本项目达到盈亏平衡时的生产能力利用率，并判断项目对市场的适应能力。

综合分析

本案例重点考查融资方案的税后资金成本、盈亏平衡分析。

问题 1：

【答案】 股东直接投资资金成本 = 社会无风险投资收益率 + 项目的投资风险系数 × (市场投资组合预期收益率 − 社会无风险投资收益率) = 3% + 1 × (8% − 3%) = 8%。

银行长期贷款所得税后资金成本 = 7% × (1 − 25%) = 5.25%。

本项目融资方案的总体税后资金成本 = 8% × 35% + 5.25% × (1 − 35%) = 6.21%。

【要点解析】 本案例问题 1 考查了债务资金成本分析中所得税后的债务资金成本。下面将债务资金成本分析的内容进行小结，见表 8-1。

表 8-1　债务资金成本分析的内容

项　目	内　容
所得税前的债务资金成本	(1) 借款资金成本：就是通过向银行或其他金融机构以借贷的方式筹措资金 (2) 债券资金成本（记住有哪些发行方式即可，在考试中考查的概率不高）：债券的发行价格的三种方式：溢价发行（高于债券票面金额的价格发行）、折价发行（低于债券票面金额的价格发行）、等价发行（按债券票面金额的价格发行） (3) 融资租赁资金成本：融资租赁支付的租赁费包括类似于借贷融资的资金占用费、对本金分期偿还额
所得税后的债务资金成本	(1) 借贷、债券等融资所得税后资金成本简化计算公式： 所得税后资金成本 = 所得税前资金成本 × (1 − 所得税税率) (2) 含筹资费用的所得税后债务资金成本可按下列公式采用人工试算法计算： $P_0(1-F)=\sum_{i=1}^{n}\frac{P_i+I_i(1-T)}{(1+K_d)^i}$ 式中，K_d为含筹资费用的税后债务资金成本；P_0为债券发行额或长期借款金额，即债务的现值；F为债务资金筹资费用率；P_i为约定的第 i 期末偿还的债务本金；I_i为约定的第 i 期末支付的债务利息；T为所得税税率；n为债务期限，以年表示
扣除通货膨胀影响的资金成本	扣除通货膨胀影响的资金成本 $=\frac{1+\text{未扣除通货膨胀影响的资金成本}}{1+\text{通货膨胀率}}-1$

问题 2：

【答案】BEP(生产能力利用率) = [年总固定成本/(年销售收入 - 年总可变成本 - 年税金及附加)] × 100% = [42500/(125000 - 21000 - 1200)] × 100% = 41.34%。

计算结果表明，在生产负荷达到设计生产能力的 41.34% 时即可盈亏平衡，说明该项目对市场的适应能力较强。

【要点解析】本案例问题 2 考查的是盈亏平衡分析中盈亏平衡点的计算。盈亏平衡点的计算公式：

公式 1：BEP(生产能力利用率) = 年总固定成本/(年销售收入 - 年总可变成本 - 年税金及附加) × 100%

公式 2：BEP(产量) = 年总固定成本/(单位产品价格 - 单位产品可变成本 - 单位产品税金及附加) = BEP(生产能力利用率) × 设计生产能力

公式 3：BEP(产品售价) = (年总固定成本/设计生产能力) + 单位产品可变成本 + 单位产品税金及附加

注：(1) 以上计算公式中的收入和成本均为不含税价格。

(2) 如采用含税价格，公式 1 中的分母中应扣除年增值税。

(3) 如采用含税价格，公式 2 分母中应再扣除单位产品增值税。

(4) 如采用含税价格，公式 3 中应加上单位产品增值税。

要注意公式的运用，还有就是数值计算的准确性。

考点 2　权益资金成本分析、加权平均资金成本、资产证券化的方案分析、公允价值估值方法

例：某咨询机构接受委托，为国家重点扶持的一个高新技术企业的新建项目进行可行性研究工作。该项目的融资方案为：发行普通股筹措资金 16000 万元；发行优先股筹措资金 4000 万元，优先股每股发行价格与面值相同，发行成本 2%，固定股息利率 12%，每年付息一次；向银行借款 20000 万元，借款年利息 7%，按年计息。已知社会无风险投资收益率为 4%，市场投资组合预期收益率为 11%，该项目的投资风险系数为 1.2，所得税税率为 15%。

项目建成后，该企业预计未来四年的净收益额分别为 1000 万元、1200 万元、1500 万元、2000 万元，根据企业的实际情况推断，从第五年起，企业的净收益额将在第四年的水平上以 3% 的增长率保持增长（折现率或资本化率为 10%）。

考虑企业长远发展，咨询机构针对该企业的存量资产提出了资产证券化的融资思路。

问　题

1. 计算优先股资金成本，使用资本资产定价模型法计算普通股资金成本。
2. 计算项目融资方案的加权平均资金成本（税后）。
3. 以项目建成后第一年年初为基准，采用收益法中的分段法估算企业价值。
4. 咨询机构应提醒该企业在资产证券化过程中需要注意的问题有哪些？

（计算部分要求列出计算过程，计算结果保留两位小数）

综合分析

本案例是一道 2021 年真题，完整地考查了融资方案分析的内容，主要涉及权益资金成本分析、加权平均资金成本、资产证券化的方案分析、公允价值估值方法。

问题 1：

【答案】优先股资金成本：

$$K_p = \frac{D_p}{P - F} = (4000 \times 12\%)/(4000 - 4000 \times 2\%) = 12.24\%$$

使用资本资产定价模型法，计算普通股资金成本：

$$K_s = R_f + \beta(R_m - R_f) = 4\% + 1.2 \times (11\% - 4\%) = 12.4\%$$

【要点解析】 本案例问题1考查了权益资本分析。权益资金成本的分析属于重点内容，在2013年、2017年、2018年、2020年、2021年考试中进行了考查，考生可通过多做案例来进行记忆。下面对权益资金成本分析（表8-2）进行详解。

表8-2 权益资金成本分析

项　目	内　容
优先股资金成本	优先股资金成本 = 优先股股息/(优先股发行价格 - 发行成本) 或 $K_P = D_P/(P-F)$
普通股资金成本	根据《建设项目经济评价方法与参数》，采用资本资产定价模型法，普通股资金成本的计算公式为 $K_s = R_f + \beta(R_m - R_f)$ 式中，K_s表示普通股资金成本；R_f表示社会无风险投资收益率；β表示项目的投资风险系数；R_m表示市场投资组合预期收益率
	根据《建设项目经济评价方法与参数》，采用税前债务成本加风险溢价法，普通股资金成本的计算公式为 $K_s = K_b + RP_c$ 式中，K_s表示普通股资金成本；K_b表示税前债务资金成本；RP_c表示投资者比债权人承担更大风险所要求的风险溢价（特殊情况除外，平均风险溢价一般采用4%）
	根据《建设项目经济评价方法与参数》，采用股利增长模型法，普通股资金成本的计算公式为 $K_s = \frac{D_1}{P_0} + G$ 式中，K_s表示普通股资金成本；D_1表示预期年股利额；P_0表示普通股市价；G表示股利期望增长率

问题2：

【答案】 项目融资方案的加权平均资金成本（税后）：

$$\frac{16000 \times 12.4\% + 4000 \times 12.24\% + 20000 \times 7\% \times (1 - 15\%)}{16000 + 4000 + 20000} = 9.16\%$$

【要点解析】 本案例问题2考查的是加权平均资金成本。计算公式：$I = \sum_{t=1}^{n} i_t f_t$，式中，$I$为加权平均资金成本；$i_t$为第$t$种融资的资金成本；$f_t$为第$t$种融资的融资金额占融资方案总融资金额的比例，有$\sum f_t = i$；$n$为各种融资类型的数目。

问题3：

【答案】 在不稳定期结束之后，从第五年起的后段，企业预期年收益按固定比率3%增长，分段法估算企业价值：

$$\begin{aligned} P &= \sum_{i=1}^{n}[R_i(1+r)^{-i}] + \frac{R_n(1+g)}{r-g}(1+r)^{-n} \\ &= [1000 \times (1+10\%)^{-1} + 1200 \times (1+10\%)^{-2} + 1500 \times (1+10\%)^{-3} + 2000 \times (1+10\%)^{-4} + \\ &\quad [2000 \times (1+3\%)/(10\% - 3\%)] \times (1+10\%)^{-4}] \text{万元} \\ &= 24493.94\text{万元。} \end{aligned}$$

【要点解析】 本案例问题3考查了公允价值估值方法。在企业并购中评估目标企业价值时采用公允价值估值方法。企业价值的评估方法包括收益法、市场法、成本法，在2021年的考试中考查了收益法中的分段法，下面将企业价值的评估方法（表8-3）进行小结。

表8-3　企业价值的评估方法

<table>
<tr><th colspan="2">评估方法</th><th>要点</th></tr>
<tr><td rowspan="3">收益法
【重点考核内容】</td><td rowspan="2">持续经营时</td><td>年金法：
计算公式：$P=A/r$。其中，P代表企业评估价值，A代表企业每年的年金收益，r代表折现率或资本年化率
将企业未来几年预测收益进行年金化处理，企业年金公式为 $P=\sum_{i=1}^{n}[R_i(1+r)^{-i}]/\sum_{i=1}^{n}[(1+r)^{-i}]/r$。其中，$\sum_{i=1}^{n}[R_i(1+r)^{-i}]$代表企业前$n$年预期收益折现值之和，$\sum_{i=1}^{n}[(1+r)^{-i}]$代表复利现值系数之和（年净现值系数），$r$代表折现率或资本年化率</td></tr>
<tr><td>分段法：
（1）在不稳定期结束后，各年收益率稳定，则公式为
$$P=\sum_{i=1}^{n}[R_i(1+r)^{-i}]+\frac{R_n}{r}(1+r)^{-n}$$
（2）在不稳定期结束后，各年收益率稳定增长，这时假设从（$n+1$）年起后期，这时企业预期年收益按固定比率g增长，则公式为
$$P=\sum_{i=1}^{n}[R_i(1+r)^{-i}]+\frac{R_n(1+g)}{r-g}(1+r)^{-n}$$</td></tr>
<tr><td>有限持续经营时</td><td>计算公式：$P=\sum_{i=1}^{n}[R_i(1+r)^{-i}]+P_n(1+r)^{-n}$
其中，P_n代表第n年时企业资产的变现值，$\sum_{i=1}^{n}[R_i(1+r)^{-i}]$代表企业前$n$年预期收益折现值之和，$r$代表折现率或资本年化率</td></tr>
<tr><td rowspan="3">市场法</td><td>参考企业比较法</td><td>参考企业比较法是指通过对资本市场上与被评估企业处于同一或类似行业的上市公司的经营和财务数据进行分析，计算适当的价值比率或经济指标，在与被评估企业比较分析的基础上，得出评估对象价值的方法。基本计算公式为
每股评估价值＝市净率×被评估单位每股净资产
其中，市净率＝市价/净资产
被评估单位每股净资产＝评估基准日资产占有单位净资产/总股本</td></tr>
<tr><td>并购案例比较法</td><td>并购案例比较法是指通过分析与被评估企业处于同一或类似行业的公司的买卖、收购及合并案例，获取并分析这些交易案例的数据资料，计算适当的价值比率或经济指标，在与被评估企业比较分析的基础上，得出评估对象价值的方法</td></tr>
<tr><td>注意事项</td><td>参考企业比较法和并购案例比较法在运用时，核心问题是价值比率的选取。价值比率公式如下：
$$\frac{V_1}{X_1}=\frac{V_2}{X_2}$$
其中，V_1为被评估企业价值；V_2为可比企业价值；X_1为被评估企业与企业价值相关的可比指标；X_2为可比企业与企业价值相关的可比指标</td></tr>
<tr><td colspan="2">成本法</td><td>在并购价值评估中的基本公式：
净资产评估值＝流动资产＋非流动资产－流动负债－非流动负债</td></tr>
</table>

问题 4：

【答案】 咨询机构应提醒该企业在资产证券化过程中需要注意的问题有：

（1）必须有一定的资产支撑来发行证券，且其未来的收入流可预期。

（2）资产的所有者必须将资产出售给 SPV，通过建立一种风险隔离机制，在该资产与发行人之间筑起一道防火墙，即使其破产，也不影响支持债券的资产，即实现破产隔离。

（3）必须建立一种风险隔离机制，将该资产与 SPV 的资产隔离开来，以避免该资产受到 SPV 破产的威胁。

【要点解析】 本案例问题 4 考查了资产证券化方案分析的内容。该考点中，资产证券化的特点（是资产支持融资、是结构融资、是表外融资）、资产证券化的基本流程［确定证券化资产并组建资产池、设立特殊目的实体（SPV）、资产的完全转移、信用增级、信用评级、证券打包发售、向发起人支付对价、管理资产池、清偿证券］、资产证券化定价模型（静态现金流折现模型、蒙特卡洛模拟模型、期权调整利差法）均在近几年考试中进行了考查，具体内容不再阐述，考生自行复习。

考点 3　息税前利润—每股利润分析法、并购融资方式

例： 甲公司为并购乙公司（为有限责任公司）拟外源融资 5000 万元，已知甲公司当前资金结构为：长期债务 6000 万元，普通股 14000 万元（股数 2800 万股）。经咨询工程师分析，提出两个融资方案供选择（表 8-4）。

方案一：增发普通股 1000 万股，每股增发价格 5 元，可筹集资金 5000 万元（普通股增发费用忽略不计）。

方案二：增加长期债务 5000 万元，采用银行借款方式，借款利率与公司原长期债务利率一致，为年利率 6%。

已知甲公司适用所得税税率为 25%，预计并购完成后，甲公司每年可实现息税前利润 1726 万元。除所得税外，不考虑其他税金影响。

表 8-4　甲公司资金结构变动对照表

类别	当前资金结构		追加融资后的资金结构			
			方案一：增发普通股		方案二：增加长期债务	
	金额/万元	比例（%）	金额/万元	比例（%）	金额/万元	比例（%）
长期债务	6000	30	6000	24	11000	44
普通股	14000	70	19000	76	14000	56
资金总额	20000	100	25000	100	25000	100
普通股股数/万股	2800		3800		2800	

问　题

1. 企业并购融资方式的内源融资和外源融资各有哪些特点？

2. 根据《企业会计准则第 39 号——公允价值计量》，对乙公司进行价值评估的方法通常有哪几类？简要说明各类方法的含义。

3. 采用方案一增发普通股融资的优缺点有哪些？

4. 计算甲公司增发普通股与增加长期债务两种融资方案下的每股利润无差别点，并据此选择融资方案，说明理由。

（计算部分要求列出计算过程，最终计算结果保留整数）

综合分析

本案例为一道2022年真题，完整地考查了本章内容，涉及并购融资方式、公允价值估值方法、息税前利润—每股利润分析法的内容。

问题1：

【答案】（1）内源融资的特点：源自企业内部，不会发生融资费用，具有明显的成本优势，具有效率优势，能够有效降低时间成本。

（2）外源融资的特点：企业外源融资渠道比较丰富，主要包括权益融资、债务融资以及混合融资。权益融资形成企业所有者权益，将对企业股权结构产生不同程度的影响，甚至影响原有股东对企业的控制权；债务融资后企业需按时偿付本金和利息，企业的资本结构可能产生较大的变化，企业负债率的上升会影响企业的财务风险。混合融资主要包括可转换债券和认股权证，混合融资是同时兼备权益融资和债务融资特征的特殊融资工具。

【要点解析】本案例问题1考查了并购融资方式的内源融资和外源融资。该要点内容属于记忆类型要点内容，记忆即可。

问题2：

【答案】根据《企业会计准则第39号——公允价值计量》，对乙公司进行价值评估的方法通常有收益法、市场法、成本法。

收益法是通过估测被评估企业未来的预期收益现值，来判断目标企业价值的方法总称。

市场法是将目标企业与参考企业或已在市场上有并购交易案例的企业进行比较以确定评估对象价值的评估方法。

成本法是反映当前要求重置相关资产服务能力所需金额的估值方法。

【要点解析】本案例问题2考查了企业价值的评估方法类别、含义。《企业会计准则第39号——公允价值计量》的内容考生需熟悉。

问题3：

【答案】增发普通股融资的优点包括：

（1）没有固定的到期日，不用偿还股本。

（2）相较于优先股，普通股不会对企业产生固定的股息负担。

（3）普通股融资会增加并购企业的权益资本，对提升并购企业资信有积极作用。

缺点包括：

（1）分散并购企业的控制权。

（2）资本成本相对较高。

【要点解析】本案例问题3考查了普通股融资的优点、缺点。属于记忆类型要点内容，记忆即可。

问题4：

【答案】每股利润无差别点的计算如下：

$(EBIT-6000\times6\%)\times(1-25\%)/3800$ 万元 $=(EBIT-11000\times6\%)\times(1-25\%)/2800$ 万元

解得 $EBIT=1500$ 万元

并购完成后，甲公司每年可实现息税前利润1726万元 > 每股利润无差别点1500万元，故融资方案选择方案二。

理由：当息税前利润大于每股利润无差别点时，增加长期债务的方案要比增发普通股的方案有利；而息税前利润小于每股利润无差别点时，增加长期债务则不利。

【要点解析】本案例问题4考查了息税前利润—每股利润分析法。每股利润无差别点（息税前利润平衡点或融资无差别点）根据下式进行计算，注意代入数据的正确性。

$$\frac{(\text{EBIT}-I_1)(1-T)-D_{P_1}}{N_1}=\frac{(\text{EBIT}-I_2)(1-T)-D_{P_2}}{N_2}$$

式中，EBIT 是息税前利润平衡点，即每股利润无差别点；I_1、I_2 是两种增资方式下的长期债务年利息；D_{P_1}、D_{P_2}是两种增资方式下的优先股年股利；N_1、N_2 是两种增资方式下的普通股股数；T 是所得税税率。

四、本章真题实训

【2023 年真题】

甲市政基础设施公司（简称甲公司）计划投资建设 A 项目，项目建设投资估算额 230000 万元，并委托某咨询公司提供融资咨询服务。

咨询公司对 A 项目设计了如下融资方案：

（1）将甲公司的两项资产 B 和 C 打包，进行资产证券化出售，筹得的资金先偿还甲公司当前到期债务，剩余资金全部用于 A 项目的建设投资。

（2）A 项目建设投资的不足部分为银行贷款，综合贷款年利率为 5%，按年付息。

乙基金公司计划购买 B 和 C 资产包支持证券，基金经理在研究该项投资的可行性时，研究了 B 和 C 资产包的质量，没有分析甲公司的整体信用水平。

已知，甲公司无优先股，普通股资金成本为 8%，适用所得税税率为 25%，当前到期债务的本息合计为 90000 万元，资产 B 和 C 均可继续经营 10 年，各年所得税后净现金流量见表 8-5，资产 B 和 C 预期的所得税后投资收益率为 6%。项目现金流量按年末发生计。

表 8-5　资产 B 和 C 所得税后净现金流量　　（单位：万元）

年份	1 年	2 年	3 年	4～10 年
资产 B	10000	11000	11000	12000
资产 C	6000	6000	7000	8000

问　题

1. 用静态现金流折现模型法计算 B 和 C 资产包支持证券的价格。分析甲公司采用资产 B 和 C 打包进行资产证券化筹措资金，会造成甲公司的负债增加多少，并说明理由。

2. 将资产 B 和 C 打包进行资产证券化出售，交易的步骤有哪些？

3. 指出乙基金公司基金经理的做法是否正确，并说明理由。

4. 计算 A 项目建设投资的加权平均资金成本（所得税后）。

（计算部分要求列出计算过程，最终计算结果保留两位小数。复利系数见表 8-6）

表 8-6　复利系数

i	6%					
n	3	4	5	6	7	8
$(P/A, i, n)$	2.6730	3.4651	4.2124	4.9173	5.5824	6.2098
$(F/A, i, n)$	3.1836	4.3746	5.6371	6.9753	8.3939	9.8975

五、本章真题实训答案

1.（1）根据静态现金流折现模型，计算 B 和 C 资产包支持证券的价格：

①B资产支持证券价格 = $\{10000/1.06 + 11000/1.06^2 + 11000/1.06^3 + [12000 \times (P/A, 6\%, 7)]/1.06^3\}$万元 = 84704.82万元。

②C资金支持证券价格 = $\{6000/1.06 + 6000/1.06^2 + 7000/1.06^3 + [8000 \times (P/A, 6\%, 7)]/1.06^3\}$万元 = 54374.42万元。

③B、C资产打包价格 = (84704.82 + 54374.42)万元 = 139079.24万元。

(2) 造成甲公司的负债增加分析：

A项目资本金 = (139079.24 − 90000)万元 = 49079.24万元。

银行借款 = (230000 − 49079.24)万元 = 180920.76万元。

甲公司采用资产B和C打包进行资产证券化筹措资金，负债增加（180920.76 − 90000)万元 = 90920.76万元。

理由：资产证券化是表外融资，不会增加融资人资产负债的规模。因为筹得的资金139079.24万元先偿还当前到期债务90000万元，剩余资金49079.24万元全部用于A项目的建设投资，其余部分为新增的借款180920.76万元，比原来的负债90000万元增加了90920.76万元。

2. 将资产B和C打包进行资产证券化出售，交易的步骤包括确定证券化资产并组建资产池、设立特殊目的实体、资产的完全转移、信用增级、信用评级、证券打包发售、向发起人支付对价、管理资产池、清偿证券。

3. 乙基金公司经理的做法正确。

理由：因为B和C资产包的原始权益人将资产转移给SPV实现真实出售，所以基础资产与发起人之间实现了破产隔离，融资仅以基础资产为支持，而与发起人的其他资产负债无关。在投资时，也不需要对发起人的整体信用水平进行判断，只要判断基础资产B和C资产包的质量就可以了。

4. 所得税后加权平均资金成本 = $(49079.24 \div 230000) \times 8\% + (180920.76 \div 230000) \times 5\% \times (1 - 25\%) = 4.66\%$。

六、本章同步练习

试题一

A、B、C三家企业拟合资组建一个项目公司，投资建设某工业项目，项目建设期为3年。

项目投资估算：工程费用为32000万元、工程建设其他费用为14000万元、流动资金为6000万元。

项目融资方案：建设期第2年年中和第3年年初分别向银行借款10000万元，贷款年利率为6.4%，还款期限为5年，从投产年开始偿还；其余建设投资由各股东单位自筹解决，作为项目的资本金。A企业以专利技术入股（评估价为10500万元），B企业和C企业以现金投入。项目的流动资金全部源于企业自有资金。由于该项目符合国家相关产业政策，获得了国家的贷款贴息，贴息比例为建设期利息的50%。

有关参数：基本预备费费率为6%，不计涨价预备费，投资者的风险溢价为4%，国家规定该行业项目资本金占总投资的最低比例为35%。

问　题

1. 计算项目总投资。
2. 计算分析项目资本金比例和投入方式是否符合国家相关规定。
3. 采用税前债务成本加风险溢价法，计算项目的权益资金成本。

4. 在项目融资方案研究中，A 企业建议将贷款贴息计入项目的权益资金，B 企业建议计入项目的债务资金。计算该项目的贷款贴息金额，并分析说明他们的观点是否正确。

（计算结果保留小数点后两位）

试题二

某上市公司拟投资新建一个生产项目，委托甲咨询公司开展可行性研究，通过比较 A、B 两个厂址方案的建设条件、建设投资和运营费用，甲咨询公司推荐了 B 方案。

B 方案总建设用地面积 100000m^2，总建筑面积 150000m^2，建（构）筑物及堆场总占地面积 30000m^2，根据项目建设规模、场地、物流、安全等条件，甲咨询公司深入研究了项目的总图运输方案。

B 方案建设投资为 9000 万元，流动资金为 2000 万元，全部由上市公司自有资金支付。公司目前股票市价为 16 元，预计年末每股发放股利 0.4 元，并以每年 6% 的速度增长。

问　题

1. 除上述内容外，比选厂址方案还应包括哪些内容？
2. 总图运输方案中应包括哪些主要内容？
3. 计算 B 方案的投资强度和容积率。
4. 利用股利增长模型计算项目所用资金的权益资金成本。
5. 除股利增长模型法外，普通股资金成本的计算还可采用哪些方法？

试题三

某公司具有新产品研发能力，拟投资建设新研制产品的生产项目。该项目工程费用为 24000 万元，工程建设其他费用为 14324 万元，基本预备费费率取 10%。通过对宏观经济运行分析，预计项目建设期价格水平相对稳定，拟不计涨价预备费。项目流动资金估算为 15000 万元。

根据项目融资安排，公司拟向银行申请建设投资贷款 28000 万元，项目建设期两年，第一年贷款 12000 万元，第二年贷款 16000 万元，贷款在用款年份均匀发生，年利率 7%，每年计息一次，建设期内不支付利息。项目流动资金贷款利率为 5%。根据当地有关文件规定，公司可以获得新产品研发财政补贴，其中建设期可以获得的补贴额度为 1240 万元，可全部作为项目资本金。项目所需其余建设资金和 30% 的流动资金由公司以资本金方式自筹。

已知社会无风险投资收益率为 3%，市场投资组合预期收益率为 10%，项目的投资风险系数为 1.1。所得税税率为 25%。计算中忽略资金筹集费。

问　题

1. 估算项目建设投资额。
2. 宏观经济分析时，衡量价格水平变动情况的指标有哪些？
3. 估算项目建设期利息。
4. 用资本资产定价模型计算项目资本金的资金成本。
5. 估算项目的加权平均资金成本（税后）。

（列出计算过程，计算结果保留两位小数）

七、本章同步练习答案

试题一

1. 基本预备费 =（32000 + 14000）万元 × 6% = 2760 万元。

第 2 年建设期利息 = 10000/2 万元 × 6.4% = 320 万元。

第 3 年建设期利息 = (10000 + 10000 + 320) 万元 × 6.4% = 1300.48 万元。

建设期利息 = (320 + 1300.48) 万元 = 1620.48 万元。

项目总投资 = (32000 + 14000 + 2760 + 1620.48 + 6000) 万元 = 56380.48 万元。

2. 项目资本金比例 = [(32000 + 14000 + 2760 + 6000 − 10000 − 10000)/56380.48] × 100% = 61.65%。项目资本金比例符合国家相关规定。A 企业的项目资本金投入方式不符合国家相关规定。B 企业和 C 企业的项目资本金投入方式符合国家相关规定。

3. 项目的权益资金成本 = 6.4% + 4% = 10.4%。

4. 该项目的贷款贴息金额 = 1620.48 万元 × 50% = 810.24 万元。

他们的观点不正确。贷款贴息既不属于权益资金，也不属于债务资金，在融资方案和财务分析中，应视为一般现金流入（补贴收入）。

试题二

1. 除上述内容外，比选厂址方案还应包括的内容：环境保护条件比较；厂址的安全条件论证比较。

2. 总图运输方案中应包括的主要内容有：①总体布置；②厂区总平面布置；③厂区竖向布置；④厂区道路布置；⑤厂外、厂内运输；⑥绿化；⑦总图技术经济指标。

3. B 方案的投资强度 = 项目固定资产总投资/项目总用地面积 = 9000 万元/10 万 m^2 = 900 元/m^2。

B 方案的容积率 = 总建筑面积/总用地面积 = 150000/100000 = 1.5。

4. 项目所用资金的权益资金成本 = 0.4/16 + 6% = 8.5%。

5. 除股利增长模型法外，普通股资金成本的计算还可采用的方法包括资本资产定价模型法、税前债务成本加风险溢价法。

试题三

1. 项目建设投资额 = 工程费用 + 工程建设其他费用 + 基本预备费 + 涨价预备费 = [24000 + 14324 + (24000 + 14324) × 10% + 0] 万元 = (38324 + 3832.4) 万元 = 42156.40万元。

2. 宏观经济分析中，衡量价格水平变动的指标有：

（1）消费物价指数（CPI）。

（2）GDP 平减指数。

（3）生产价格指数（PPI）。

3. 项目建设期利息计算如下：

建设期利息 = 第一年建设期利息 + 第二年建设期利息（关键信息：贷款在用款年份均匀发生，建设期内不支付利息）

（1）第一年建设期利息 Q_1 = 12000 万元/2 × 7% = 420.00 万元。

（2）第二年建设期利息 Q_2 = (12000 + 420 + 16000/2) 万元 × 7% = (840 + 29.4 + 560) 万元 = 1429.40 万元。

（3）建设期利息 = 第一年建设期利息 + 第二年建设期利息 = (420 + 1429.4) 万元 = 1849.40 万元。

4. 按照“资本资产定价模型法”，普通股资金成本的计算公式为

$$K_s = R_f + \beta(R_m - R_f)$$

项目资本金的资金成本 = 3% + 1.1 × (10% − 3%) = 10.7%。

5. 项目的加权平均资金成本（税后）计算如下：

（1）项目自筹建设资金 = (42156.4 − 12000 − 16000 − 1240 + 15000 × 30%) 万元 = 17416.40

万元。

（2）项目贷款建设资金 = (12000 + 16000) 万元 = 28000 万元。

（3）项目贷款流动资金 = 15000 万元 × (1 − 30%) = 10500 万元。

（4）项目的加权平均资金成本(税后) = [17416.40 × 10.7% + 28000 × 7% × (1 − 25%) + 10500 × 5% × (1 − 25%)]/(17416.40 + 28000 + 10500 + 1240) = 3727.3/57156.40 = 6.52%。

第九章

工程项目财务分析

一、本章核心考点分布

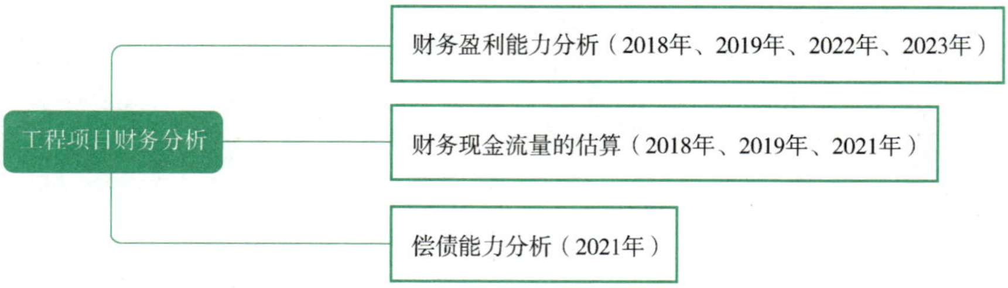

二、专家剖析考点

1. 工程项目财务分析方法是肯定要出案例题的地方，因此必须要予以高度重视。工程项目财务分析的相关基本概念、公式及相关财务分析表格等内容均是考查点，重点要掌握根据已知条件计算财务分析指标，尤其是财务净现值、财务内部收益率指标。

2. 对于本章的学习，重点在于理解书中所讲的各种方法，形成整体的解题思路，不是机械地去计算。并且在答题及复习过程中，考生对项目各年现金流量的构成思路要清晰，其基本公式、概念要掌握，固定资产原值及经营成本的计算需要注意，对税前税后现金流量的理解要分清，项目投资现金流量中“调整所得税”的计算基数是息税前利润。

3. 对现金流量分析这类型的题目的总结：

（1）遇到这种类型的题目，首先需要区分清楚是进行项目投资现金流量分析还是资本金现金流量分析，熟练地掌握这两种分析在建设投资、还本付息、所得税等方面的区别。

（2）营业收入估算要根据满负荷产量和当年生产负荷来进行计算。

（3）流动资金可能分年投放，也有可能是分年收回；同上一年相比，增加、减少的流动资金需要在现金流量中体现。

（4）计算经营成本时，一定要将固定成本、可变成本分别进行计算，尤其是要注意生产负荷不是100%时，固定成本采用满负荷的固定成本，可变成本与实际生产负荷有关。

（5）在资本金现金流量分析中，如果有借款，需要在现金流量支出中增加借款还本付息科目，此时计算的所得税需要考虑借款利息、折旧和摊销的影响。

（6）折旧和摊销费用来计算所得税使用，它本身并未带来现金的流入或流出，因此在现金流量分析表中无折旧和摊销科目。

4. 动态指标分析计算过程中的项目投资现金流量分析、项目资本金现金流量分析、投资各方现金流量分析是需要考生掌握的内容且属于重点内容，在近几年考试中都有过考查。现金流量表对比分析考生要熟悉。

5. 相关税费估算、成本与费用估算过程、静态指标分析计算过程都是本章的重要内容，考生要引起足够的重视。

6. 偿债能力分析指标计算、营业收入估算与补贴收入估算、改扩建项目的现金流量分析也是需要掌握的内容。

7. 项目偿债能力分析的命题方式：①计算利息备付率；②计算偿债备付率。

8. 项目投资现金流量分析的命题方式：①计算现金流入、现金流出；②计算项目投资财务净现值（FNPV）；③计算项目投资财务内部收益率（FIRR）。

9. 项目资本金现金流量分析的命题方式：①计算现金流入、现金流出；②计算项目资本金财务内部收益率（FIRR）。

三、本章核心考点必刷题

考点1　财务盈利能力分析

例：某企业为提高产品附加值，拟建设一套深加工装置，项目计算期6年，其中建设期1年，运营期5年。新建装置的固定资产费用28000万元（含可抵扣增值税进项税额3000万元），无形资产费用4000万元，其他资产费用1000万元，基本预备费2000万元，涨价预备费1000万元。项目预备费按不同资产占项目资产的比例分摊（其中固定资产费用按不含进项税额考虑）。建设投资借款15000万元，年利率5%，每年计息一次，建设期按全年计息。运营期第1年投入流动资金5000万元。期末的固定资产残值按零计。

企业目前财务效益较好，该装置投资所含可抵扣增值税进项税额可在其建设期抵扣。新装置投产后企业每年销售收入（不含增值税）将增加21000万元，每年经营成本（不含增值税）将增加10000万元。经营成本中外购原材料、辅助材料和燃料动力费用占比为80%。增值税税率均为17%，税金及附加为增值税的10%。财务基准收益率（所得税前）为12%。可抵扣增值税进项税额除固定资产外，其他部分忽略不计。

问　题

1. 计算项目新增固定资产原值。
2. 计算项目各年增量净现金流量和增量财务净现值，判断项目财务可行性。
3. 如果财务评价的基础上进行经济分析，效益和费用范围调整的主要内容有哪些？

（要求列出计算过程，计算结果保留整数）

综合分析

本案例是2018年真题，是一道典型的经济分析与财务分析相结合考查的案例。涉及的考点有新增固定资产原值的计算、增量净现金流量的计算、增量财务净现值、财务可行性的判断、经济分析中效益和费用范围调整的主要内容。

问题1：

【答案】项目新增固定资产原值计算如下：

（1）固定资产费用：(28000 − 3000)万元 = 25000万元。

（2）预备费中归于固定资产的部分：(2000 + 1000)万元 × [25000/(25000 + 4000 + 1000)] = 2500万元。

（3）建设期利息：15000万元 × 5% = 750万元。

（4）项目新增固定资产原值 = 固定资产费用 + 预备费 + 建设期利息 − 可抵扣增值税进项税额 = (28000 + 2500 + 750 − 3000)万元 = 28250万元。

【要点解析】本案例问题1考查了固定资产原值计算。本考点在2012年、2018年考试中进行了考查，考生要注意掌握。固定资产原值是指项目投产时（达到预定可使用状态）按规定由投资形成固定资产的部分。按照“生产要素估算法”估算总成本费用时，需要按项目全部固定资产原值计算折旧。下面小结固定资产原值的计算公式：

（1）固定资产原值 = 工程费用(设备购置费、安装工程费、建筑工程费) + 固定资产其他费用(工程建设其他费用中应计入固定资产原值的部分) + 预备费 + 建设期利息 − 可抵扣的固定资产进项税额

其中：1）工程费用 = 建筑工程费 + 安装工程费 + 设备购置费

2）工程建设其他费用 = 固定资产其他费用 + 无形资产 + 其他资产费用

3）固定资产其他费用 = 工程建设其他费用 − 无形资产 − 其他资产费用

4）建设投资 = 工程费用 + 工程建设其他费用 + 预备费

（2）由上面可得：固定资产原值 = 建设投资 + 建设期利息 − (无形资产费用 + 其他资产费用) − 可抵扣的固定资产进项税额

问题2：

【答案】各年净现金流量为：

（1）计算期第1年：

建设投资：(28000 + 4000 + 1000 + 2000 + 1000)万元 = 36000万元。

净现金流量：−36000万元。

销项税额：21000万元 × 17% = 3570万元。

进项税额：10000万元 × 80% × 17% = 1360万元。

计算期第2～6年的应纳增值税 = (3570 − 1360)万元 = 2210万元。

营业税金及附加：2210万元 × 10% = 221万元。

（2）计算期第2年：

现金流入：营业收入21000万元，销项税额3570万元。

现金流出：流动资金5000万元，进项税额1360万元，应纳增值税2210万元，经营成本10000万元，营业税金及附加221万元。

计算期第2年净现金流量：(21000 + 3570 − 5000 − 1360 − 2210 − 221 − 10000)万元 = 5779万元。

计算期第3～5年：净现金流量：(21000 + 3570 − 1360 − 2210 − 221 − 10000)万元 = 10779万元。

计算期第6年：净现金流量：(21000 + 5000 + 3570 − 1360 − 2210 − 221 − 10000)万元 = 15779万元。

增量财务净现值：$[-36000/(1+12\%) + 5779/(1+12\%)^2 + 10779/(1+12\%)^3 + 10779/(1+12\%)^4 + 10779/(1+12\%)^5 + 15779/(1+12\%)^6]$万元 = 1097万元。

由于财务净现值大于零，故该项目财务可行。

【要点解析】本案例问题2考查的是增量净现金流量的计算、增量财务净现值、财务可行性的判断。投资现金流量分析在2011年、2013年、2022年考试中进行了考查，资本金现金流量分析在2010年考试中考查过，经济费用效益流量分析在2009年、2010年、2011年、2014年、2018年、2019年考试中进行了考查。下面小结现金流量分析（表9-1）相关要点。

表9-1　现金流量分析

投资现金流量分析（融资前现金流量）	资本金现金流量分析（融资后现金流量）	经济费用效益现金流量分析
（一）现金流入	（一）现金流入	（一）效益流量（现金流入）
1. 营业收入	1. 营业收入	1. 项目直接效益

（续）

投资现金流量分析（融资前现金流量）	资本金现金流量分析（融资后现金流量）	经济费用效益现金流量分析
2. 销项税额	2. 销项税额	2. 回收资产余值
3. 回收资产余值	3. 回收资产余值	3. 回收流动资金
4. 回收流动资金	4. 回收流动资金	4. 项目间接效益
5. 补贴收入（必要时）	5. 补贴收入（必要时）	
（二）现金流出	（二）现金流出	（二）费用流量（现金流出）
1. 建设投资	1. 用于建设投资、流动资金的项目资本金	1. 建设投资
2. 流动资金	2. （长期借款、流动资金）本金偿还	2. 流动资金
3. 经营成本	3. 经营成本	3. 经营费用
4. 进项税额	4. 进项税额	4. 项目间接费用
5. 应纳增值税	5. 增值税	
6. 税金及附加	6. 税金及附加	
7. 维持运营投资	7. 维持运营投资	
	8. 借款利息支付	
	9. 所得税（应以销售收入减去总成本费用和税金及附加之后得出的利润总额为基数计算）	
（三）所得税前净现金流量（一）—（二）	（三）净现金流量（一）—（二）	（三）净效益流量（一）—（二）
（四）累计税前净现金流量		
（五）调整所得税（以息税前利润为基数计算的所得税）		
（六）所得税后净现金流量（三）—（五）		
（七）累计税后净现金流量		
计算指标： 项目投资财务内部收益率（%）（所得税前） 项目投资财务内部收益率（%）（所得税后） 项目投资财务净现值（所得税前）（i_c = %） 项目投资财务净现值（所得税后）（i_c = %） 项目投资回收期（年）（所得税前） 项目投资回收期（年）（所得税后）	计算指标： 资本金财务内部收益率（%） 注意：项目资本金包括建设投资、建设期利息和流动资金等资金	计算指标： 经济内部收益率（%） 经济净现值（i_s = %）

注：表中计算指标的计算公式也是考生需要理解记忆的内容，此处没有说明，考生自行复习。

问题 3：

【答案】如果财务评价的基础上进行经济分析，效益和费用范围调整的主要内容有：

现金流入：扣除涨价因素。

现金流出：扣除各种税费、扣除涨价预备费、扣除补贴等转移支付费用。

【要点解析】本案例问题 3 考查的是经济分析中效益和费用范围调整的主要内容。这部分内容属于重点难点，考生要重点复习。

考点 2　财务现金流量的估算

例：某工业建设项目有关资料如下：

（1）项目计算期为 10 年，建设期 2 年，第 3 年投产，第 4 年开始达到设计生产能力。

（2）建设投资 2800 万元（不含建设期贷款利息），第 1 年投入 1000 万元，第 2 年投入 1800 万元。投资方自有资金 2500 万元，根据筹资情况建设期分两年各投入 1000 万元，余下的 500 万元在投产年初作为流动资金投入。

（3）建设投资不足部分向银行贷款，建设期贷款在年内均衡发生，贷款年利率为 6%，从第 3 年起，以年初的本息和为基准开始还贷，每年付清利息，并分 5 年等额还本。

（4）该项目固定资产投资总额（不考虑抵扣进项税）中，预计 85% 形成固定资产，15% 形成无形资产。固定资产综合折旧年限为 10 年，采用年限平均法折旧，固定资产残值率为 5%，无形资产按 5 年平均摊销。

（5）该项目计算期第 3 年的经营成本为 1500 万元（含进项税），第 4 ~ 10 年的经营成本为 1800 万元（含进项税），设计生产能力为 50 万件，含税销售价格 56.5 元/件，增值税税率为 13%，增值税附加税税率为 10%。产品固定成本占含税年总成本的 40%（固定成本不包含可抵扣进项税，可变成本中包含的进项税占不含税可变成本的 10%）。

问　题

1. 列式计算固定资产年折旧额及无形资产摊销费，并按表 9-2 所列项目填写相应数字。

表 9-2　项目建设投资还本付息及固定资产折旧、摊销费用

序　号	名称	年序							
		1	2	3	4	5	6	7	8 ~ 10
1	年初累计借款余额								
2	当年借款								
3	本年应计利息								
4	本年应还本金								
5	本年应还利息								
6	当年折旧费								
7	当年摊销费								

2. 列式计算计算期末固定资产余值。

3. 列式计算计算期第 3 年、第 4 年、第 8 年的含税总成本费用。

4. 以计算期第 4 年的数据为依据，列式计算年产量盈亏平衡点，并据此进行盈亏平衡分析。

（除问题 4 计算结果保留两位小数外，其余各题计算结果均保留三位小数）

综合分析

本案例考查的核心内容是项目建设投资还本付息及固定资产折旧、摊销费用表的编制，综合了项目建设投资还本付息及固定资产折旧、摊销费用表的编制，固定资产余值的计算，总成本费用的计算，年产量盈亏平衡点的计算及盈亏平衡分析等相关知识点。

问题 1：

【答案】 建设期利息 $=\frac{1}{2}\times800\times6\%$ 万元 =24 万元。

固定资产年折旧额 =[(2800+24)×85%×(1−5%)]万元/10 年 =228.038 万元/年。

无形资产摊销费 =(2800+24)万元×15%/5 年 =84.720 万元/年。

计算结果见表 9-3。

表 9-3 项目建设投资还本付息及固定资产折旧、摊销费用计算结果（单位：万元）

序号	名称	年序							
		1	2	3	4	5	6	7	8~10
1	年初累计借款余额			824.000	659.200	494.400	329.600	164.800	
2	当年借款		800.000						
3	本年应计利息		24.000	49.440	39.552	29.664	19.776	9.888	
4	本年应还本金			164.800	164.800	164.800	164.800	164.800	
5	本年应还利息			49.440	39.552	29.664	19.776	9.888	
6	当年折旧费			228.038	228.038	228.038	228.038	228.038	228.038
7	当年摊销费			84.720	84.720	84.720	84.720	84.720	

【要点解析】 本案例问题 1 涉及固定资产折旧、利息计算、无形资产摊销费计算。

（1）固定资产折旧：在历年案例分析题考试中，关于固定资产折旧的计算，一般都是采用年限平均法进行。采用年限平均法折旧的计算公式如下：

$$\text{年折旧率}=\frac{1-\text{预计净残值率}}{\text{折旧年限}}\times100\%$$

$$\text{年折旧额}=\text{固定资产原值}\times\text{年折旧率}$$

（2）利息计算：利息支出的估算包括长期借款利息（就是建设投资借款在投产后所需要支付的利息）、流动资金的借款利息、短期借款利息（在考试中一般不涉及）。

1）建设投资借款利息：一般是长期借款。建设投资借款还本付息方式见表 9-4。

表 9-4 建设投资借款还本付息方式

项目	内容
等额还本付息方式	计算公式： $$A=I_c\frac{i(1+i)^n}{(1+i)^n-1}$$ 式中，A 为每年还本付息额（等额年金）；I_c 为还款起始年年初的借款余额（含未支付的建设期利息）；i 为年利率；n 为预定的还款期；$\frac{i(1+i)^n}{(1+i)^n-1}$ 为资金回收系数，可以自行计算或查复利系数表 其中，每年支付利息 = 年初借款余额 × 年利率；每年偿还本金 = A − 每年支付利息；年初借款余额 = I_c − 本年以前各年偿还的借款累计
等额还本、利息照付方式	计算公式： $$A_t=\frac{I_c}{n}+I_c\left(1-\frac{t-1}{n}\right)i$$ 式中，A_t 为第 t 年还本付息额；$\frac{I_c}{n}$ 为每年偿还本金额；$I_c\left(1-\frac{t-1}{n}\right)i$ 为第 t 年支付利息额 其中，每年支付利息 = 年初借款余额 × 年利率

2）流动资金借款利息：流动资金借款利息 = 当年年初流动资金借款余额 × 相应的借款年利率。

（3）无形资产摊销费：一般采用年限平均法，不计残值。

问题 2：

【答案】 计算期末的固定资产余值：[（2800 + 24）× 85% − 228.038 ×（10 − 2）] 万元 = 576.096 万元

或 [228.038 ×（10 − 8）+（2800 + 24）× 85% × 5%] 万元 = 576.096 万元。

【要点解析】 本案例问题 2 考查了固定资产余值的计算。在对固定资产余值计算时，有些考生分不清固定资产余值和残值，要注意区分。

问题 3：

【答案】 第 3 年总成本费用：（1500 + 228.038 + 84.720 + 49.440）万元 = 1862.198 万元。

第 4 年总成本费用：（1800 + 228.038 + 84.720 + 39.552）万元 = 2152.310 万元。

第 8 年总成本费用：（1800 + 228.038）万元 = 2028.038 万元。

【要点解析】 本案例问题 3 考查了总成本费用的计算。总成本费用估算方法包括生产成本加期间费用法、生产要素估算法（一般考查该方法）。采用生产要素估算法估算总成本费用的公式为

总成本费用 = 外购原材料、燃料及动力费 + 工资或薪酬 + 折旧费 +
摊销费 + 修理费 + 利息支出 + 其他费用

注意，使用该公式需注意以下几点：

（1）经营成本 = 外购原材料费 + 外购燃料及动力费 + 工资或薪酬 + 修理费 + 其他费用，因此总成本费用 = 经营成本 + 折旧费 + 摊销费 + 利息支出。

（2）外购原材料费、燃料及动力费、计件工资是可变成本，其他内容可以看作是固定成本。

（3）上式中的折旧费（固定资产原值）、摊销费、利息支出都要会计算。

（4）投资估算中计算的是建设期利息，就是债务资金在建设期内发生的利息。而总成本费用估算中的利息是运营期支付的利息，就是建设投资借款在运营期初的余额（含未支付的建设期利息）应在运营期支付的利息。

问题 4：

【答案】（1）设运营期第 2 年（计算期第 4 年）的产量盈亏平衡点为 x 万件：

①年固定成本：2152.31 × 40% 万元 = 860.924 万元。

②年可变成本：2152.31 × 60% 万元 = 1291.386 万元。

③单件产品含税可变成本：（1291.386/50）元/件 = 25.828 元/件。

解法一：含税计算

$56.5x-(56.5x/1.13\times13\%-25.828x/1.1\times10\%)\times1.1-860.924-25.828x=0$

解得：$x=32.98$ 万件。

解法二：不含税计算

$56.5x/1.13-(56.5x/1.13\times13\%-25.828x/1.1\times10\%)\times0.1-860.924-25.828x/1.1=0$

解得：$x=32.98$ 万件。

（2）盈亏平衡分析：

①当项目产量 = 32.98 万件时，项目盈亏平衡。

②当项目产量 < 32.98 万件时，项目亏损。

③当项目产量 > 32.98 万件时，项目盈利。

④生产能力利用率达到 32.98 × 100%/50 = 65.96% 时，项目达到盈亏平衡。

说明项目适应能力和抗风险能力较强。

【要点解析】本案例问题4考查的是年产量盈亏平衡点的计算及盈亏平衡分析。依据运营期第4年的总成本费用、固定成本与可变成本的分布比例、销售价格、设计生产能力等数据计算盈亏平衡点。

考点3 偿债能力分析

例：某企业拟进行改扩建，采用增量法进行财务分析。项目建设期2年，生产期10年。建设期两年内投资比例均为50%。项目建设投资30亿元，其中固定资产27亿元，无形资产3500万元，其他资产550万元，基本预备费25950万元。

生产期第一年生产负荷为90%，之后各年均达产。达产年流动资金1.5亿元（投产年流动资金1.39亿元）。固定资产折旧年限15年，采用年限平均法折旧，净残值率为3%。无形资产和其他资产原值按6年平均摊销，余值为零。达产年营业收入15亿元，经营成本6.5亿元（其中固定成本1.3亿元），税金及附加1100万元。

各年建设投资及流动资金中资本金所占比例为30%，其余70%为借款，建设期借款年利率5%，按年计息。借款在各年内均匀投入，建设期不考虑本金和利息支付，建设期所产生的利息在建设期结束时计入借款本金。借款在生产期前6年采用等额还本、利息照付的方式偿还。流动资金在各年年初投入，流动资金借款年利率4%。

除特殊说明外，上述数值不含增值税。假定项目建设期内投资增值税由老厂抵扣，不考虑投资增值税影响。项目现金流量年末发生。

问　题

1. 计算项目建设期利息。
2. 分别计算项目生产期前两年的应付利息。
3. 分别计算项目生产期前两年的利息备付率。
4. 判断项目借款偿还期后4年利息备付率走势，并说明理由。
5. 结合上述计算与分析，初步判别项目的偿债能力。除利息备付率外，偿债能力分析指标有哪些？（列出计算过程，除问题3保留两位小数外，其他计算结果保留整数）

综合分析

本案例是2021年真题，是一道典型的工程项目投资估算与工程项目财务分析结合起来考查的案例，主要涉及项目建设期利息计算、建设投资借款利息的计算、偿债能力分析的内容，考生要注意前述知识点的掌握。

问题1：

【答案】项目建设期利息计算：

（1）项目建设期第1年借款 = 300000 × 50% ×（1 − 30%）万元 = 105000万元。

（2）项目建设期第1年利息 =（105000/2）万元 × 5% = 2625万元。

（3）项目建设期第2年借款 = 项目建设期第1年借款 = 105000万元。

（4）项目建设期第2年利息 =（105000 + 2625 + 105000/2）万元 × 5% = 8006万元。

（5）项目建设期利息 = 项目建设期第1年利息 + 项目建设期第2年利息 =（2625 + 8006）万元 = 10631万元。

【要点解析】本案例问题1主要考查了项目建设期利息的计算，本考点属于高频考点，相关公式考生要牢记。

问题2：

【答案】按利息照付的方式计算项目生产期前两年的应付利息：

（1）生产期第1年年初的长期借款本金 =（105000 + 105000 + 10631）万元 = 220631万元。

（2）生产期第1年年初的流动资金借款本金 = 13900万元 × 70% = 9730万元。

（3）生产期第1年应付利息 = 生产期第1年长期借款应付利息 + 生产期第1年流动资金借款应付利息 = (220631 × 5% + 9730 × 4%)万元 = 11421万元。

（4）生产期第2年年初的流动资金借款本金 = 15000万元 × 70% = 10500万元。

（5）生产期第2年应付利息 = 生产期第2年长期借款应付利息 + 生产期第2年流动资金借款应付利息 = (220631 × (5/6) × 5% + 10500 × 4%)万元 = 9613万元。

【要点解析】 本案例问题2主要考查了建设投资借款利息的计算。由背景资料可知：借款在生产期前6年采用等额还本、利息照付的方式偿还，因此采用以下公式：

$$A_t = \frac{I_c}{n} + I_c \times \left(1 - \frac{1-1}{n}\right) \times i$$

问题3：

【答案】 利息备付率计算公式为

$$利息备付率 = \frac{息税前利润}{应付利息额}$$

息税前利润 = 利润总额 + 支付的全部利息 = 营业收入 − 税金及附加 − 经营成本 − 折旧和摊销

应付利息额 = 计入总成本费用的全部利息 = 长期借款利息 + 流动资金的借款利息 + 短期借款利息

生产期第1年的经营成本 = 13000 + (65000 − 13000)万元 × 90% = 59800万元。

生产期第1年的营业收入 = 150000万元 × 90% = 135000万元。

生产期第1年的税金及附加 = 1100万元 × 90% = 990万元。

注：固定资产原值 = 固定资产费用 + 基本预备费 + 涨价预备费 + 建设期利息 − 可抵扣固定资产进项税额。项目建设投资30亿元，其中固定资产27亿元，无形资产3500万元，其他资产550万元，基本预备费25950万元。(27 + 0.35 + 0.055 + 2.595)亿元 = 30亿元，故涨价预备费为零。“假定项目建设期内投资增值税由老厂抵扣，不考虑投资增值税影响”，故可抵扣固定资产进项税额为零。

生产期第1年和第2年每年的固定资产折旧额 = [(270000 + 25950 + 10631) × (1 − 3%)]/15万元 = 19826万元。

生产期第1年和第2年每年的摊销额 = (3500 + 550)/6万元 = 675万元。

生产期第1年息税前利润 = 营业收入 − 税金及附加 − 经营成本 − 折旧和摊销 = (135000 − 990 − 59800 − 19826 − 675)万元 = 53709万元。

生产期第1年的利息备付率 = 53709/11421 = 4.70。

生产期第2年息税前利润 = 营业收入 − 税金及附加 − 经营成本 − 折旧和摊销 = (150000 − 1100 − 65000 − 19826 − 675)万元 = 63399万元。

生产期第2年的利息备付率 = 63399/9613 = 6.60。

【要点解析】 本案例问题3主要考查了偿债能力分析指标的计算。对于一般项目的偿债能力分析，偿债指标包括利息备付率、偿债备付率、资产负债率。对于改扩建项目的偿债能力分析，有项目层次的借款偿还能力分析，偿债指标包括利息备付率、偿债备付率；企业层次的借款偿还能力分析，偿债指标还包括资产负债率、速动比率、流动比率。在案例考试中，关于偿债能力分析中一般考查的是利息备付率、偿债备付率这两个指标，下面将这两个指标的计算公式进行说明，其余指标计算公式考生自行复习。

（1）利息备付率 = 息税前利润/应付利息额。

注意：该指标至少应大于1，一般不宜低于2。该指标高，说明利息支付的保证度大，偿债风险小；该指标低于1，说明没有足够资金支付利息，偿债风险很大。

(2) 偿债备付率 =(息税折旧摊销前利润 - 所得税)/应还本付息额。

注意：该指标至少应大于1，一般不宜低于1.3。该指标低，说明偿付债务本息的资金不足，偿债风险大。该指标小于1，说明可用于计算还本付息的资金不足以偿付当年债务。

问题4：

【答案】项目借款偿还期后4年利息备付率将逐年增大。

理由：借款偿还期后4年的息税前利润均与生产期第2年相同，而长期借款利息逐年下降，导致应付利息额逐年下降，所以利息备付率将逐年增大。

【要点解析】本案例问题4主要考查了偿债能力分析指标分析，考生根据背景资料结合问题3的计算过程进行分析。

问题5：

【答案】对于正常经营的企业，利息备付率至少应大于1，一般不宜低于2。本项目利息备付率最低为4.7远远大于2，具有较强的偿债能力，偿债风险较小。

除利息备付率外，偿债能力分析指标还包括偿债备付率、资产负债率、流动比率、速动比率。

【要点解析】本案例问题5主要考查了偿债能力分析指标分析。本题包括两个小问，第一个小问需要进行利息备付率指标分析，第二个小问以补充题的形式考查了改扩建项目偿债能力分析指标。

四、本章真题实训

【2019年真题】

某企业拟筹措资金实施一技术改造项目，内容为新建一套加工装置，该装置建设投资25000万元，计算期6年(建设期1年，运营期5年)，新装置所需流动资金5000万元，全部运营期第1年投入。假设该装置投资所含增值税可在其建设期内原企业抵扣，忽略其带来的影响。新装置拟利用企业原投资1500万元建成的目前处于闲置状态的地下管道，并利用企业一处闲置临时厂房，该厂房出售，买方出价2200万元。预计在新装置建设期内停减产损失1000万元，新装置投产后年销售收入25000万元，年经营成本15000万元。预计受新装置建成投产的影响，原企业年销售收入降低2000万元，年经营成本降低500万元，现金流年末发生，上述数据不含增值税，忽略税金及附加，不考虑余值回收，基准收益率12%。

问　题

1. 该企业作为既有企业，其改扩建项目资本金的来源通常有哪些?
2. 计算项目各年所得税前增量净现金流量。
3. 计算项目所得税前增量净现值，判断项目在财务上是否可行。
4. 判断该项目的财务生存能力是否可行，为什么？项目在财务上可持续的必要条件是什么?

(要求列出计算过程，计算结果保留两位小数)

五、本章真题实训答案

1. 该企业作为既有企业，其改扩建项目资本金的来源通常有企业可用于项目的现金，企业资产、经营权等变现获得的资金、扩充年权益资本、政府财政性资金等。

2. 计算项目各年所得税前增量净现金流量：

(1) 项目计算期第1年：

增量现金流入 =0。

增量现金流出 =(25000 +2200 +1000)万元 =28200 万元。

增量净现金流量 =(0 -28200)万元 = -28200 万元。

(2) 项目计算期第 2 年:

增量现金流入 =(25000 -2000)万元 =23000 万元。

增量现金流出 =(5000 +15000 -500)万元 =19500 万元。

增量净现金流量 =(23000 -19500)万元 =3500 万元。

(3) 项目计算期第 3 ~5 年:

增量现金流入 =(25000 -2000)万元 =23000 万元。

增量现金流出 =(15000 -500)万元 =14500 万元。

增量净现金流量 =(23000 -14500)万元 =8500 万元。

(4) 项目计算期第 6 年:

增量现金流入 =(25000 -2000 +5000)万元 =28000 万元。

增量现金流出 =(15000 -500)万元 =14500 万元。

增量净现金流量 =(28000 -14500)万元 =13500 万元。

3. 计算项目所得税前增量净现值:

$$\left(\frac{-28200}{1+12\%}+\frac{3500}{(1+12\%)^2}+\frac{8500}{(1+12\%)^3}+\frac{8500}{(1+12\%)^4}+\frac{8500}{(1+12\%)^5}+\frac{13500}{(1+12\%)^6}\right)\text{万元}$$

=726.29 万元 >0,在财务上可行。

4. 该项目的财务生存能力可行。

理由:因为运营期内各年净现金流量均为正值。

项目各年所得税前净现金流量见表 9-5。

表 9-5 项目各年所得税前净现金流量 (单位:万元)

项　目	第 1 年	第 2 年	第 3 年	第 4 年	第 5 年	第 6 年
税前净现金流量	-28200	3500	8500	8500	8500	13500

项目在财务上可持续的必要条件:项目有足够的净现金流量维持正常运营,尤其是在项目投产初期;各年累积盈余资金不出现负值。

六、本章同步练习

试题一

某市政府拟建一座污水处理厂,以提高该市的污水处理能力。该市政府委托某咨询机构负责项目的可行性研究工作,该咨询机构提出 A 方案、B 方案,并测算其财务净现金流量,见表 9-6。

表 9-6 A 方案、B 方案财务净现金流量 (单位:万元)

年　序	1	2	3	4 ~10
A 方案净现金流量	-42000	4000	5000	6600
B 方案净现金流量	-36000	3000	5000	5600

在项目经济分析中,甲咨询工程师认为该项目经济费用主要包括项目投资、运算费用、企业所得税、国内利息支出等;经济效益主要包括污水处理费收入、环境改善、促进当地就业等。在项目社会评价中,乙咨询工程师认为该污水处理厂所在地的居民是本项目的利益相关者,应对其进行利益相关者分析。

最后经测算，A 方案经济净现值小于零，B 方案经济净现值大于零。

问 题

1. 计算 A、B 两个方案的财务净现值，判断在财务上是否可行（财务基准收益率取 6%）。复利系数见表 9-7。

2. 甲咨询工程师识别的经济费用和经济效益中，哪些是不正确的?

3. 该项目的社会评价应包括哪些方面的内容？乙咨询工程师的观点是否正确？说明理由。

4. 基于上述财务分析和经济分析的结果，咨询工程师应推荐哪个方案？说明理由。

表 9-7 复利系数

i	n	$(F/P, i, n)$	$(P/F, i, n)$	$(A/P, i, n)$	$(P/A, i, n)$	$(A/F, i, n)$	$(F/A, i, n)$
6%	1	1.0600	0.9434	1.06000	0.9434	1.00000	1.0000
	2	1.1236	0.8900	0.54544	1.8334	0.48544	2.0600
	3	1.1910	0.8396	0.37411	2.6730	0.31411	3.1835
	6	1.4185	0.7050	0.20336	4.9173	0.14336	6.9753
	7	1.5036	0.6651	0.17914	5.5824	0.11914	8.3938

试题二

某企业投资新建一项目，生产一种市场需求较大的产品。项目的基础数据如下：

1. 项目建设投资估算为 1600 万元（含可抵扣进项税 112 万元），建设期 1 年，运营期 8 年。建设投资（不含可抵扣进项税）全部形成固定资产，固定资产使用年限 8 年，残值率 4%，按平均年限法折旧。

2. 项目流动资金估算为 200 万元，运营期第 1 年年初投入，在项目的运营期期末全部回收。

3. 项目资金来源为自有资金和贷款，建设投资贷款利率为 8%（按年计息），流动资金利率为 5%（按年计息）。建设投资贷款的还款方式为运营期前 4 年等额还本、利息照付方式。

4. 项目正常年份的设计产能为 10 万件，运营期第 1 年的产能为正常年份产能的 70%，目前市场同类产品的不含税销售价格为 65 ~ 75 元/件。

5. 项目资金投入、收益及成本等基础测算数据见表 9-8。

6. 该项目产品适用的增值税税率为 13%，增值税附加综合税率为 10%，所得税税率为 25%。

表 9-8 项目资金投入、收益及成本 （单位：万元）

序号	项目	年序					
		1	2	3	4	5	6 ~ 9
1	建设投资 其中：自有资金 贷款本金	1600 600 1000					
2	流动资金 其中：自有资金 贷款本金		200 100 100				
3	年产销量/万件		7	10	10	10	10
4	年经营成本 其中：可抵扣的进项税		210 14	300 20	300 20	300 20	330 25

问　题

1. 列式计算项目的建设期贷款利息及年固定资产折旧额。

2. 若产品的不含税销售单价确定为 65 元/件，列式计算项目运营期第 1 年的增值税、税前利润、所得税、税后利润。

3. 若企业希望项目运营期第 1 年不借助其他资金来源能够满足建设投资贷款还款要求，产品的不含税销售单价至少应确定为多少？

4. 项目运营后期（建设期贷款偿还完成后），考虑到市场成熟后产品价格可能下降，产品单价拟在 65 元的基础上下调 10%，列式计算运营后期正常年份的资本金净利润率。

（计算过程和结果数据有小数的，保留两位小数）

七、本章同步练习答案

试题一

1. A 方案的财务净现值：

FNPA(A) = [−42000(*P/F*, 6%, 1) + 4000(*P/F*, 6%, 2) + 5000(*P/F*, 6%, 3) + 6600(*P/A*, 6%, 7)(*P/F*, 6%, 3)]万元 = −930.71 万元。

B 方案的财务净现值：

FNPA(B) = [−36000(*P/F*, 6%, 1) + 3000(*P/F*, 6%, 2) + 5000(*P/F*, 6%, 3) + 5600(*P/A*, 6%, 7)(*P/F*, 6%, 3)]万元 = −847.29 万元。

由于 A、B 两方案的财务净现值均小于零，表明该项目在财务上不可行。

2. 甲咨询工程师识别的经济费用中不正确的是：企业所得税、国内利息，属于转移支付。

甲咨询工程师识别的经济效益中不正确的是：污水处理费收入。

3. （1）该项目的社会评价应包括的内容：项目的社会影响分析、项目与所在地区的互适性分析、社会风险分析。

（2）乙咨询工程师的观点正确。理由：该污水处理厂所在地的居民会受到本项目的影响，可能会对项目的实施产生影响，应获得他们对项目的支持。

4. 咨询工程师应推荐选择 B 方案，因为该项目属于非经营性项目（或市场配置资源失灵的项目，或公共产品特征的项目，或外部效果显著的项目，或公共基础设施项目），财务分析结果不能作为投资决策的依据，需根据项目方案经济分析结果判断其经济合理性。

试题二

1. 计算项目的建设期贷款利息及年固定资产折旧额：

（1）建设期贷款利息 = 1000 × 1/2 × 8% 万元 = 40 万元。

（2）年固定资产折旧 = $\frac{(1600-112+40)\times(1-4\%)}{8}$ 万元 = 183.36 万元。

2. 计算项目运营期第 1 年的增值税、税前利润、所得税、税后利润：

（1）运营期第 1 年的增值税计算：

①运营期第 1 年的营业收入 = 7 × 10000 × 65/10000 万元 = 455.00 万元。

②运营期第 1 年的销项税 = 455 万元 × 13% = 59.15 万元。

③运营期第 1 年的增值税 = (59.15 − 14 − 112)万元 = −66.85 万元 < 0。

[或运营期第 1 年的增值税 = (7 × 10000 × 65/10000 × 13% − 14 − 112)万元 = −66.85 万元 < 0；

运营期第 1 年的增值税 = (10 × 10000 × 65/10000 × 70% × 13% − 14 − 112)万元 = −66.85 万元 < 0]

④因此运营期第 1 年的应纳增值税为零，增值税附加为零。

（2）运营期第 1 年的税前利润计算：

运营期第 1 年税前利润（利润总额）= 销售收入（不含税）- 总成本费用（不含税）- 增值税附加

①销售收入（不含税）= 455.00 万元。

②总成本费用（不含税）= 经营成本 + 折旧费 + 摊销费 + 利息支出 =（210 − 14）万元 + 183.36 万元 + 0 + [（1000 + 40）× 8% + 100 × 5%]万元 = 467.56 万元。

③税前利润 =（455.00 − 467.56 − 0）万元 = −12.56 万元。

[或运营期第 1 年的税前利润 = [7 × 10000 × 65/10000 −（210 − 14）− 183.36 −（1000 + 40）× 8% − 100 × 5%]万元 =（455 − 196 − 183.36 − 83.2 − 5）万元 = −12.56 万元；

运营期第 1 年的税前利润 = [65 × 10 × 10000 × 70%/10000 −（210 − 14）− 183.36 −（1000 + 40）× 8% − 100 × 5%]万元 = −12.56 万元]。

（3）运营期第 1 年的税前利润 −12.56 万元 < 0，因此，所得税为零。

（4）税后利润为 −12.56 万元。

3. 偿债备付率 = 1。

设产品的不含税销售单价为 x，则

$$[(7x - 467.56) + 88.2 + 183.36 - (7x - 467.56) \times 25\%] / (260 + 88.2) = 1$$

解得：x = 81.39 元/件。

4. 计算运营后期正常年份的资本金净利润率：

（1）运营期第 5 年时，建设投资中的可抵扣进项税（112 万元）已经全部抵扣完。故运营后期正常年份的增值税附加 = [10 × 10000 × 65/10000 ×（1 − 10%）× 13% − 25] × 10% 万元 = 51.05 万元 × 10% = 5.105 万元。

（2）运营后期正常年份的净利润 = [10 × 10000 × 65/10000 ×（1 − 10%）−（330 − 25）− 183.36 − 100 × 5% − 5.105]万元 ×（1 − 25%）= 86.535 万元 ×（1 − 25%）= 64.90 万元。

（3）运营后期正常年份的资本金净利润率 = 64.90 × 100%/（600 + 100）= 9.27%。

第十章
工程项目经济分析

一、本章核心考点分布

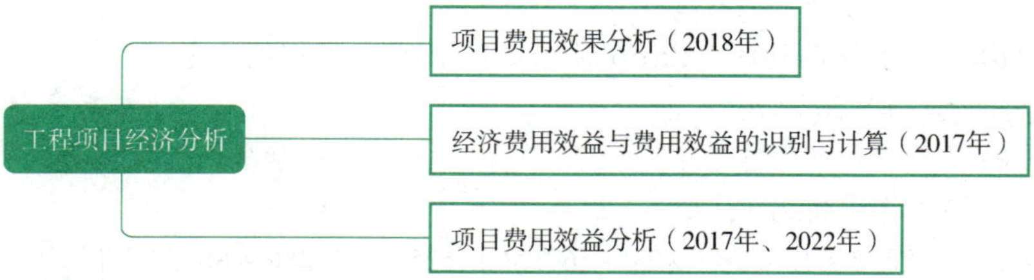

二、专家剖析考点

1. 本章内容属于本书的重点内容之一，可与财务分析一起结合出题，也可与《项目决策分析与评价》考查项目经济比选，也可以单独进行考查，考查的难点在于财务分析的基础上调整计算进行经济分析。

2. 本章内容比较繁杂，尤其是投入产出经济价格的确定，做题时首先要明晰货物属于哪种类型，然后选择正确的方法；在财务分析基础上调整编制经济分析报表也是一个重点，需要调整的内容较多，考生必须把应当调整的内容记住。

3. 本章内容虽多，但是考查难度不大，计算量较为适中，考生要在进行案例演练的过程中把相关的内容都理解透彻，公式要记牢。在回答案例问题的时候，要有清晰的思路，进行计算时，能分步的尽量分步，不要写一个总的式子进行计算。

4. 工程项目经济分析的命题方式：

（1）效益流量（现金流入）、费用流量（现金流出）：①直接进行效益和费用流量的识别和计算；②在财务分析项目投资现金流量表基础上进行调整。

（2）计算项目经济净现值（ENPN）。

5. 经济费用效益分析的指标计算、报表及编制方法，直接效益与直接费用，间接效益与间接费用，项目费用效果分析的概念及应用，经济效益与费用的识别要求、估算原则，投入产出经济价格（影子价格）的明确等内容属于重点内容，相关理论性的知识及要点考生要熟悉并牢记。

6. 投资项目经济影响分析考生做一般了解即可。

三、本章核心考点必刷题

考点 1　项目费用效果分析

例：某市拟对城市环境污染问题进行治理，委托一家咨询公司进行项目策划。

咨询公司策划在该市的四个区建设 A、B、C、D 共 4 个相互独立的项目，各项目计算期相同，效果均为受益人数，费用均为项目实施的全部费用，项目费用和效果数值见表 10-1。设定费用效果比的基准为 200 元/人。

表 10-1　项目费用和效果数值

项　目	A	B	C	D
费用/万元	3000	6000	6800	9500
效果/万人	18.5	33.4	36.7	45

在项目比选时，甲咨询工程师认为：上述项目均符合基本指标条件；乙咨询工程师认为：对上述项目的比选除采用费用效果分析方法外，也可采用费用效益分析方法；丙咨询工程师认为，对上述项目的比选还应包括治理前及治理后环境指标变化情况的对比。

问　题

1. 甲咨询工程师的观点是否正确，为什么？
2. 乙咨询工程师的观点是否正确，为什么？费用效果分析的基本方法有哪些？
3. 如果该项目费用限额为 1 亿元，用费用效果分析方法选出最优实施方案。

(要求列出计算过程，计算结果保留两位小数)

综合分析

本案例是一个典型的经济项目费用效果分析与方案比选相结合的案例，主要涉及的考点包括费用效果分析方法、方案比选的评价内容。

问题 1：

【答案】 甲咨询工程师的观点不正确。

理由：项目 A 费用效果比 3000 万元/18.5 万人 = 162.16 元/人 < 200 元/人，符合指标条件。

项目 B 费用效果比 6000 万元/33.4 万人 = 179.64 元/人 < 200 元/人，符合指标条件。

项目 C 费用效果比 6800 万元/36.7 万人 = 185.29 元/人 < 200 元/人，符合指标条件。

项目 D 费用效果比 9500 万元/45 万人 = 211.11 元/人 > 200 元/人，不符合指标条件。

因此，甲咨询工程师的观点不正确。

【要点解析】 本案例问题 1 主要考查了费用效果分析基本指标。通过比较四个项目的费用效果比，就可判断甲咨询工程师的观点是否正确。费用效果比 $R_{C/E} = C/E$；效果费用比 $R_{E/C} = E/C$。

问题 2：

【答案】 乙咨询工程师的观点正确。

理由：费用效果既可用于财务分析又可用于经济分析。

费用效果分析基本方法有最小费用法、最大效果法、增量分析法等。

【要点解析】 本案例问题 2 考查了费用效益分析的分析方法。费用效果分析既可以应用于财务现金流量，也可以用于经济费用效益流量。费用效果分析方法包括最小费用法（在效果相同的条件下，应选取费用最小的备选方案）、最大效果法（在费用相同的条件下，应选取效果最大的备选方案）、增量分析法（当效果与费用均不固定，且分别具有较大幅度的差别时，应比较两个备选方案之间的费用差额和效果差额，分析获得增量效果所付出的增量费用是否值得，不可盲目选择效果费用比 $R_{E/C}$ 大的方案或费用效果比 $R_{C/E}$ 小的方案）。

问题 3：

【答案】（1）如果该项目费用限额为 1 亿元，则 A、B、C、D 四个方案可以进行组合：

1）A + B：费用为(3000 + 6000)万元 = 9000 万元，效果：(18.5 + 33.4)万人 = 51.9 万人，费

用效果比 = 9000 万元/51.9 万人 = 173.41 元/人。

2）A + C：费用为(3000 + 6800)万元 = 9800 万元，效果：(18.5 + 36.7)万人 = 55.2 万人，费用效果比 = 9800 万元/55.2 万人 = 177.54 元/人。

方案费用效果比计算表见表 10-2。

表 10-2　方案费用效果比计算表

项　目	A	B	C	D	A + B	A + C
费用/万元	3000	6000	6800	9500	9000	9800
效果/万人	18.5	33.4	36.7	45	51.9	55.2
费用效果比/(元/人)	162.16	179.64	185.29	211.11	173.41	177.54

（2）D 方案费用效果比明显高于基准值，不符合备选方案的条件，应予放弃。

（3）A、B、C、A + B、A + C 等方案费用效果比都低于基准值，符合备选方案的条件。

（4）下面采用增量分析法进行比较：

1）计算 A 和 B 两个方案的增量费用效果比：

$(\Delta C/\Delta E)_1$ = (6000 − 3000)万元/(33.4 − 18.5)万人 = 201.34 元/人 > 200 元/人

若 $\Delta C/\Delta E \leqslant [C/E]_0$ 时可以选择费用高的方案，否则选择费用低的方案。因此选择 A 方案。

2）计算 A 和 C 两个方案的增量费用效果比：

$(\Delta C/\Delta E)_2$ = (6800 − 3000)万元/(36.7 − 18.5)万人 = 208.19 元/人 > 200 元/人

若 $\Delta C/\Delta E \leqslant [C/E]_0$ 时可以选择费用高的方案，否则选择费用低的方案。因此选择 A 方案。

3）计算 B 和 C 两个方案的增量费用效果比：

$(\Delta C/\Delta E)_3$ = (6800 − 6000)万元/(36.7 − 33.4)万人 = 242.42 元/人 > 200 元/人

若 $\Delta C/\Delta E \leqslant [C/E]_0$ 时可以选择费用高的方案，否则选择费用低的方案。因此选择 B 方案。但是，当 A 方案与 B 方案比选时，A 方案较优。

4）计算 A 和 A + B 两个方案的增量费用效果比：

$(\Delta C/\Delta E)_4$ = (9000 − 3000)万元/(51.9 − 18.5)万人 = 179.64 元/人 < 200 元/人

若 $\Delta C/\Delta E \leqslant [C/E]_0$ 时可以选择费用高的方案，否则选择费用低的方案。因此选择 A + B 方案。

5）计算 A + B 和 A + C 两个方案的增量费用效果比：

$(\Delta C/\Delta E)_5$ = (9800 − 9000)万元/(55.2 − 51.9)万人 = 242.42 元/人 > 200 元/人

若 $\Delta C/\Delta E \leqslant [C/E]_0$ 时可以选择费用高的方案，否则选择费用低的方案。因此选择 A + B 方案。

综上所述，如果该项目费用限额为 1 亿元，用费用效果分析方法选出最优实施方案是 A + B 两个方案的组合。

【要点解析】本案例问题 3 主要考查了费用效果分析方案比选。通过费用效果分析，选出最优方案。

考点 2　经济费用效益与费用效益的识别与计算、项目费用效益分析

例：某市拟对一条高速公路进行拓宽改造，委托一家咨询公司进行项目的可行性研究工作。咨询公司设计了 A、B、C 共 3 个方案，各方案建设期均为 2 年，运营期均为 18 年。通过市场调研，预测 A 方案的增量经济费用效益相关数据见表 10-3。

表 10-3　预测 A 方案的增量经济费用效益相关数据　　（单位：万元）

年　份	1	2	3	4	5～20
建设投资	30000	20000			
运营费用			640	720	800

（续）

年　份	1	2	3	4	5～20
运输成本降低			2000	2250	2500
时间节约			4000	4500	5000
交通事故减少			80	90	100
诱增交通量效益			240	270	300
外部费用			1500	1500	1500
回收固定资产余值					20000（仅第20年）

注：项目资金流量按年末发生计，社会折现率为8%。

与A方案相比，B方案建设期每年投资可减少2000万元，但运营期每年需增加外部费用500万元；C方案建设期每年投资需增加1500万元，但每年可节省运营费用400万元，B、C方案其他增量经济费用效益数据与A方案相同。

甲咨询工程师认为，由于该项目长达20年，在进行经济费用效益分析时，应该考虑通货膨胀因素。乙咨询工程师认为，该项目的增量效益还应该包括当地GDP的增长。丙咨询工程师认为，对该项目的经济费用效益分析还应该进行盈亏平衡分析和敏感性分析。

问　题

1. 判断甲咨询工程师的观点是否正确，并说明理由。
2. 判断乙咨询工程师的观点是否正确，并说明理由。
3. 判断丙咨询工程师的观点是否正确，并说明理由。
4. 计算增量经济净现值并推荐最优方案。

（要求列出计算过程，计算结果保留整数。复利系数表见表10-4）

表10-4　复利系数表

i	8%					
n	2	10	12	14	16	18
$P/A, i, n$	1.7833	6.7101	7.5361	8.2442	8.8514	9.3719

综合分析

本案例重点考查项目费用效果分析的相关知识点。本案例考查了经济效益与费用的识别与计算、增量效果分析、盈亏平衡分析、项目费用效益分析。

费用效果分析是工程项目经济分析中的重点与难点。该考点在考试中会与经济效益和费用的识别、经济合理性分析等考点结合在一起进行综合性考查，考生要把相关公式牢记并掌握，在计算时要一项一项地计算，切记能分项计算的，尽量不要写综合类型的计算式。有时案例题中会出现在财务分析数据基础上进行净效益流量以及项目经济净现值的计算，虽然内容较多，但考查难度不是很大，计算量适中。有时案例题中会让考生在财务分析数据基础上数据调整并编制项目投资经济费用效益流量表，因需要调整的内容较多，难免会有遗漏，所以考生必须把调整的内容记清。

问题1：

【答案】 甲咨询工程师的观点不正确。

理由：经济费用效益分析时，不应考虑通货膨胀。

【要点解析】 本案例问题1考查的是经济效益与费用的识别与计算。在对工程项目进行经济分析时，应对所有效益和费用采用反映资源真实价值的实际价格进行计算，而通货膨胀因素的影响不考虑，但可考虑相对价格变动。

问题2：

【答案】乙咨询工程师的观点不正确。

理由：该项目的增量效益只包括当地实际GDP的增长，不包括名义GDP的增长。

【要点解析】对于本案例问题2的解答，需要考生知道GDP包含的内容。GDP（国内生产总值）包括名义GDP（用实际市场价格来衡量GDP）和实际GDP（按固定价格或不变价格来计算）。监测一国的增长情况采用实际GDP来监测。因此，在本案例中项目的增量效益只包括当地实际GDP的增长，不包括名义GDP的增长。

问题3：

【答案】丙咨询工程师的观点不正确。

理由：盈亏平衡分析只适宜在财务分析中应用，不能用于经济分析。

【要点解析】对于本案例问题3，主要考查了盈亏平衡分析的适用范围。盈亏平衡分析只适宜在财务分析中应用，不能用于经济分析。

问题4：

【答案】推荐最优方案为：C方案。

理由：A方案的 $ENPV_1=[-30000\times(1+8\%)^{-1}-20000\times(1+8\%)^{-2}+(2000+4000+80+240-640-1500)\times(1+8\%)^{-3}+(2250+4500+90+270-720-1500)\times(1+8\%)^{-4}+(2500+5000+100+300-800-1500)(P/A,i,16)\times(1+8\%)^{-4}+20000\times(1+8\%)^{-20}]$ 万元 $=2712.77$ 万元。

B方案的 $ENPV_2=[-(30000-2000)\times(1+8\%)^{-1}-(20000-2000)\times(1+8\%)^{-2}+(2000+4000+80+240-640-2000)\times(1+8\%)^{-3}+(2250+4500+90+270-720-2000)\times(1+8\%)^{-4}+(2500+5000+100+300-800-2000)(P/A,i,16)\times(1+8\%)^{-4}+20000\times(1+8\%)^{-20}]$ 万元 $=2261.84$ 万元。

C方案的 $ENPV_3=[-(30000+1500)\times(1+8\%)^{-1}-(20000+1500)\times(1+8\%)^{-2}+(2000+4000+80+240-240-1500)\times(1+8\%)^{-3}+(2250+4500+90+270-320-1500)\times(1+8\%)^{-4}+(2500+5000+100+300-400-1500)(P/A,i,16)\times(1+8\%)^{-4}+20000\times(1+8\%)^{-20}]$ 万元 $=3251.83$ 万元。

因为C方案的 $ENPV_3$ 最大，所以C方案最优。

【要点解析】本案例问题4主要考查项目费用效益分析。在经济费用效益分析中，一般会考查费用和效益流量识别与估算，然后完成经济费用效益分析报表的编制，还有可能会考查报表评价指标的计算（图10-1），最后进行经济效率分析，并判断其经济合理性。

项目费用效益分析报表主要包括：①项目投资经济费用效益流量表；②建设投资调整估算表；③流动资金调整估算表；④营业收入调整估算表；⑤经营费用调整估算表。①属于主要报表，②③④⑤属于辅助报表，在考试中大多数的情况下考查主要报表，辅助报表的相关内容考生做了解即可。

项目投资经济费用效益流量表的内容包括：

（1）效益流量：①项目直接效益+②回收资产余值+③回收流动资金+④项目间接效益

（2）费用流量：⑤建设投资+⑥流动资金+⑦经营费用+⑧项目间接费用

（3）净效益流量：（1）效益流量－（2）费用流量

项目投资经济费用效益流量表计算的指标包括项目投资经济净现值（i_s），项目投资经济内部收益率。

项目投资经济费用效益流量表的编制方式也是考生需要掌握的内容。其编制方式包括：①直接进行效益和费用流量的识别和计算，编制报表；②在财务分析项目投资现金流量表基础上调整编制报表。前述报表编制方式、要点内容考生要对教材多加熟悉，并结合实际案例进行演练。在财务分析项目投资现金流量表基础上调整编制报表这种方式在2018年考试中进行了考查，因此考生要重视。

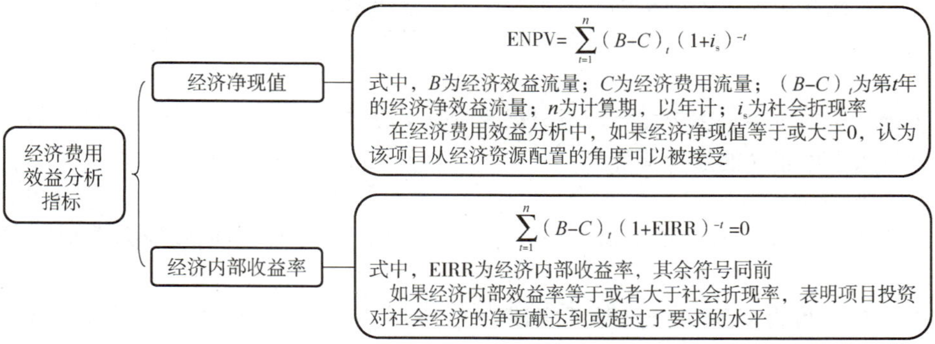

图 10-1　经济费用效益分析指标

四、本章真题实训

【2022年真题】

某地方政府拟引进社会资本建设一个大型滑雪场，作为省冬运会配套项目。甲咨询公司接受委托进行可行性研究，提出了A、B两个建设方案，并进行了经济评价。

A、B两方案的建设期均为1年，经营期为8年，期满后无偿移交给当地政府。基于所得税前财务基准收益率8%进行测算，方案A、方案B的项目投资所得税前财务净现值分别为－800万元和1000万元。

项目建成后，当地居民通过为该滑雪场提供配套服务，预计方案A、方案B每年可得到的净收益为900万元和520万元。

假定财务数据能够体现相应的经济价值，无须调整，社会折现率为8%。以上各项数据均不考虑其他税金影响。

问　题

1. 在项目投资现金流量表的基础上调整编制经济费用效益流量表时，一般应剔除的内容是什么？

2. 为达到社会资本对项目投资所得税前内部收益率8%的要求，当地政府是否需要对两个方案进行补贴？说明理由。如需资金补贴，项目经营期内每年应等额补贴多少万元？

3. 分别计算两个方案的经济净现值，并据此提出推荐方案，说明理由。

4. 在不考虑政府补贴的情况下，从社会资本的角度提出推荐方案，并说明理由。

（计算部分要求列出计算过程，计算结果保留整数。复利系数见表10-5）

表10-5　复利系数

i	8%					
n	5	6	7	8	9	10
(*P*/*A*, *i*, *n*)	3.9927	4.6229	5.2064	5.7466	6.2469	6.7101
(*A*/*P*, *i*, *n*)	0.2505	0.2163	0.1921	0.1740	0.1601	0.1490
(*P*/*F*, *i*, *n*)	1.4693	1.5869	1.7138	1.8509	1.9990	2.1589

五、本章真题实训答案

1. 在项目投资现金流量表的基础上调整编制经济费用效益流量表时，一般应剔除的内容有：

（1）属于转移支付的内容，如国家对项目的各种补贴、向国家支付的大部分税金、国内借款利息。

（2）流动资金估算中不属于社会资源消耗的应收、应付、预收、预付款项和现金部分。

（3）建设投资中包含的涨价预备费。

2. 内部收益率为8%：

（1）方案A项目投资所得税前财务净现值为 -800 万元<0，当地政府需要对A方案进行补贴。

（2）方案B项目投资所得税前财务净现值为1000万元>0，当地政府不需对B方案进行补贴。

设项目经营期内每年年末应等额补贴 N 万元，则 $N\times(P/A,\ 8\%,\ 8)\times(P/F,\ 8\%,\ 1)-800=0$

解得：$N=150$ 万元，所以项目经营期内每年年末应等额补贴150万元。

3. A方案的经济净现值 = -800 万元 + 900 万元 × (P/A, 8%, 8) × (P/F, 8%, 1) = 3989 万元

B方案的经济净现值 = 1000 万元 + 520 万元 × (P/A, 8%, 8) × (P/F, 8%, 1) = 3767 万元

A方案的经济净现值 > B方案的经济净现值 > 0，推荐A方案。

理由：因为该项目为某地方政府建设的为省冬运会配套的大型滑雪场项目，属于产出具有公共产品特征的项目，应进行经济分析，根据经济分析结果判断其经济合理性，作为投资决定的依据；不能以财务分析结果来判断项目可行性。

4. 在不考虑政府补贴的情况下，从社会资本的角度，推荐B方案。

理由：从社会资本的角度推荐方案，应根据项目的财务可行性，作为判断标准。基于所得税前财务基准收益率8%进行测算，方案A的项目投资所得税前财务净现值为 -800 万元<0，方案A不可行。方案B的项目投资所得税前财务净现值为1000万元>0，方案B可行。故推荐B方案。

六、本章同步练习

试题一

国家提出要建设一个针对特定灾害的防灾预警系统，以减少灾害损失。共有3个互斥的建设方案，寿命期均为20年。根据统计资料分析及专家论证，如果不建造该预警系统，预期未来每年灾害经济损失为120亿元；如果建造该防灾预警系统，除需要初始投资外，每年还需要支付系统维护费用，但可降低每年预期灾害损失。各方案的初始投资、每年运营维护费用及预期年损失等资料见表10-6。设定基准收益率为8%。复利系数见表10-7。

表10-6　各方案初始投资、费用及预期年损失　（单位：亿元）

方　案	初始投资	年运营维护费用	预期年损失
1	120	12	70
2	210	20	90
3	250	30	30

表 10-7　复利系数

i	n	$F/P, i, n$	$P/F, i, n$	$A/P, i, n$	$P/A, i, n$	$A/F, i, n$	$F/A, i, n$
8%	15	3.1721	0.31524	0.11683	8.5534	0.03683	27.151
	20	4.6690	0.21455	0.10185	9.8181	0.02185	45.761
	25	6.8483	0.14602	0.09368	10.674	0.01368	73.104

问　题

1. 计算各方案初始投资的费用年值和各方案预期每年减少损失的效益。

2. 项目财务评价人员拟采用费用年值比较法来评价 3 个方案的优劣，请判断该方法是否恰当，为什么？

3. 请利用效益/费用分析法判断哪些方案不可行、哪些方案可行，并从中选择出一个最优方案。

试题二

某咨询机构受政府投资主管部门委托，对某化工项目进行核准评估。经过现场调查和分析论证，咨询机构认为该项目申请报告存在以下缺陷：

（1）项目位于地震断裂带附近，该申请报告没有附地震安全性评价意见。

（2）项目的生态环境保护措施不合理，污染物排放达不到有关规定。

（3）没有将项目运营期间对周边鱼塘和庄稼造成的损失计入项目经济费用效益流量表中，见表 10-8，计算期 10 年。项目环境影响报告书中对环境影响的经济损益分析表明，项目运营期间污水排放将使鱼塘和庄稼每年至少损失 200 百万元。

表 10-8　项目经济费用效益流量表　　（单位：百万元）

序号	项　目	建设期		运营期		
		第 1 年	第 2 年	第 3 年	第 4 ~ 9 年	第 10 年
1	效益流量			80	147	230
2	费用流量	155	200	56	77	65
3	净效益流量	−155	−200	24	70	165

问　题

1. 地震安全性评价报告应该包括哪些内容？

2. 该项目咨询评估报告中关于生态环境保护措施的评估应从哪些方面进行评价？

3. 根据项目申请报告中的经济费用效益流量表，计算该项目经济净现值，并判断项目是否经济合理。

4. 建设项目环境影响经济损益分析应包括哪些方面？如果考虑项目对鱼塘和庄稼造成的损失，重新计算项目经济净现值并判断项目是否经济合理。

（注：计算经济净现值采用的社会折现率为 10%；计算结果保留两位小数。复利系数见表 10-9）

表 10-9　复利系数

i	n	$(F/P, i, n)$	$(P/F, i, n)$	$(A/P, i, n)$	$(P/A, i, n)$	$(A/F, i, n)$	$(F/A, i, n)$
10%	3	1.3310	0.7513	0.40211	2.4869	0.30211	3.3100
	6	1.7716	0.5645	0.22961	4.3553	0.12961	7.7156
	10	2.5937	0.3855	0.16275	6.1446	0.06275	15.937

试题三

某大型中外合资项目 X 有多种产品，大部分产品的市场价格可以反映其经济价值。其中的主要产品 Y，年产量为 20 万 t，产量大，但市场空间不够大。该项目市场销售收入总计估算为 860000 万元（含销项税额），适用的增值税税率为 13%。当前产品 Y 的市场价格为 22000 元/t（含销项税额）。据预测，项目投产后，将有可能导致产品 Y 市场价格下降 20%，且很可能挤占国内原有厂家的部分市场份额。

问　题

1. 经济费用效益分析指标包括哪些？
2. 在该项目的经济费用效益分析中，Y 产品的影子价格应如何确定？
3. 试估算按影子价格计算调整后的项目营业收入（其他产品价格不做调整）。（计算结果保留整数）

七、本章同步练习答案

试题一

1. 方案 1 的初始投资的费用年值 = 120(A/P，8%，20)亿元 = 12.222 亿元。

方案 2 的初始投资的费用年值 = 210(A/P，8%，20)亿元 = 21.389 亿元。

方案 3 的初始投资的费用年值 = 250(A/P，8%，20)亿元 = 25.463 亿元。

方案 1 预期每年减少损失的效益 = (120 − 70)亿元 = 50 亿元。

方案 2 预期每年减少损失的效益 = (120 − 90)亿元 = 30 亿元。

方案 3 预期每年减少损失的效益 = (120 − 30)亿元 = 90 亿元。

2. 该方法不妥当。因为费用年值比较法适用于效益相同或基本相同，又难于具体估算效益的方案进行比较的情况，而本题中三个方案的效益显然不同，所以不宜采用该方法。

3. 方案 1 的效益/费用 = 50/(12.222 + 12) = 2.06 > 1。

方案 2 的效益/费用 = 30/(21.389 + 20) = 0.72 < 1。

方案 3 的效益/费用 = 90/(25.463 + 30) = 1.62 > 1。

由此可以看出，方案 1 和方案 3 是可行的，方案 2 在经济上不可行。进一步比较方案 1 和方案 3：

差额效益/差额费用 = (90 − 50)/(25.463 + 30 − 12.222 − 12) = 1.28 > 1。

所以投资额大的方案优，即方案 3 优。

试题二

1. 地震安全性评价报告应该包括的内容有：

(1) 工程概况和地震安全性评价的技术要求。

(2) 地震活动环境评价。

(3) 地震地质构造评价。

(4) 设防烈度或者设计地震动参数。

(5) 地震地质灾害评价。

(6) 其他有关技术资料。

2. 生态环境保护措施评估应从减少污染排放、防止水土流失、强化污染治理、促进清洁生产、保持生态环境可持续能力的角度，按照国家有关生态环境保护修复、水土保持的政策法规要求，对项目实施可能造成的生态环境损害提出保护措施，对环境影响治理和水土保持方案的工程可行性和治理效果进行分析评价。

3. 项目经济净现值 ENPV = $\sum_{t=1}^{10}(B-C)_t(1+i_s)^{-t}$ = [−155/(1+10%)]百万元 + [−200/(1+10%)^2]百万元 + [24/(1+10%)^3]百万元 + [70×(P/A，10%，6)/(1+10%)^3]百万元 + 165/(1+10%)^{10}百万元 = 4.49 百万元。

4. (1) 建设项目环境影响经济损益分析应包括建设项目环境影响经济评价和环保措施的经济损益评价。

(2) 如果考虑鱼塘和庄稼的损失，项目运营期各年的净效益流量将分别至少减少 200 万元。

第 3 年净效益流量折现值 = (24 − 2)/(1 + 10%)^{3}百万元 = 16.53 百万元。

第 4 ~ 9 年净效益流量折现值之和 = [(70 − 2) × (P/A，10%，6)]/(1 + 10%)^{3}百万元 = 222.51 百万元。

第 10 年净效益流量折现值 = (165 − 2)/(1 + 10%)^{10}百万元 = 62.84 百万元。

经济净现值 ENPV = (−140.91 − 165.29 + 16.53 + 222.51 + 62.84)百万元 = −4.32 百万元。

本项目的经济分析结果发生了变化。由于经济净现值 (ENPV) 小于 0，该项目变得不具备经济合理性。

试题三

1. 经济费用效益分析指标包括经济净现值、经济内部收益率。

2. 按照产出影子价格的确定原则和方法，该 Y 产品的影子价格应按社会成本确定，可按不含税的市场价格作为其社会成本。

3. 按照市场定价的非外贸货物影子价格确定方法，采用“有项目”和“无项目”价格的平均值确定影子价格：[22000 + 22000 × (1 − 20%)]/2/(1 + 13%)元/t = 17522元/t。

调整后的年营业收入 = [860000 − 20 × (22000 − 17522)]万元 = 770440万元

该项目的直接经济效益为 770440 万元。

第十一章

涉及其他科目的内容

一、本章核心考点分布

- 涉及其他科目的内容
  - 工程项目招标投标管理（2020年、2023年）
  - 风险分析（2020年）
  - 工程项目投资控制（2017年）
  - 建设方案研究与比选（2018年、2019年、2020年、2023年）
  - 不确定性分析（2017年、2020年、2023年）

二、专家剖析考点

1. 宏观经济管理在2011年、2018年考试中进行过考查，国内生产总值、国民总收入、其他衡量产出与收入的指标、失业的类型、通货膨胀、衡量价格水平变动的指标等考生要熟练掌握。

2. 投融资政策、财税政策、产业政策的相关内容，考生也要做相应的了解。

3. 工程项目招标投标管理涉及的相关法律法规是考生需要掌握的内容。

4. 工程项目合同管理的内容考生要熟悉，尤其是索赔这个知识点，是难点也是重点，不能忽视。

5. 工程项目进度管理及投资控制在近几年考试中进行过考查，考生要联系实际进行掌握。

6. 建设方案研究与比选、不确定性分析、风险分析、社会评价、后评价、咨询报告编制都是重点，考生要对其相关内容进行掌握。

三、本章核心考点必刷题

考点1　工程项目招标投标管理

例：某地方政府投资建设一污水处理项目，预计施工合同金额4000万元，项目采用公开招标方式选择施工单位。在招标过程中发生了下列事件：

事件1：招标人2019年11月1日在一家有影响力的地方报纸上刊登招标广告，载明投标截止日期为11月25日。A、B、C、D、E、F六个投标人分别在投标截止日期之前递交了投标文件。

事件2：A投标人在11月24日要求撤回已送交的投标文件。招标人同意其撤回，但拒绝退回A投标人的投标保证金。

事件3：招标人在11月25日投标截止时间前，接收了B投标人未按招标文件要求密封的投标文件。

事件4：评标委员会认为招标文件中规定的评标因素和权重与招标项目特点不符，征得招标人同意后拟对评标方法进行修改，并据此评标。

事件5：评标委员会推荐D、C、F投标人为前三名中标候选人。排名第一的中标候选人D未在规定时间内提交履约保证金。招标人随即确定排名第三的与其合作过的中标候选人F为中标人。

问　题

1. 该项目是否必须采用公开招标的方式选择施工单位？说明理由。

2. 分别指出上述事件中的不妥之处，并说明理由。

综合分析

本案例主要考查工程项目施工招标投标管理要求的相关知识点。该考点在2010年、2013年、2014年、2016年、2020年、2023年考试中进行了考查，属于高频考点，考生要重视。主要考查了必须招标的工程范围和规模工程标准、发布招标信息、投标文件的撤回、开标的有关规定、招标文件的澄清和修改、定标的有关规定。本案例要求根据我国《招标投标法》和其他有关法律法规的规定，正确分析本工程招标投标过程中存在的问题。因此，在回答问题时，要根据本案例背景资料中给定的相关条件进行回答，不仅要指出错误之处，而且还要将理由阐述清楚。为了使考生在答题时条理清晰，应当按照作答要求“逐一说明”，而不要笼统作答。

问题1：

【答案】 该项目必须采用公开招标的方式选择施工单位。

理由：该项目为政府投资建设项目，且预计合同总额超过3000万元，依据我国《招标投标法》规定，属于必须公开招标的项目。

【要点解析】 对于本案例中问题1的解答，需要考生首先判断该工程项目是否需要采用公开招标的方式选择施工单位，在判断的基础上加以理由阐述。必须进行招标的规定、邀请招标的规定等是考生必须掌握的知识点。还有考生需要熟悉的法律法规：我国《招标投标法》《必须招标的工程项目规定》《招标投标法实施条例》《招标公告和公示信息发布管理办法》等。

问题2：

【答案】 上述事件中的不妥之处及理由：

（1）事件1中不妥之处：招标人在一家有影响力的地方报纸上刊登招标广告。

理由：我国《招标投标法》规定，必须进行招标的项目的招标公告，应当通过国家指定的报刊、信息网络或者其他媒体发布。

（2）事件2中不妥之处：招标人拒绝退回A投标人的投标保证金。

理由：我国《招标投标法实施条例》规定，投标人撤回已提交的投标文件，应当在投标截止时间前书面通知招标人。招标人已收取投标保证金的，应当自收到投标人书面撤回通知之日起5日内退还。投标截止时间后投标人撤销投标文件的，招标人可以不退还投标保证金。

（3）事件3中不妥之处：招标人接收了B投标人未按招标文件要求密封的投标文件。

理由：我国《招标投标法实施条例》规定，未通过资格预审的申请人提交的投标文件，以及逾期送达或者不按照招标文件要求密封的投标文件，招标人应当拒收。

（4）事件4中不妥之处：评标委员会仅在征得招标人同意后就对评标方法进行修改，并据此评标。

理由：我国《招标投标法》规定，评标委员会不得以招标公告中未明确列明的评标方法对投标人进行评标。如果确实需要修改评标方法，应在投标截止时间前15天予以公开的书面澄清，并书面通知所有的投标人。时间不足15天的，需要延后投标截止时间。

（5）事件5中不妥之处：招标人随即确定排名第三的与其合作过的中标候选人F为中标人。

理由：我国《招标投标法实施条例》规定，国有资金占控股或者主导地位的依法必须进行招标的项目，招标人应当确定排名第一的中标候选人为中标人。排名第一的中标候选人放弃中标、因不可抗力不能履行合同、不按照招标文件要求提交履约保证金，或者被查实存在影响中标结果的违法行为等情形，不符合中标条件的，招标人可以按照评标委员会提出的中标候选人名单排序依次确定其他中标候选人为中标人，也可以重新招标。

【要点解析】 对于本案例中问题2的解答，考生要对招标过程中发生的事件逐一进行分析、判断之后，再说明理由。问题2考查了发布招标信息、投标文件的撤回、开标的有关规定、招标文件的澄清和修改、定标的有关规定，考生根据背景资料中提供的相关信息结合相关法律法规进行分析、判断。

考点2　风险分析

例：某时装公司拟投资4000万元开发一个时装设计生产项目，项目的成败取决于时装的设计是否符合流行趋势，且营销是否成功。通过采用专家调查法进行分析，认为可能出现四种状态：状态Ⅰ，设计符合流行趋势，产品营销获得成功，实现预定的销售收入；状态Ⅱ，设计符合流行趋势，但产品营销不成功，只能实现预定销售收入的80%；状态Ⅲ，设计不符合流行趋势，但成功的营销有效改善了销售效果，可以实现预定销售收入的50%；状态Ⅳ，设计不符合流行趋势，且产品营销失败，只能实现预定销售收入的30%。设计符合流行趋势及产品营销成功的概率预测见表11-1。

表11-1　设计符合流行趋势及产品营销成功的概率预测

内　容	设计符合流行趋势		产品营销成功	
	是	否	是	否
概率	60%	40%	70%	30%

项目投资发生在第1年年初，当年投产运营。项目的寿命期3年，预定销售收入和经营成本见表11-2。在不同状态下经营成本保持不变。财务基准收益率为10%。

表11-2　预定销售收入和经营成本　（单位：万元）

年　份	1	2	3
销售收入	7400	6200	5000
经营成本	3440	2480	2000

问　题

1. 分析确定项目的风险变量，简述采用专家调查法确定风险变量概率的步骤。
2. 计算各状态下项目的财务净现值。
3. 计算财务净现值的期望值，并判断投资是否财务可行。

综合分析

本案例涉及现金流量分析及财务分析方法、方案经济比较和优化方法及风险概率分析方法的内容。解答这类型的案例时，要对风险概率估计方法、概率树法、专家调查法等风险分析方法进行熟练掌握，并按照所给的问题的顺序进行解答。

问题1:

【答案】 项目的风险变量是销售收入。

专家调查法的步骤主要包括四个方面:

(1) 根据需要调查问题的性质,组成专家组(或调查组)。

(2) 各专家分别独立提出拟调查的风险变量可能出现的状态(或状态范围或相应的概率)。

(3) 整理各专家意见,计算专家意见的期望值(或整理意见分歧情况,或反馈给专家组)。

(4) 专家组讨论并分析产生分歧的原因,各专家重新独立提出风险变量可能出现的状态和相应的概率,如此重复进行1~2次,直至专家意见分歧程度低于要求值为止。

【要点解析】 本案例问题1主要考查了风险变量的判断、风险估计的方法。风险估计的方法一般在案例中考查其步骤,还有一些计算,考生要将其相关内容熟练掌握。

问题2:

【答案】 $NPV_1=[-4000+3960(1+10\%)^{-1}+3720(1+10\%)^{-2}+3000(1+10\%)^{-3}]$万元=4928万元。

$NPV_2=[-4000+2480(1+10\%)^{-1}+2480(1+10\%)^{-2}+2000(1+10\%)^{-3}]$万元=1808万元。

$NPV_3=[-4000+260(1+10\%)^{-1}+620(1+10\%)^{-2}+500(1+10\%)^{-3}]$万元=-2876万元。

$NPV_4=[-4000+1220(1+10\%)^{-1}-620(1+10\%)^{-2}-500(1+10\%)^{-3}]$万元=-5997万元。

【要点解析】 本案例问题2主要考查了财务净现值的计算。属于重复性考查的知识点,考生要掌握。进行多个方案比选的指标很多,但是应用条件不同(图11-1),考生应掌握每种方法的原理和应用条件。

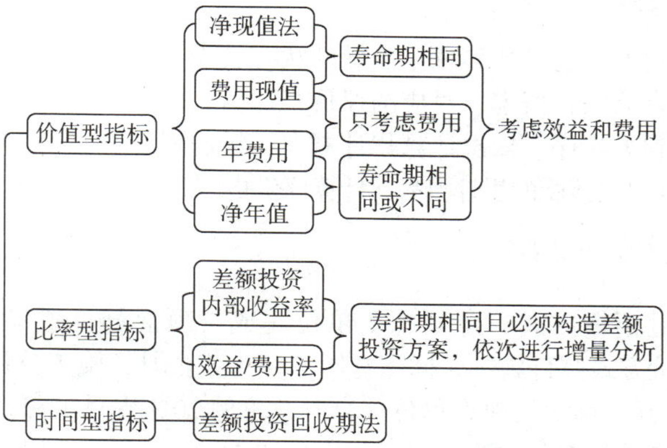

图11-1 多个方案比选指标应用条件

问题3:

【答案】 计算财务净现值的期望值见表11-3。

表11-3 财务净现值的期望值 (单位:万元)

		0	1	2	3
状态Ⅰ	销售收入		7400	6200	5000
	投资	4000			
	经营成本		3440	2480	2000
	净现金流量	-4000	3960	3720	3000
状态Ⅱ	销售收入		5920	4960	4000
	投资	4000			
	经营成本		3440	2480	2000
	净现金流量	-4000	2480	2480	2000

（续）

		0	1	2	3
状态Ⅲ	销售收入		3700	3100	2500
	投资	4000			
	经营成本		3440	2480	2000
	净现金流量	-4000	260	620	500
状态Ⅳ	销售收入		2220	1860	1500
	投资	4000			
	经营成本		3440	2480	2000
	净现金流量	-4000	-1220	-620	-500

状态Ⅰ发生的概率 =0.6×0.7 =0.42。

状态Ⅱ发生的概率 =0.6×0.3 =0.18。

状态Ⅲ发生的概率 =0.4×0.7 =0.28。

状态Ⅳ发生的概率 =0.4×0.3 =0.12。

财务净现值的期望值 =(4928×0.42 +1808×0.18 -2876×0.28 -5997×0.12)万元 =870 万元 >0。

所以本投资在财务上可行。

【要点解析】本案例问题3主要考查了概率树分析的步骤、期望值计算。离散型风险变量的期望值：$\overline{X}=\sum_{i=1}^{n}X_iP_i$。解答本题的步骤为：

（1）风险变量为离散型，变量数和每个变量的状态较少，且各风险变量之间独立时适用。

（2）计算各状态组合的联合概率、对应的评价指标值。

（3）评价指标由小到大排序，依次计算累计概率，绘制累计概率图。

（4）计算使评价指标可以接受的累计概率，计算评价指标的期望值，评价项目的抗风险能力。

考点3　工程项目投资控制

例：某建设单位通过招标方式选定某施工单位完成一项混凝土工程，按照《建设工程合同(示范文本)》以固定单价方式签订施工合同，合同工期为8个月，施工单位混凝土工程报价为400元/m^3。施工合同约定：开工前7天建设单位按合同总价的20%支付工程预付款。预付款在最后4个月等额扣回。工程进度款每个月结算一次，每次扣留3%结算款作为质量保证金。

施工计划的计划工作时间和计划工程量见表11-4。

表11-4　施工计划的计划工作时间和计划工程量

工　作	A	B	C	D	E	F
计划工作时间（月份）	3~5	5~6	5~7	7~9	8~9	8~10
计划工程量/万 m^3	4.5	3.2	3	4.5	3.6	2.4

工程于2019年3月1日开工，各项工作的计划工程量与实际工程量在相应期内均匀发生，工程施工过程中发生如下事件：

事件1：B工作按计划施工完成后，监理工程师验收签认了2.4万 m^3 的混凝土工程质量合格文件，对其余0.8万 m^3 的混凝土工程认为质量不合格，要求返工处理。施工单位对不合格的混凝土工程拆除后，重新施工用时一个月，并获得监理工程师验收确认。

事件2：施工单位混凝土工程7~10月份的实际单价为420元/m^3。

事件3：C工作由于开工前设计变更，致使其混凝土工程量增加到3.6万 m^3，工作持续时间增加一个月，并使其紧后工作E的开始施工时间推后一个月。

问　题

1. 工程签约合同价和工程预付款各是多少？

2. 工程开工后，前4个月施工单位累计完成的工程款是多少？建设单位应支付的工程款是多少？

3. 7月份施工单位完成的工程款是多少？建设单位应支付的工程款是多少？

4. 计算8月份（当月）施工单位的费用偏差和进度偏差（用金额表示），并说明当月费用和进度的状态。

（要求列出计算过程，计算结果保留一位小数）

综合分析

本案例考查内容主要涉及合同价款支付和费用控制的相关知识点。考查了工程签约合同价和工程预付款、工程进度款、工程质量保证金、费用偏差和进度偏差的计算。

问题1：

【答案】 工程签约合同价 = (4.5 + 3.2 + 3 + 4.5 + 3.6 + 2.4)万 m^3 × 400 元/m^3 = 8480 万元。

工程预付款 = 8480 万元 × 20% = 1696 万元。

【要点解析】 本案例问题1的解答，要求掌握什么是签约合同价，工程预付款的相关计算公式，考生还需对《建设工程价款结算暂行办法》的相关内容进行了解。

问题2：

【答案】 工程开工后，前4个月施工单位累计完成的工程款 = (4.5 + 2.4 + 3.6/4 × 2)万 m^3 × 400 元/m^3 = 3480 万元。

建设单位应支付的工程款 = 3480 万元 × (1 − 3%) = 3375.6 万元。

【要点解析】 本案例中问题2考查工程项目进度款的计算。本案例背景资料中，已经明确该工程项目按照《建设工程合同（示范文本）》以固定单价方式签订施工合同。因此在进行工程价款的计算时，已完成工程量价款 = 已完成工程量 × 施工合同中确定的工程单价。

问题3：

【答案】 7月份施工单位完成的工程款 = (0.8 + 3.6/4 + 4.5/3)万 m^3 × 400 元/m^3 = 1280 万元。

建设单位应支付的工程款 = [1280 × (1 − 3%) − 1696/4]万元 = 817.6 万元。

【要点解析】 本案例中问题3考查工程项目进度款的计算。要注意计算数值的准确性。

问题4：

【答案】 8月份实际完成的工程量 = (3.6/4 + 4.5/3 + 2.4/3)万 m^3 = 3.2 万 m^3。

8月份计划完成的工程量 = (4.5/3 + 3.6/2 + 2.4/3)万 m^3 = 4.1 万 m^3。

费用偏差 = 已完成工作预算费用 − 已完成工作实际费用 = (3.2 × 400 − 3.2 × 420)万元 = −64 万元。

进度偏差 = 已完成工作预算费用 − 计划工作预算费用 = (3.2 × 400 − 4.1 × 400)万元 = −360 万元。

因为费用偏差值为负数，所以费用超支；因为进度偏差值为负数，所以进度延误。

【要点解析】 本案例中问题4的解答需要考生掌握挣值法中的费用偏差和进度偏差的相关计算公式。

（1）已完工作预算费用(BCWP) = 已完成工作量 × 预算单价

（2）计划工作预算费用(BCWS) = 计划工作量 × 预算单价（注意：除非合同有变更，BCWS 在工程实施过程中应保持不变）

（3）已完工作实际费用(ACWP) = 已完成工作量 × 实际单价

（4）费用偏差(CV) = 已完工作预算费用(BCWP) − 已完工作实际费用(ACWP)

（5）进度偏差（SV）= 已完工作预算费用（BCWP）- 计划工作预算费用（BCWS）
（6）费用绩效指数（CPI）= 已完工作预算费用（BCWP）/已完工作实际费用（ACWP）
（7）进度绩效指数（SPI）= 已完工作预算费用（BCWP）/计划工作预算费用（BCWS）

考点 4　建设方案研究与比选

例：西北某黄河沿岸城市拟新建一有色金属冶炼业项目，该项目需要从黄河取水，年用水量约为 1200 万 m^3，用水指标拟通过水权转让方式获得。

项目业主委托甲咨询单位进行项目的可行性研究。甲咨询单位首先从项目建设条件、投资和运营费用、环境保护条件、安全条件等方面进行比较，选择并确定厂址。由于项目厂址地处黄土高原，沟壑较多，易发行多种地质灾害，业主委托有相关资质的单位对项目进行了地质灾害危险性评估。

甲咨询单位在项目论证中提出了项目总平面布置图（图 11-2），项目总占地面积 45hm^2；建（构）筑物、堆场占地面积 16hm^2，其中，行政办公及生活服务设施用地面积 3.6hm^2；绿化用地面积 8.35hm^2。

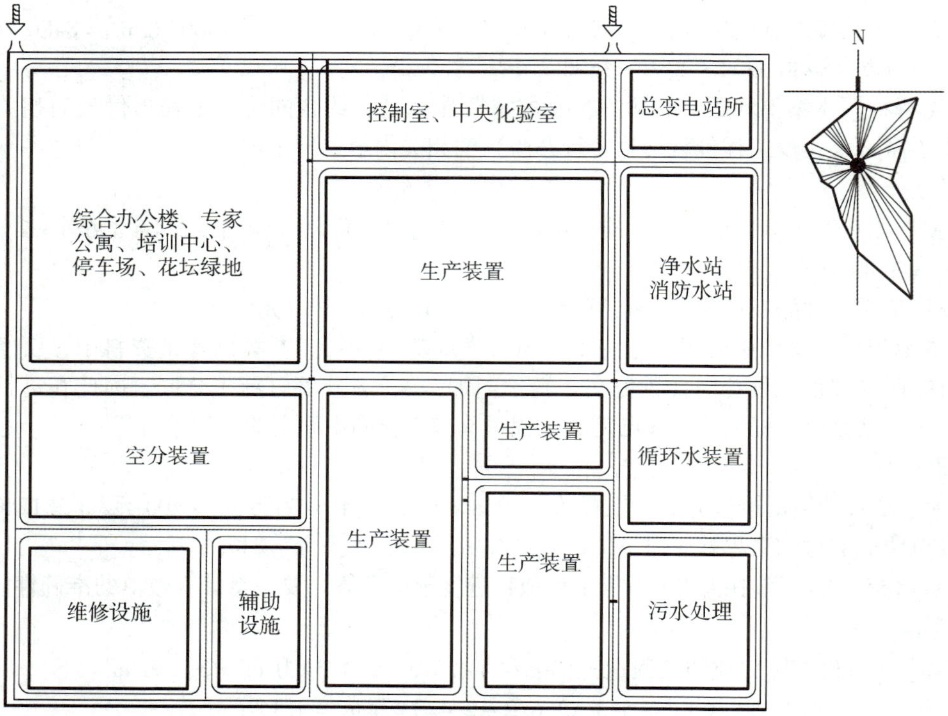

图 11-2　项目总平面布置图

问　题

1. 在厂址选择论证中，环境保护条件包括哪几方面的内容？地质灾害包括哪些类型（或种类）？
2. 根据项目总平面布置图，计算项目的建筑系数，并判断其是否符合《工业项目建设用地控制指标》的规定。
3. 根据项目总平面布置图，指出项目用地存在的问题，并说明理由。

综合分析

本案例考查的重点是建设方案研究与比选的相关内容，具体内容涉及工程方案中的场（厂）址选择、总图运输方案。除此之外，建设方案比选的指标体系、建设规模和产品方案的内容考生也需熟悉。

问题1：

【答案】环境保护条件包括场（厂）址位置与城镇规划关系、与风向关系、与公众利益关系、与环境敏感区关系等。地质灾害主要包括崩塌、滑坡、泥石流、地面塌陷、地裂缝、地面沉降等。

【要点解析】本案例问题1考查了场（厂）址及线路方案的内容。小结场（厂）址及线路方案的内容见表11-5。

表11-5　场（厂）址及线路方案

项　目	内　容
项目选址考虑的主要因素	自然环境因素、交通运输因素、市场因素、劳动力因素、社会和政策因素、人文条件因素、集聚因素
场（厂）址方案选择要求	应通过详细的技术经济比较，满足政策、法规、技术和经济要求
场（厂）址及线路方案比选	比选内容：建设条件比较、投资费用比较、运营费用比较、环境保护条件比较、场（厂）址的安全条件 比选结论（项目选址意见）：根据《地质灾害防治管理办法》和《地质灾害防治条例》要求，对有可能导致地质灾害（主要包括崩塌、滑坡、泥石流、地面塌陷、地裂缝、地面沉降等）发生的工程项目建设和在地质灾害易发区内进行的工程建设，在申请建设用地之前必须进行地质灾害危险性评估。地质灾害治理工程的设计、施工和验收应当与主体工程的设计、施工、验收同时进行。地质灾害危险性评估包括下列内容：工程建设可能诱发、加剧地质灾害的可能性；工程建设本身可能遭受地质灾害危害的危险性；拟采取的防治措施等

问题2：

【答案】建筑系数＝[（建筑物占地面积＋构筑物占地面积＋堆场用地面积）/项目总用地面积]×100%＝(16/45)×100%＝35.56%。

一般有色金属冶炼业项目而言，其建筑系数应不低于30%，35.56%＞30%，所以其符合《工业项目建设用地控制指标》的规定。

【要点解析】本案例问题2考查了总图运输方案的内容。小结总图运输方案的内容见表11-6。

表11-6　总图运输方案

项　目		内　容
总图运输方案研究		总体布置、厂区总平面布置、厂区竖向布置、厂区道路布置、厂外厂内运输、绿化
总图运输方案的比选	技术经济指标	投资强度＝项目固定资产总投资/项目总用地面积 建筑系数＝(建筑物占地面积＋构筑物占地面积＋堆场用地面积)/项目总用地面积×100% (工业项目的建筑系数应不低于30%) 场地利用系数＝建筑系数＋[(道路、广场及人行道占地面积＋铁路占地面积＋管线及管廊占地面积)/项目总用地面积×100%] 容积率＝总建筑面积/总用地面积 行政办公及生活服务设施用地所占比重＝行政办公、生活服务设施占用土地面积/项目总用地面积×100% (工业项目所需行政办公及生活服务设施用地面积不得超过工业项目总用地面积的7%)
	比选内容	技术指标比选、总图布置费用的比选、其他比选内容

问题3：

【答案】存在问题：

(1) 在工业项目用地内建造综合办公楼、专家公寓和培训中心。

理由：工业项目用地范围内严禁建造成套住宅、专家楼、宾馆、招待所和培训中心等非生产性配套设施。

（2）项目总平面布置图中行政办公及生活服务设施用地面积应减小。

理由：工业项目所需行政办公及生活服务设施用地面积不得超过工业项目总用地面积的 7%。

【要点解析】本案例问题 3 考查了工业项目用地范围、行政办公及生活服务设施用地面积的规定。考查得较为细致，考生在这几个科目复习时，要通篇浏览，看得仔细，因为在考试中，有可能就会考查一些比较细节性的知识点，因此考生要在这方面多加注意。

考点 5　不确定性分析

例：A 公司根据市场信息，准备在 B 地投资建厂，委托工程咨询公司为其提供决策咨询服务。A 公司提供的信息如下：

（1）目前 A 公司的产能为 710 万件/年。

（2）市场需求：预测未来市场需求总量为 8000 万件/年，且 A 公司产品在市场占有份额预计为 10%。

（3）B 地建厂可供选择的投资方案：方案 1，采用自动化设备，年总固定成本为 800 万元，单位可变成本为 10 元/件；方案 2，采用半自动化设备，年总固定成本为 600 万元，单位可变成本为 12 元/件；方案 3，采用非自动化设备，年总固定成本为 400 万元，单位可变成本为 16 元/件。产品的售价为 22 元/件。销售税金及附加为 0.6 元/件。

（上述售价和成本均采用不含税价格）

问　题

1. A 公司在 B 地建厂的设计生产能力应以多少为宜？说明理由。
2. 分别列出上述信息（3）中三种不同投资方案的总成本与产量关系式。
3. 指出在不同的产能区间，三个投资方案的优劣排序。根据 B 地建厂的设计生产能力，确定最优投资建厂方案。
4. 以 A 公司最优决策方案为基础，分别计算以产量和产品售价表示的盈亏平衡点，计算达到设计生产能力时的年利润。
5. 简述盈亏平衡分析的作用。

（计算结果保留两位小数）

综合分析

本案例完整地考查了不确定性分析中盈亏平衡分析，既有定性的知识点又有定量计算的内容，同时在盈亏平衡分析概念的基础上进行扩展，通过比较总成本费用的大小进行方案比选。在计算盈亏平衡点时，以图解法的方式进行考查。对于盈亏平衡点的计算，要充分抓住核心概念及公式，再对题目中所给出的条件进行分析。不确定性分析除了盈亏平衡分析之外，还包括敏感性分析，该知识点内容也是考生需要掌握的内容。

问题 1：

【答案】A 公司在 B 地建厂的设计生产能力为：(8000 × 10% − 710) 万件/年 = 90 万件/年。

理由：企业的生产应尽量满足市场的需要，当年生产的产品尽量实现当年完全销售，A 公司产品年市场需求量为 800 万件，现有产能 710 万件/年，因此只需新增 90 万件/年即可满足市场需求。

【要点解析】本案例问题 1 考查了线性盈亏平衡分析的条件。解答本题的关键在于对背景资料进行分析，根据案例题中预测的市场需求和 A 公司的市场占有份额，A 公司在 B 地建厂的设计生产能力应当扣除目前 A 公司的产能。下面对盈亏平衡分析的作用、分析、应用（表 11-7）进行阐述。

表 11-7　盈亏平衡分析的作用、分析、应用

项　目	内　容
作用 （一般考查简答题）	盈亏平衡点采用产量和生产能力利用率表示时，其值越低，表明企业适应市场需求变化的能力越大，抗风险能力越强 盈亏平衡点采用产品售价表示时，其值越低，表明企业适应市场价格下降的能力越大，抗风险能力越强
分析	生产量（或销售量）低于盈亏平衡点时，则发生亏损；超过盈亏平衡点时，则获得盈利
应用 （一般考查分析判断题）	只适宜在财务分析中应用

问题 2：

【答案】设总成本与产量分别用 C、Q 表示，C 单位为万元，Q 单位为万件，三种不同投资方案的总成本与产量关系如下：

方案 1：$C_1 = 800 + 10Q$

方案 2：$C_2 = 600 + 12Q$

方案 3：$C_3 = 400 + 16Q$

【要点解析】本案例问题 2 考查了总成本与产量关系式。根据背景资料中给出的条件，即可列出关系式。

问题 3：

【答案】三个投资方案的盈亏平衡分析图如图 11-3 所示。

从图 11-3 中可知：当产量小于 50 万件时，三个投资方案的优劣为：方案 3 > 方案 2 > 方案 1。

当产量在 50 万件到 66.7 万件时，三个投资方案的优劣为：方案 2 > 方案 3 > 方案 1。

当产量在 66.7 万件到 100 万件时，三个投资方案的优劣为：方案 2 > 方案 1 > 方案 3。

当产量大于 100 万件时，三个投资方案的优劣为：方案 1 > 方案 2 > 方案 3。

因 B 地建厂的设计生产能力为 90 万件/年时，故选择方案 2 为最优方案。

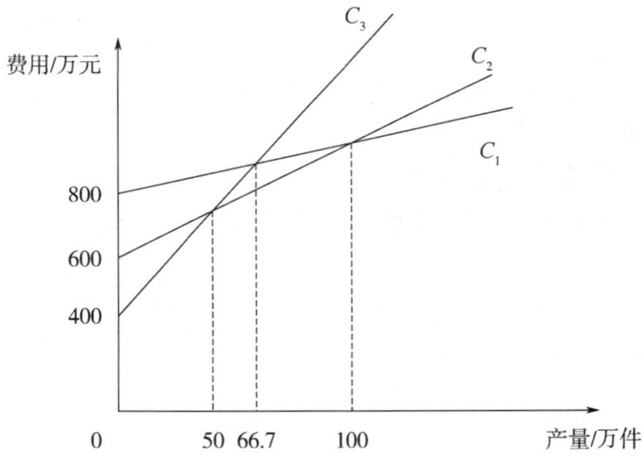

图 11-3　三个投资方案的盈亏平衡分析图

【要点解析】本案例问题 3 考查了比较总成本费用的大小进行方案比选。方案优劣顺序根据总成本排列，总成本越低越好。可画出各个投资方案的盈亏分析图进行判断。盈亏平衡分析图如图 11-4 所示。

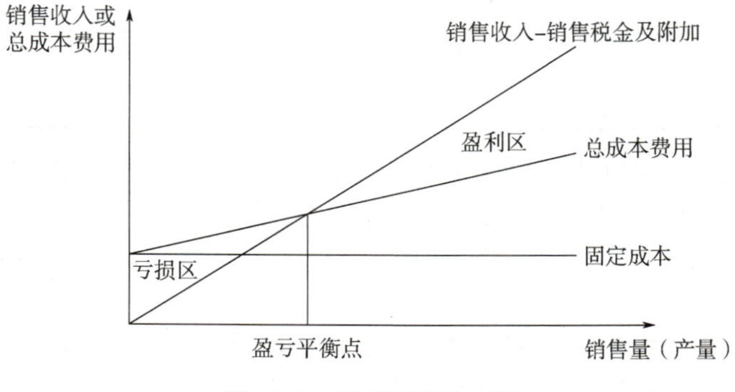

图 11-4　盈亏平衡分析图

问题4：

【答案】最优决策方案的产量的盈亏平衡点：

BEP(产量)＝年总固定成本/(单位产品价格－单位产品可变成本－单位产品销售税金与附加)＝600/(22－10－0.6)万元＝63.83万元。

最优决策方案的产品售价的盈亏平衡点：

BEP(产品售价)＝(年总固定成本/设计生产能力)＋单位产品可变成本＋单位产品销售税金及附加＝(600/90＋12＋0.6)元/件＝19.27元/件。

当达到设计生产能力时的利润：(90×22－600－90×12－90×0.6)万元＝246万元。

【要点解析】本案例问题4考查了盈亏平衡点的计算。根据公式带入数值计算即可。

问题5：

【答案】盈亏平衡分析的作用：通过盈亏平衡分析可以找出盈亏平衡点，考察企业（或项目）对市场导致的产出（销售）量变化的适应能力和抗风险能力。用产量和生产能力利用率表示的盈亏平衡点越低，表明企业适应市场需求变化的能力越大，抗风险能力越强；用产品售价表示的盈亏平衡点越低，表明企业适应市场价格下降的能力越大，抗风险能力越强。盈亏平衡分析只适宜在财务分析中应用。

【要点解析】本案例问题5考查了盈亏平衡分析的作用，记忆类型考点，记住即可。

四、本章真题实训

【2020年真题】

某国有企业拟投资建设一个经营性项目，该项目属于依法必须招标、由发展改革部门核准的项目。

该企业委托A咨询公司对项目盈利风险进行分析。A咨询公司经过风险识别和风险估计，识别出风险因素可能状态组合有9个，各风险因素状态组合的相关数据见表11-8。

表11-8　风险因素状态组合的相关数据

风险因素状态组合	联合概率（%）	项目投资财务净现值/万元
1	10	193
2	60	210
3	5	246
4	3	－13
5	4	256
6	2	－9
7	1	－16
8	10	223
9	5	7

在完成风险评估后，A咨询公司随即进行了项目风险评价，并提出了风险对策。该企业可接受的项目投资财务净现值大于或等于零的概率不低于80%。

问　题

1. 办理本项目的招标核准时，该企业向发展改革部门提交的招标事项内容应包括哪些？
2. 计算项目投资财务净现值的期望值，计算项目投资财务净现值大于或等于零的概率，并判断是否满足该企业要求。

3. A 咨询公司进行项目风险评价的主要步骤有哪些?

4. 为应对项目风险，该企业一般可采用哪些策略?

(计算部分应列出计算过程，计算结果保留两位小数)

五、本章真题实训答案

1. 办理本项目的招标核准时，该企业向发展改革部门提交的招标事项内容应包括招标范围、招标方式、招标组织形式。

2. 项目投资财务净现值的期望值 = [193 × 10% + 210 × 60% + 246 × 5% + (− 13) × 3% + 256 × 4% + (− 9) × 2% + (− 16) × 1% + 223 × 10% + 7 × 5%]万元 = 189.76万元。

财务净现值大于或等于零的概率 = 10% + 60% + 5% + 4% + 10% + 5% = 94%。

94% > 80%，所以满足该企业要求。

3. A 咨询公司进行项目风险评价的主要步骤：①确定风险评价基准；②确定项目的风险水平；③确定项目风险等级。

4. 为应对项目风险，该企业一般可采用下列策略：风险回避、风险减轻、风险转移和风险接受。

六、本章同步练习

试题一

某工程咨询公司受托承担某项目可行性研究工作，该项目建设用地 $4hm^2$，总建筑面积 $80000m^2$。项目建设投资 56000 万元，流动资金 9000 万元。融资结构：资本金 20000 万元，资本金成本为 15%；银行借款 45000 万元，年利率 5%，按年计息。项目设计的 Y 产品年生产能力 100 万件，预计达产年销售收入 45000 万元，年营业税金及附加 3000 万元，年固定成本 12000 万元，年可变成本 22000 万元。(销售收入与成本费用均不含税，所得税税率 25%)

该工程咨询公司通过调查分析认为，项目的成败主要取决于产品结构是否合理和营销是否成功，由此形成四种可能状态，见表 11-9。通过组织专家进行概率估计，预测得到产品结构合理和产品营销成功的概率见表 11-10。

表 11-9　项目可能出现的四种状态

可能出现的状态	产品结构合理	产品结构不合理
产品营销成功	状态Ⅰ：实现预计销售收入，财务净现值为 2650 万元	状态Ⅱ：实现预计销售收入的 50%，财务净现值为 −670 万元
产品营销不成功	状态Ⅲ：实现预计销售收入的 70%，财务净现值为 980 万元	状态Ⅳ：实现预计销售收入的 38%，财务净现值为 −1020 万元

表 11-10　产品结构合理和产品营销成功的概率

内　容	产品结构合理		产品营销成功	
	是	否	是	否
概率	65%	35%	60%	40%

问 题

1. 简述组织专家进行概率估计的具体步骤。

2. 计算该项目财务净现值的期望值，如果要求净现值不小于零的可能性不低于 60%，判断该项目在财务上是否可行，并说明理由。

3. 计算该项目建设用地投资强度和加权平均资金成本（税后）。

4. 计算该项目 Y 产品盈亏平衡点的产量。

试题二

某项目采用公开招标方式选择咨询服务单位，甲、乙、丙 3 家工程咨询单位参加投标，评标委员会采用质量成本评估法，最终乙咨询单位中标。

乙咨询单位编制了该项目的咨询工作初始进度计划（图 11-5），图中各项工作均按最早开始时间安排，各工作名称下方注明了咨询工作每月所需咨询人员数量（均为中级咨询人员），且工作的咨询工作量均衡。咨询服务合同中约定，委托方按实际完成工作量和投入的咨询人员级别支付项目咨询费用（中级咨询人员费用为 3 万元/月，高级咨询专家费用为 8 万元/月，不考虑其他费用）。

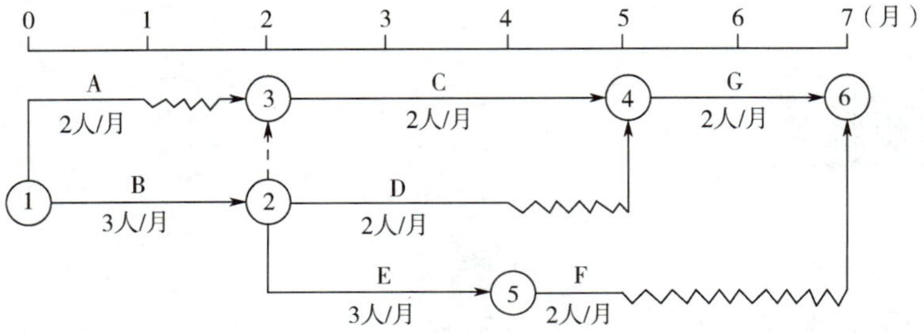

图 11-5　咨询工作初始进度计划

开始工作后不久，由于乙咨询单位业务繁忙，每月最多能为该项目安排 5 名咨询人员平行工作，乙咨询单位及时对初始进度计划进行了调整。

C 工作开始前，乙咨询单位应委托方要求将 C 工作改由 2 名高级咨询专家承担。项目进行到第 3 个月月末时，D 工作仅完成 1/3 工作量，其他工作进度正常。

问 题

1. 选择咨询服务单位还可采用哪几种方式？

2. 根据人员配备约束条件的变化，乙咨询单位应如何调整项目初始进度计划（写出调整进度计划的过程）？调整后进度计划的计算工期为多长？

3. 按调整后的进度计划，分析本项目第 3 个月月末的进度偏差和费用偏差。(写出计算过程)

试题三

某咨询机构受政府委托，研究制定某地区经济社会发展规划。在咨询机构召开的规划研究准备会上，甲咨询工程师提出，应认真研究规划的现实基础和发展条件，全面反映该地区现状和问题，提出当地的发展目标和产业结构调整方向，特别要把影响规划实现的各种不利因素和风险表述清楚。

调研中，得知该地区 2017 年的名义 GDP（国内生产总值）为 802 亿元，实际 GDP 为 698 亿元。在参考了其他材料后，乙咨询工程师做出两项判断：①由于该地区存在摩擦性失业，因此没有实现充分就业；②由于当地经济增长处于高涨期，潜在 GDP 应高于实际 GDP。

问　题

1. 国家级区域规划的编制对象是什么？产业结构优化的主要表现有哪些？
2. 计算 2017 年该地区 GDP 平减指数，并解释其经济含义。
3. 乙咨询工程师的两项判断是否正确？说明理由。

七、本章同步练习答案

试题一

1. 组织专家进行概率估计的具体步骤包括：

（1）根据需要调查问题的性质组成专家组。专家组成员由熟悉该风险因素的现状和发展趋势的专家、有经验的工作人员组成。

（2）估计某一变量可能出现的状态数或状态范围、各种状态出现的概率或变量发生在状态范围内的概率，由每个专家独立使用书面形式反映出来。

（3）整理专家组成员的意见，计算专家意见的期望值（或整理意见分歧情况，或反馈给专家组）。

（4）专家组讨论并分析意见分歧的原因，再由专家组成员重新背靠背地独立填写变量可能出现的状态或状态范围、各种状态出现的概率或变量发生在状态范围内的概率，如此重复进行，直至专家意见分歧程度满足要求值为止。这个过程最多经历三个循环，超过三个循环将会引起厌烦，不利于获得专家们的真实意见。

2.（1）该项目财务净现值的期望值 =（2650 × 65% × 60% + 980 × 65% × 40% − 670 × 35% × 60% − 1020 × 35% × 40%）万元 = 1004.8 万元。

（2）该项目财务上可行。

理由：净现值不小于 0 的概率 =（65% × 60% + 65% × 40%）× 100% = 65% > 60%，产品结构合理，即可保证项目的净现值不小于 0。

3.（1）该项目建设用地投资强度 = 项目固定资产总投资/项目总用地面积 =（56000 + 45000 × 5%）万元/40000m^2 = 1.46 万元/m^2。

（2）该项目加权平均资金成本（税后）= [20000 × 15% + 45000 × 5% ×（1 − 25%）] 万元/（20000 + 45000）万元 = 7.21%。

4. 该项目 Y 产品盈亏平衡点的产量 = 12000 万元/（45000 万元/100 万件 − 22000 万元/100 万件 − 3000 万元/100 万件）= 60 万件。

试题二

1. 选择咨询服务单位还可采用框架合同、邀请招标、竞争性谈判、单一来源采购（直接委托）的方式。

2. 由于乙咨询单位业务繁忙，每月最多为该项目安排 5 名咨询人员平行工作，初始计划关键线路为①→②→③→④→⑥、计算总工期为 7 个月，在第 3 个月和第 4 个月的 C、D、E 工作会出现超过 5 名咨询人员平行工作的问题，由咨询项目初始进度计划图可知，路线①→②→⑤→⑥有两个月的自由时差，如果使 E 工作从第 4 个月月末开始正好能满足人员平行作业要求。

则乙咨询单位可以将项目初始进度计划调整为：E、F 工作推迟两个月，E 工作从第 4 个月月末开始工作。调整后进度计划的计算工期仍为 7 个月。

3. 第 3 个月月末的累计已完工作预算费用 =（2 × 3 × 1 + 3 × 3 × 2 + 2 × 3 × 1 + 2 × 3 × 2 × 1/3）

万元 = 34 万元。

第 3 个月月末的累计已完工作实际费用 = $(2\times3\times1+3\times3\times2+2\times8\times1+2\times3\times2\times1/3)$ 万元 = 44 万元。

第 3 个月月末的累计计划工作预算费用 = $(2\times3\times1+3\times3\times2+2\times3\times1+2\times3\times1)$ 万元 = 36 万元。

第 3 个月月末的进度偏差 = (34 - 36) 万元 = -2 万元，说明进度拖延了。

第 3 个月月末的费用偏差 = (34 - 44) 万元 = -10 万元，说明费用超支了。

试题三

1. （1）国家级区域规划主要以国家发展规划确定的重点地区跨行政区且经济社会活动联系紧密的连片区域以及承担重大战略任务的特定区域为对象。

（2）产业结构优化主要体现在产业的高附加值化、高技术化、高集约化和高加工度，通常表现为第一产业比例不断缩小，第二产业和第三产业比例不断提高，尤其是高科技含量的产业在国民经济中的比重上升，各产业之间按比例协调发展。

2. （1）GDP 平减指数 = 802/698 = 1.15。

（2）GDP 平减指数表明经济体所产生的所有物品和劳务的价格变动情况。

3. 两项判断都不正确。

理由：因为充分就业并不意味着零失业率，摩擦性失业在经济发展中是不可避免的；当地经济增长处于高涨期，潜在 GDP 一段时间内会低于实际 GDP。

2024全国注册咨询工程师(投资)职业资格考试
预测试卷(一)

试题一（20分）

某企业为所在地区国有大型制造企业。目前，该企业产品已定型，成本呈下降趋势，利润较高，市场需求逐渐满足，所处行业增长速度减慢，竞争日趋激烈。该企业所在地区实施“退城入园”，企业必须对现有产品生产线进行搬迁改造。该企业搬迁改造项目选址涉及3个村庄1203户5209人搬迁。企业在决策前委托咨询公司进行可行性研究。因该项目选址涉及搬迁人口较多，咨询公司在社会评价中进行了利益相关者分析。

问　题

1. 该企业产品处于产品生命周期哪个阶段？企业结合本次搬迁采用差异化战略，有哪些差异化战略可以选择？
2. 在编写生产技术与装备方案时，应考虑哪些内容？
3. 咨询公司在社会评价时，应按哪些步骤进行利益相关者分析？
4. 是否适宜采用PPP模式？说明适宜采用PPP模式项目的特征。

试题二（20分）

某项目位于国家重点扶贫的西部某贫困地区。为了尽快完成脱贫任务，本项目提出要进行水土优化结合的异地移民开发扶贫工程，从改变恶劣的生存条件入手，把水利灌溉与扶贫结合起来，以灌溉工程为基础，通过大规模移民解决贫困问题，从根本上改变当地贫困人口的生存条件，加快该地区经济、社会发展步伐。本项目计划结合水利灌溉工程的建设，用5年时间，投资40亿元，开发180万亩耕地，解决100万人的脱贫问题。

为了对该项目做出准确评价，该地区相关部门做了相应工作。有关部门组织了经济、环保、水利、社会等有关专家进行座谈，专门深入全面地分析了该项目对社会带来的影响，认为该项目的建设，能够促进本地区的经济社会发展，提高当地居民的物质生活水平；同时，相关部门组织力量，通过问卷调查，向当地居民征求意见，结果发现，有95%的被调查者认为该项目的建设有利于当地经济的发展，3%的被调查者认为该项目会对当地的生态环境带来严重不良影响，从而会阻止当地经济的发展，2%的被调查者认为该项目建设与否没什么区别。通过充分研究和广泛征求意见，最后形成了对该项目的以下意见：

本项目的建设实施，将会达到下列效果：①对移民进行培训，使其掌握相应的生产技能；②实现移民安置；③彻底摆脱贫困状况，促进本地区协调发展；④水利骨干工程的建设；⑤建成引水主干渠，开发新的灌区；⑥灌区配套工程建设；⑦行政管理机构的建设；⑧农业生产技术服务体系的建设；⑨使本地区100万人贫困人口能够摆脱经济贫困；⑩建设三大新的农业发展区，并建成配套的供电和通信工程。

问　题

1. 简述逻辑框架法中垂直逻辑关系中的四个目标层次含义，并根据案例所给的条件分别列入该扶贫项目的四个目标层次。

2. 公众参与的主要形式有哪些？

3. 在该案例中，用到了哪些调查方法？

4. 水平逻辑分析的目的是什么？

试题三（25分）

甲企业位于B地区，主要生产A产品。某咨询公司接受甲企业的委托，完成了下列咨询服务工作：

（1）A产品成熟度分析：A产品的技术趋于稳定，市场需求迅速增加，生产规模逐步提高，生产该产品的企业数量也在迅速增加，生产成本呈下降趋势。

（2）A产品销售量预测：咨询工程师收集了2012～2016年A产品在B地区的平均销售价格和销售量，见表1，采用移动平均法预测了2017～2026年A产品在B地区的销售量，见表2。

表1　A产品在B地区的平均销售价格和销售量

年　份	销售价格/（元/台）	销售量/万台	价格弹性系数
2012	8100	80	—
2013	7800	85	-1.69
2014	7600	89	-1.84
2015	7300	95	-1.71
2016	7100	100	-1.92

表2　2017～2026年A产品在B地区预测销售量

年　份	2017	2018	2019	2020	2021	2022	2023	2024	2025	2026
A产品预测销售量/万台（$n=3$）	95	97	97	96	97	97	96	97	97	96

（3）甲企业的内部和外部影响因素评价：运用评价矩阵对甲企业的内部和外部因素进行了综合评价，见表3。

表3　甲企业的企业内部和外部因素综合评价

项目	关键内部因素	权重	得分	项目	关键外部因素	权重	得分
优势	研发能力强	0.20	4	机会	政策扶持	0.20	4
	管理规范	0.25	4		信贷环境宽松	0.15	3
	产品性能处于行业中等水平	0.15	3		行业技术进步	0.15	2
劣势	流动资金紧张	0.10	-3	威胁	新的替代产品出现	0.25	-2
	生产设备较落后	0.10	-2		竞争对手结盟	0.25	-1
	销售渠道不畅通	0.20	-3				

问　题

1. 根据咨询公司对A产品的市场分析结论，判断A产品处于产品生命周期的哪个阶段。

2. 如果B地区2017年A产品的销售价格下降到7000元/台，用价格弹性系数法预测2017年A产品在B地区的销售量。

3. 咨询工程师选择移动平均法预测 A 产品的销售量是否恰当？说明理由。

4. 根据对甲企业的内部及外部因素评价结果，画出 SWOT 分析图；指出甲企业应选择何种战略，并说明理由。

试题四（20 分）

A 市拟新建一条高速公路，委托 B 咨询公司承担该项目可行性研究工作。

B 咨询公司通过实地调查和专家调查，获得了大量的项目基础信息，编制了项目经济费用效益相关数据表，见表 4，项目计算期 20 年，社会折现率为 10%。

表 4　项目经济费用效益相关数据表　　（单位：百万元）

序号	项　目	合计	建设期		运营期			
			1	2	3	4	5～19	20
1	建设投资	4000	1500	2500				
2	流动资金	42			42			
3	运营成本	1245			60	65	70	70
4	时间节约	10330			500	550	580	580
5	运输费用节约	1341			55	70	76	76
6	减少交通事故	144			8	8	8	8
7	回收流动资金	42						42
8	回收固定资产余值	2000						2000

根据初步社会评价的结果，B 咨询公司采用定量与定性分析相结合的方法，开展详细的社会评价，识别出社会因素并进行了分级排序。

问　题

1. B 咨询公司进行工程咨询信息采集时，除已采用的方法外，还可以采用哪些方法？

2. B 咨询公司应如何组织实施专家调查法？

3. 根据表 4 中的数据，计算该项目各年净效益流量、经济净现值，并判断项目是否具有经济合理性。

4. 识别出社会因素并排序后，B 咨询公司进行的详细社会评价还应包括哪些工作？

（计算结果保留两位小数。复利系数见表 5）

表 5　复利系数

i	*n*	*F/P*, *i*, *n*	*P/F*, *i*, *n*	*A/P*, *i*, *n*	*P/A*, *i*, *n*	*A/F*, *i*, *n*	*F/A*, *i*, *n*
10%	3	1.3310	0.7513	0.4021	2.4869	0.3021	3.3100
	4	1.4641	0.6830	0.3155	3.1699	0.2155	4.6410
	15	4.1772	0.2394	0.1315	7.6061	0.0315	31.7720
	20	6.7275	0.1486	0.1175	8.5136	0.0175	57.2750

试题五（25 分）

某公司拟投资建设一个工业项目，投资规模视筹资情况而定。若金融市场资金充沛，能够筹集资金 30000 万元，概率为 0.55；若资金市场资金供需平衡，能够筹集资金 20000 万元，概率为 0.45。假定投资在当年末投入。

项目建成后的年收入与投资规模有直接关系，同时还受市场供求状况的影响。在市场状况良好时，年收入为投资规模的 80%，概率为 0.4；市场状况一般时，年收入为投资规模的 60%，概率为 0.6。该项目年运营费用为投资规模的 50%。财务基准收益率为 10%，项目建设期 1 年，计算期 10 年，期末无残值。

该项目的建设在征地过程中发生了以下费用：土地补偿费、青苗补偿费、农民安置补助费、耕地占用税。

问　题

1. 在不同投资规模和市场供求组合状况下，分别计算项目的财务净现值。
2. 计算财务净现值的期望值，并判断项目是否财务可行。
3. 计算净现值非负的累计概率，并判断项目的风险大小。
4. 在识别和计算该项目的经济费用时，上述与土地有关的费用分别属于哪一类性质？应如何调整？

试题六（20 分）

某工程项目合同工期为 89d，网络进度计划如图 1 所示，其中，B、E、K、I 四项工作均为土方工程，需安排同一台土方施工机械按先后顺序施工，土方工程量分别估算为 1100m^3、2300m^3、1600m^3和 800m^3，土方综合单价为 18 元/m^3。合同中规定，土方工程量减少不超出原估算工程量的 20% 时，按原约定价格计价；减少量超出 20% 时，全部土方工程量按 19 元/m^3计价。

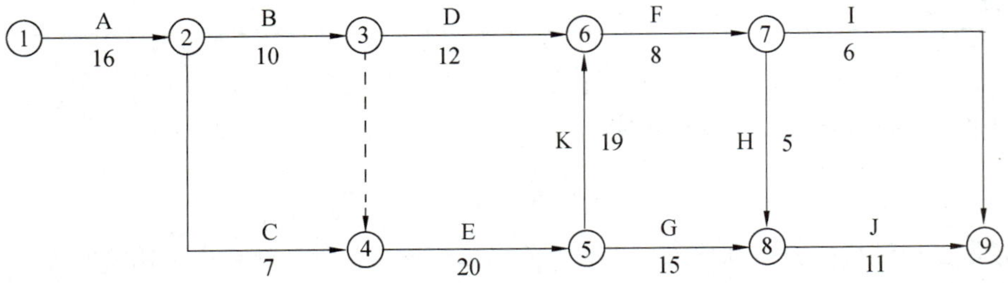

图 1　网络进度计划图

在工程按计划进行 16d 后，业主要求取消 K 工作，施工单位据此调整了网络进度计划。在完成 E 工作和 F 工作后，咨询工程师重新估算的后续的 G、H、I、J 四项工作的持续时间见表 6。

表 6　G、H、I、J 工作持续时间估算

工　作	G			H			I			J		
预计持续时间/d	13	15	18	4	5	6	4	6	7	9	11	14
可能性（%）	10	60	30	5	80	15	25	60	15	10	70	20

问　题

1. 按照图 1 所示的网络进度计划顺序完成 B→E→K→I 工作，施工机械在现场的闲置时间为多少天？
2. 取消 K 工作后，土方工程的总费用应为多少？
3. 取消 K 工作后，网络进度计划应如何调整？调整后的总工期为多少天？
4. 根据咨询工程师的估算，在 E 工作和 F 工作按计划完成后，该项目的期望工期为多少天？给出计算过程和理由。

2024全国注册咨询工程师(投资)职业资格考试预测试卷(一) 参考答案

试题一

1. 在题目背景资料中已经说明：该企业产品已定型，成本呈下降趋势，利润较高，市场需求逐渐满足，所处行业增长速度减慢，竞争日趋激烈。因此，该产品处于产品生命周期的成熟期。

差异化战略包括产品质量差异化战略、销售服务差异化战略、产品性能差异化战略、品牌差异化战略等。

2. 在编写生产工艺技术方案时，生产工艺技术选择考虑的主要因素有：

（1）先进性。

（2）适用性。

（3）安全性。

（4）可靠性。

（5）经济合理性。

（6）符合清洁生产工艺要求。

在编写技术设备方案时，设备选择考虑的主要因素有：

（1）满足生产能力、生产工艺和产品技术标准要求。

（2）优先选用国产设备、实现长周期稳定运行、力求经济合理。

（3）在考虑设备引进时，要研究工艺上使用的成熟可靠性，技术的先进性和稳定性，关键设备在样板厂的使用情况，考虑引进技术或合作制造、零配件的国内供应以及超限设备的运输可能性。

（4）不同设备的匹配性与相互适应性。

（5）安全、节能、环保。

（6）慎重选用二手设备。

（7）管理与操作的适应性。

（8）技术改造项目要对被改造或替换的关键设备的现状、改造目的、改造原因进行说明。

3. 咨询公司在社会评价时，应按下列步骤进行利益相关者分析：

（1）识别利益相关者。

（2）分析利益相关者的利益构成。

（3）分析利益相关者的重要性和影响力。

（4）制订主要利益相关者参与方案。

4. 本项目适宜采用PPP模式。

PPP模式项目特征：主要适用于政府负有提供责任又适宜市场化运作的基础设施和公共服务类项目。该企业搬迁改造项目涉及3个村庄1203户5209人搬迁。本项目涉及片区及保障性安居工程，属于政府负有提供责任又适宜市场化运作的基础设施和公共服务类项目（商业、道路、公租房等可通过可行性缺口补助及使用者付费解决）。

试题二

1. 逻辑框架法中垂直逻辑关系中的四个目标层次：

（1）宏观目标：通常是指最终目标，即宏观计划、规划、政策和方针等，该目标可含有多个方面。最终目标一般远超项目范畴，可能是国家、地区、部门或投资组织的整体目标以及项目对其可能产生的影响。

（2）具体目标：是指项目要取得的直接效果、效益和作用。一般应考虑项目为目标群体带来的效益，主要是社会和经济方面的成果和作用。

（3）产出：是指项目的具体成果，即项目欲建设施工的产出物。

（4）投入和活动：是指项目实施过程及内容，主要有资源投入量和时间等。

该扶贫项目的四个目标层次：

（1）本项目的宏观目标：③。

（2）本项目的具体目标：②和⑨。

（3）本项目的产出成果：①、④、⑤、⑥、⑦、⑧和⑩。

（4）本项目的投入和活动：用5年的时间，投资40亿元，开发180万亩耕地。

2. 公众参与的主要形式有：

（1）自主性参与和动员性参与。

（2）组织化参与和个体化参与。

（3）目标性参与和手段性参与。

（4）支持性参与和非理性参与。

（5）制度化参与和非制度化参与。

3. 在本案例中，用到了专家讨论法和问卷调查法。

4. 水平逻辑分析的目的是：确定采用何种验证指标和验证方法来衡量一个项目的资源和成果。

试题三

1. 根据咨询公司对A产品的市场分析结论，A产品处于产品生命周期的成长期阶段。

2. 2012～2016年各年价格弹性系数的平均值＝（－1.69－1.84－1.71－1.92）/4＝－1.79，作为2017年的价格弹性，即价格每降低10%，需求增长17.9%。

如果2017年B地区的A产品的销售价格下降到7000元/台，则A产品的需求量增长率为：

$$[(7100-7000)/7100]\times 1.79=2.52\%$$

因此，2017年A产品的销售量＝100万台×（1＋2.52%）＝102.52万台。

3. 咨询工程师选择移动平均法预测A产品的销售量不恰当。

理由：移动平均法只适用于短期预测，在大多数情况下只用于以月度或周为单位的近期预测，本案例中预测了10年后的销售量，要进行中、长期预测。

4. （1）甲企业的企业内部和外部因素评价矩阵见表7。

表7　甲企业的企业内部和外部因素评价矩阵

项目	关键内部因素	权重	得分	加权数	项目	关键外部因素	权重	得分	加权数
优势	研发能力强	0.20	4	0.80	机会	政策扶持	0.20	4	0.80
	管理规范	0.25	4	1.00		信贷环境宽松	0.15	3	0.45
	产品性能处于行业中等水平	0.15	3	0.45		行业技术进步	0.15	2	0.30
	小计			2.25		小计			1.55

（续）

项目	关键内部因素	权重	得分	加权数	项目	关键外部因素	权重	得分	加权数
劣势	流动资金紧张	0.10	-3	-0.30	威胁	新的替代产品出现	0.25	-2	-0.50
	生产设备较落后	0.10	-2	-0.20		竞争对手结盟	0.25	-1	-0.25
	销售渠道不畅通	0.20	-3	-0.60					
	小计			-1.10		小计			-0.75
综合	合计	1.00		1.15	综合	合计	1.00		0.80

SWOT 分析图如图 2 所示。

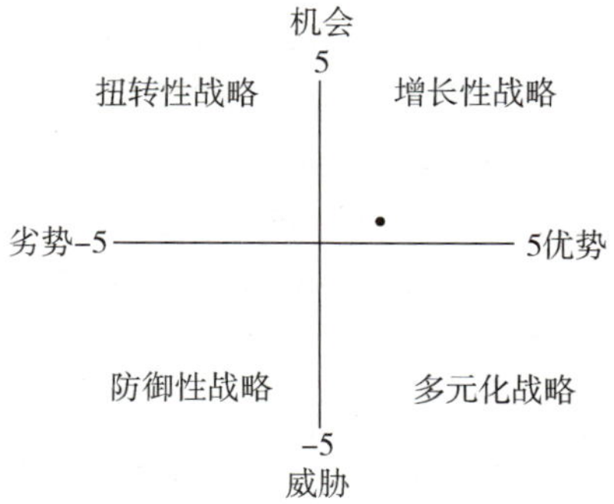

图 2　SWOT 分析图

（2）甲企业应选择增长性战略。

理由：根据 SWOT 分析图，甲企业处于第一象限，企业拥有强大的内部优势和众多的机会，企业应采取增加投资、扩大生产、提高市场占有率的增长性战略。

试题四

1. B 咨询公司进行工程咨询信息采集时，除已采用的方法外，还可以采用的方法：问卷调查法、实验调查法、文案调查法。

2. 专家调查法实施方案：①建立预测工作组；②选择专家；③设计调查表；④组织调查实施；⑤汇总处理调查结果。

3. 项目各年的净效益流量计算：

第 1 年：净效益流量 =（0 - 1500）百万元 = -1500 百万元，以此类推，可得第 2 年：-2500 百万元；第 3 年：461 百万元；第 4 年：563 百万元；第 5～19 年：594 百万元；第 20 年：2636 百万元。

项目经济净现值（ENPV）$= \frac{-1500}{1+10\%} + \frac{-2500}{(1+10\%)^2} + 461 \times (P/F, 10\%, 3) + 563 \times (P/F, 10\%, 4) + 594 \times (P/A, 10\%, 15) \times (P/F, 10\%, 4) + 2636 \times (P/F, 10\%, 20) = (-1500 \times 0.9091 - 2500 \times 0.8264 + 461 \times 0.7513 + 563 \times 0.6830 + 594 \times 7.6061 \times 0.683 + 2636 \times 0.1486)$ 百万元 = 778.75 百万元。

由于项目经济净现值（ENPV）>0，具有经济合理性。

4. 识别出社会因素并排序后，B 咨询公司进行的详细社会评价还应包括的工作：识别利益相关者并排序；论证当地社会环境对项目的适应程度；比选优化方案。

试题五

1. 状态 1（金融市场资金充沛、市场状况良好）：

$FNPV_1 = -30000(P/F, 10\%, 1)$ 万元 $+ 30000(80\% - 50\%)(P/A, 10\%, 9)(P/F, 10\%,$

1)万元 = 19846.56 万元。

状态 2（金融市场资金充沛、市场状况一般）：

$FNPV_2$ = −30000(*P/F*, 10%, 1)万元 + 30000(60% −50%)(*P/A*, 10%, 9)(*P/F*, 10%, 1)万元 = −11566.30 万元。

状态 3（金融市场资金供需平衡、市场状况良好）：

$FNPV_3$ = −20000(*P/F*, 10%, 1)万元 + 20000(80% −50%)(*P/A*, 10%, 9)(*P/F*, 10%, 1)万元 = 13231.04 万元。

状态 4（金融市场资金供需平衡、市场状况一般）：

$FNPV_4$ = −20000(*P/F*, 10%, 1)万元 + 20000(60% −50%)(*P/A*, 10%, 9)(*P/F*, 10%, 1)万元 = −7710.87 万元。

2. 财务净现值的期望值 = [19846.56 ×(0.55 ×0.4) −11566.30 ×(0.55 ×0.6) +13231.04 ×(0.45 ×0.4) −7710.87 ×(0.45 ×0.6)]万元 = 849.0165 万元。

财务净现值的期望值大于零，所以在财务上可行。

3. 将净现值按从小到大顺序排列，计算累计概率见表 8。

表 8　累计概率

净现值	组合概率	累计概率
−11566.30	0.33	0.33
−7710.87	0.27	0.60
13231.04	0.18	0.78
19846.56	0.22	1
合计	1	

P(FNPV 10% <0) = 0.60。

P(FNPV 10% ≥0) = 1 −0.60 = 0.40 = 40%，说明项目的风险比较大。

4. （1）土地补偿费、青苗补偿费属于机会成本性质的费用，按照机会成本计算方法调整计算。

（2）农民安置补助费属于新增资源消耗的费用，按影子价格计算。

（3）耕地占用税属于转移支付的费用，不应列入土地经济费用。

试题六

1. 按照图 1 所示的网络进度计划，顺序完成 B→E→K→I 工作，施工机械在现场的闲置时间为 8d。

理由：由于 B 工作是关键工作，所以土方施工机械应该按时进场，土方施工机械进场后至完成 I 工作的在场时间 = (10 +20 +19 +8 +6)d = 63d，而土方施工机械实际工作时间 = (10 +20 +19 +6)d = 55d，则土方施工机械在现场的闲置时间 = (63 −55)d = 8d。

2. 原估算总土方工程量 = (1100 +2300 +1600 +800)m^3 = 5800m^3。

取消 K 工作后的总土方工程量 = (1100 +2300 +800)m^3 = 4200m^3。

由于总土方工程量减少的百分率 = （1600m^3/5800m^3）×100% = 27.59% >20%，那么全部土方工程量按 19 元/m^3计价。

取消 K 工作后土方工程的总费用 = 4200m^3 ×19 元/m^3 = 79800 元。

3. 取消 K 工作后，网络进度计划如图 3 所示。

调整后的关键路线为 A→B→E→G→J。

调整后的总工期 = (16 +10 +20 +15 +11)d = 72d。

4. （1）完成 E 工作和 F 工作后，已累计用时 46d。

（2）I 工作和 H 工作是非关键工作，不影响工期。

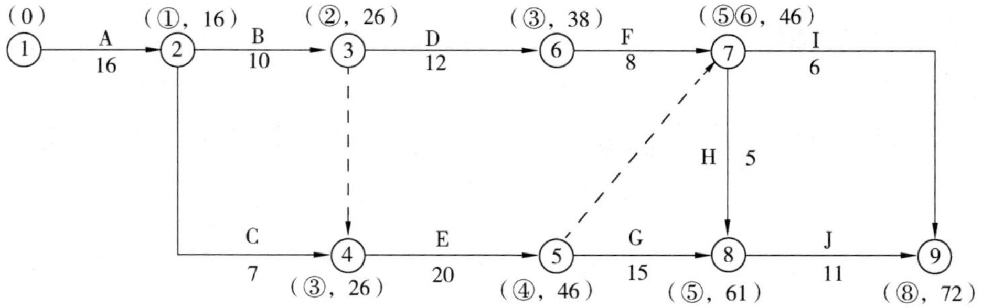

图3　调整后的网络进度计划

（3）该项目的期望工期 = [46 + (13 × 0.1 + 15 × 0.6 + 18 × 0.3) + (9 × 0.1 + 11 × 0.7 + 14 × 0.2)] d = 73.1d。

2024全国注册咨询工程师(投资)职业资格考试
预测试卷(二)

试题一(20分)

某省拟大力发展旅游业，准备出台政策推动行业发展，现委托一家咨询机构对2012～2017年旅游行业的指标进行分析和研究。相关基础数据见表1。

表1　某省与全国2012～2017年旅游行业产值情况　　　　(单位：亿元)

产　值	某　省		全　国	
	2012	2017	2012	2017
A级景区	133	213	3960	3479
旅行社	93	119	2353	4189
旅游宾馆酒店	320	1265	2997	6854
其他旅游业	878	2114	6388	26777
旅游行业总产值(合计)	1424	3711	15698	41299

问　题

1. 采用区位熵分析方法，列表分析并指出2017年某省旅游业中具有全国比较优势的产业。
2. 区位熵方法有哪些优点？有哪些局限性？
3. 列表计算2012～2017年某省和全国的旅游行业和各具体产业的增长量和增长率。(计算结果保留三位小数)

试题二(20分)

甲咨询公司接受某企业委托，编写某种矿产资源开发项目的申请报告。通过相关调查，收集整理资料如下：

(1) 2015年该行业产值为750亿元，估计未来2年以年均12%的速度增长。

(2) 2015年该行业能耗折合标准煤为1020万t(目前该行业单位产值能耗的国际先进水平为0.85t标准煤/万元)。

(3) 预测该行业2016年、2017年的行业产值能耗弹性系数为0.65。

甲咨询公司编写的项目申请报告中包括：

(1) 申报单位及项目概况。

(2) 资源开发及综合利用分析。

(3) 生态环境影响分析。

报告后面还附带了有关部门的审查意见。

项目的政府投资主管部门委托乙咨询公司对甲咨询公司编写的该项目申请报告进行了核准评估。

问 题

1. 用能源弹性系数法预测2017年该行业的能源消耗量。

2. 2015年该行业的单位产值能耗是多少？是否达到国际先进水平？

3. 甲咨询公司编写的项目申请报告中，除上述内容外，还应包括哪些内容？报告应附带哪些有关部门的审查意见？

4. 乙咨询公司应该着重从哪些方面评估该申请报告中的资源开发方案？

试题三（20分）

某特大型中外合资经营石化项目生产的产品中包括市场急需的甲产品，经预测，在相当长的时期内，甲产品市场需求空间较大，项目的产出对市场价格影响不大，预测的目标市场价格为9000元/t（含销项税）。

在甲产品生产中需要乙、丙产品为原料。乙产品市场供应丰富，市场含税价1170元/t，不含税价1000元/t。丙产品市场紧张，经调查短期内难以充分供应，市场含税价1170元/t，不含税价1000元/t。项目到目标市场运杂费为100元/t。

该项目的可行性研究中关于建设方案提出以下几条：

（1）厂外配套工程中，为防止造成新的污染点，尽量不使用当地已有的条件和设施。

（2）工厂维修设施是保证生产正常运转所不可缺少的配套工程，应尽量设置齐全，减少外协。

（3）企业所用热源问题拟确定选择热源的次序为：余热利用热源，自建热源，当地集中供热设施热源富余能力，对集中热源进行改扩建。

（4）对于工厂内的排水工程一般按照清污分流的原则设置。对于饮用水、污水（含雨水、生活排污水）分开设置各系统和管道。

（5）总图设计中，项目总用地面积10000m^2，其中行政办公用地300m^2，生活服务设施用地500m^2。

（6）投资强度计算公式采用：投资强度＝项目固定资产总投资/项目总建筑面积。

（7）对于工厂建设，提出为了美化环境，征地和建设中要争取建造“花园式工厂”。

（8）对于征地和布置，提出要结合场地地形、地质、地貌等条件，由于地价上涨较快，要求多征少用，保证预留发展用地。

问 题

1. 在进行经济分析时，甲、乙、丙产品的影子价格应如何确定？

2. 政府调控价格货物经济价格确定的主要方法有哪几种？

3. 以上可行性研究中的8条提法，请问是否都正确？不正确的请改正。

试题四（25分）

某拟建工业生产项目，基础数据如下：

（1）建设投资5000万元（其中含无形资产600万元）。建设期2年，运营期8年。

（2）资金来源为银行贷款和项目资本金。贷款总额为2000万元，在建设期内每年均匀投入贷款资金1000万元。贷款年利率为10%。贷款按照等额还本、利息照付方式在项目投产后3年内还清（年末支付）。无形资产在运营期8年中，均匀摊入成本。固定资产残值为230万元，按照年线平均法折旧，折旧年限为8年。

（3）建设项目的资金投入、收入、成本费用见表2（流动资金全部由项目资本金解决）。

表2　建设项目的资金投入、收入、成本费用　　（单位：万元）

序号	项　　目	计算期						
		1	2	3	4	5	6	7～10
1	建设投资（不含建设期利息）	2500	2500					
1.1	项目资本金	1500	1500					
1.2	银行贷款	1000	1000					
2	流动资金			500	125			
3	销售收入（不含增值税）			4000	5000	5000	5000	5000
4	销售税金及附加			41	51	51	51	51
5	经营成本（不含增值税）			2000	2500	2500	2500	2500

（4）企业所得税税率为25%，上述各项投入、收入、成本均为不含增值税价格，不考虑增值税及相关附加税费的影响。

问　题

1. 编制本项目的借款还本付息计算表。
2. 计算项目投产后第1年的利润总额、所得税。
3. 计算项目投产后第1年的偿债备付率，分析其清偿能力，并说明还有哪些指标反映项目清偿能力。
4. 财务评价人员依据问题2、3的计算结果，做出了项目财务上是否可行的判断，这样做是否恰当？简述理由。

试题五（25分）

某洗衣机生产企业为应对市场竞争，近年来一直以降低产品销售价格作为主要竞争战略。为了改善经营业绩，该企业拟调整竞争战略，并为此聘请一家咨询公司对当地洗衣机市场进行分析。咨询公司从委托单位得到的部分资料见表3。

表3　当地市场洗衣机平均销售价格和销售量

年　　份	洗衣机平均销售价格/（元/台）	洗衣机销售量/万台
2011	3800	50
2012	3460	54
2013	3188	58
2014	2960	61
2015	2700	65

咨询公司用德尔菲法对影响洗衣机销量的主要因素进行了市场调查，从研究部门、家电经销商和知名家电企业选择了36名专家实施调查。在意见征询表中，列出了质量、价格、品牌、外观、噪声、自动化程度和售后服务等项目，要求专家从中选择3个影响销售的主要因素，并按其重要性排序。在第二轮征询后，按专家排序情况和评分标准（排为第一位的给3分，排为第二位

的给2分，排为第三位的给1分）评分，排在前5位的为质量、品牌、价格、自动化程度和外观5个因素。第三轮征询后，36名专家对该5个因素的重要性进行排序的人数分布情况见表4。

表4 对5个因素的重要性排序意见因素

排序	因素				
	质量	品牌	价格	自动化程度	外观
第一位	12	10	5	2	7
第二位	7	15	7	3	4
第三位	6	5	10	7	8

问题

1. 工程咨询信息采集途径包括哪些？

2. 如果当地2016年洗衣机的平均价格下降到2500元/台，用价格弹性系数法预测当地2016年洗衣机的销售量。

3. 以第三轮征询的专家意见为依据，按评分标准分别计算影响洗衣机销售的5个主要因素的得分（列出计算过程），并按分值排序。

4. 为增加销售并改善经营业绩，该企业应如何调整竞争战略？说明理由。

试题六（20分）

某工程咨询公司受政府投资主管部门委托，对某垃圾发电厂项目进行核准评估。经过现场调查和分析论证，该工程咨询公司认为该项目申请报告存在以下缺陷：

（1）项目位于山区泥石流多发地带，该申请报告没有附地质灾害危险性评估的相关内容。

（2）项目生态环境保护措施通过技术经济比选提出推荐方案，包括技术水平对比、治理效果对比。

（3）没有将项目运营期间产生的废弃物对周边农作物造成的损失计入项目经济费用效益流量表（表5）中。环境影响的经济损益分析表明，项目运营期间废弃物排放对周边农作物造成的损失，每年约为4000万元。(计算期按10年计)

表5 项目经济费用效益流量表 （单位：百万元）

序号	项目	建设期/年		运营期/年							
		1	2	3	4	5	6	7	8	9	10
1	效益流量			160	294	294	294	294	294	294	460
2	费用流量	310	400	112	154	154	154	154	154	154	130
3	净效益流量	-310	-400	48	140	140	140	140	140	140	330

问题

1. 该项目是否需要进行地质灾害危险性评估？说明理由。地质灾害危险性评估的主要内容是什么？

2. 该项目申请报告的生态环境保护措施通过技术经济比选提出的推荐方案还应包括哪些内容？

3. 计算该项目经济净现值，并判断该项目在经济上是否可行。

（注：①社会折现率取8%；②计算结果保留两位小数。复利系数见表6）

表6　复利系数表

i	n	$F/P,\ i,\ n$	$P/F,\ i,\ n$	$A/P,\ i,\ n$	$P/A,\ i,\ n$	$A/F,\ i,\ n$	$F/A,\ i,\ n$
8%	3	1. 2597	0. 7938	0. 38803	2. 5771	0. 30803	3. 2464
	6	1. 5869	0. 6302	0. 21632	4. 6229	0. 13632	7. 3359
	10	2. 1589	0. 4632	0. 14903	6. 7101	0. 06903	14. 487

2024全国注册咨询工程师(投资)职业资格考试
预测试卷(二) 参考答案

试题一

1. 采用区位熵分析方法，2017 年某省、全国旅游行业产值及区位熵表见表 7。

表 7　2017 年某省、全国旅游行业产值及区位熵表

产　　值	某　　省	全　　国	e_i/e_t	E_i/E_t	区位熵 L_i
A 级景区	213	3479	0.057	0.084	0.681
旅行社	119	4189	0.032	0.101	0.316
旅游宾馆酒店	1265	6854	0.341	0.166	2.054
其他旅游业	2114	26777	0.570	0.648	0.879
旅游行业总产值（合计）	3711	41299			

某省旅游业中具有全国比较优势的产业是旅游宾馆酒店业，区位熵为 2.054，大于 1。其他三个产业区位熵均小于 1，不具备全国比较优势。

2. 区位熵计算方法具有简单易行、数据容易获取等优点。

区位熵方法的局限性包括：①区位熵是静态分析，难以反映产业优势的动态变化情况和产业之间的互动关联；②区位熵方法基于每一个产业在国家和区域层面具有相同劳动生产率这一前提假设，但实际中各产业的劳动生产率肯定存在差别；③区位熵没有考虑企业规模因素的影响。

3. 2012～2017 年某省和全国旅游行业产值的增长量和增长率见表 8。

表 8　2012～2017 年某省和全国旅游行业产值的增长量和增长率

产业部门	某省产值增长量	全国产值增长量	某省增长率	全国增长率
A 级景区	80	-481	60.150%	-12.146%
旅行社	26	1836	27.957%	78.028%
旅游宾馆酒店	945	3857	295.313%	128.695%
其他旅游业	1236	20389	140.774%	319.177%
旅游行业总产值（合计）	2287	25601	160.604%	163.084%

试题二

1. 根据 $\varepsilon_e = (\Delta E/E)/(\Delta \text{GDP}/\text{GDP})$，2016 年、2017 年的行业产值能耗弹性系数为 0.65，则 2015 年、2016 年的行业产值能耗增长速度 = 0.65 × 12% = 7.8%。2017 年该行业的能源消耗量 = 1020 万 t × $(1+7.8\%)^2$ = 1185.33 万 t。

2. 2015 年该行业的单位产值能耗 = 1020 万 t 标准煤/750 亿元 = 1.36t 标准煤/万元，没有达到国际先进水平。

3. 甲咨询公司编写的项目申请报告中，除上述内容外，还应包括的内容有经济影响分析和社会影响分析。

报告应附带以下有关部门的审查意见：

（1）城市规划行政主管部门出具的选址意见书。

（2）自然资源主管部门出具的项目用地预审意见。

（3）根据有关法律、行政法规规定需要办理的其他相关手续。

4. 乙咨询公司应该着重从以下方面评估该申请报告中的资源开发方案：

（1）评估报告中应对资源的可开发量、自然品质、赋存条件、开发价值等的勘探情况论述是否全面。

（2）评估开发方案是否符合资源开发利用的可持续发展战略要求，是否符合保护资源环境的政策规定，是否符合资源开发总体规划及综合利用的相关要求等。

试题三

1. 甲产品采用含税的市场价格为基础确定其产出影子价格。甲产品产出影子价格为（9000－100）元/t＝8900元/t。

乙产品市场供应丰富，用不含税价格1000元/t为市场价格。乙产品投入影子价格为（1000＋100）元/t＝1100元/t。

丙产品市场紧张，经调查短期内难以充分供应，用市场含税价1170元/t为市场价格。丙产品投入影子价格为（1170＋100）元/t＝1270元/t。

2. 政府调控价格货物经济价格确定的主要方法有成本分解法、消费者支付意愿法和机会成本法。

3. 该项目的可行性研究中关于建设方案中的8条提法是否正确的判断及改正：

（1）不正确。

改正：厂外配套工程要符合环保，防止造成新的污染点，但同时应充分利用当地已有的条件和设施，以及生产协作条件，力求减少工程量，节省投资。

（2）不正确。

改正：工厂维修设施一般应在保证主要生产设备完好和正常生产的前提下，力求降低规模，有外协条件的尽量争取外协。

（3）不正确。

改正：企业拟选择热源的次序应为余热利用热源，当地集中供热设施热源富余能力，对集中热源进行改扩建，自建热源。

（4）不正确。

改正：排水工程一般按照清污分流、分质排放的原则设置。对于饮用水、污水（含生活排污水）、雨水都应分开设置各系统和管道。

（5）此布置不合理。

行政办公及生活服务设施用地所占比重＝行政办公、生活服务设施占用土地面积/项目总用地面积×100%＝(300＋500)/10000×100%＝8%。根据有关规定，工业项目所需行政办公及生活服务设施用地面积不得超过工业项目总用地面积的7%。8%＞7%，所以此布置不合理。

（6）不正确。

改正：投资强度＝项目固定资产总投资/项目总用地面积。

（7）不正确。

改正：按照自然资源部现行《工业项目建设用地控制指标》的规定，工业项目用地内部一般不得安排非生产必需的绿地，严禁建设脱离工业生产需要的“花园式工厂”。

（8）不正确。

改正：对于征地和布置，要结合场地地形、地质、地貌等条件，因地制宜并尽可能做到紧凑布置、最大限度地节约用地。做到近期相对集中，远期预留合理。对发展目标不确定的项目，其布置应有一定的弹性，近期建设要集中，避免过多过早占用土地，避免多征少用，早征迟用。

试题四

1. 编制项目借款还本付息计算表见表9。

第1年应计利息 =（0 +1000/2）万元 ×10% =50 万元。

第2年应计利息 =［（1000 +50）+1000/2］万元 ×10% =155 万元。

第3年应计利息 =2205 万元 ×10% =220.5 万元，依次类推。

表9　借款还本付息计算表　　（单位：万元）

序　号	项　目	1	2	3	4	5
1	年初借款累计		1050	2205	1470	735
2	本年新增借款	1000	1000			
3	本年应计利息	50	155	220.5	147	73.5
4	本年应还本金			735	735	735
5	本年还本付息额	0	0	955.5	882	808.5

2. 年折旧费 =（固定资产原值 − 残值）/折旧年限 =［（5000 +205 −600）−230］万元/8 =546.88 万元。

年摊销费 = 无形资产费用/摊销年限 =600 万元/8 =75 万元。

第3年总成本费用 = 经营成本 + 折旧 + 摊销 + 利息支出 =（2000 +546.88 +75 +220.5）万元 = 2842.38 万元。

第3年利润总额 = 销售收入 − 销售税金及附加 − 总成本费用 =（4000 −41 −2842.38）万元 = 1116.62 万元。

所得税 = 利润总额 × 所得税税率 =1116.62 万元 ×25% =279.16 万元。

3. 第1年偿债备付率 = 可用于还本付息的资金/当期应还本付息额 =（税后利润 + 折旧 + 摊销 + 利息支出）/当期应还本付息额 =（1116.62 −279.16 +546.88 +75 +220.5）/（735 +220.5）=1.76。

偿债备付率高于1，表明具有较强的清偿能力。反映清偿能力的指标还包括利息备付率和借款偿还期。

4. 判断不恰当。

理由：（1）因为只算一年的数据（利润和偿债备付率）或未计算整个项目计算期相应数据，不能反映整个项目的盈利能力和清偿能力。

（2）只采用静态分析方法，不能反映项目的总体盈利能力和可持续能力。

试题五

1. 工程咨询信息采集途径包括：

（1）文案调查法。

（2）问卷调查法。

（3）实地调查法。

（4）实验调查法。

2. 2012～2015 年各年的价格弹性系数分别为 −0.89、−0.94、−0.72、−0.75。

2012～2015 年各年价格弹性系数的平均值 =（-0.89-0.94-0.72-0.75）/4 = -0.83。

2016 年洗衣机的需求量：当价格下降到 2500 元/台，较 2015 年价格降低了 7.41%。

注：2015 年的价格变化率 =（2500-2700）/2700 = -7.41%。

洗衣机需求增长率 = 7.41% ×0.83 = 6.15%。

2016 年洗衣机的需求量 = 65 万台 ×（1+6.15%）= 69.00 万台。

3. （1）各因素的得分如下：

质量得分 = 12×3+7×2+6×1 = 56。

品牌得分 = 10×3+15×2+5×1 = 65。

价格得分 = 5×3+7×2+10×1 = 39。

自动化程度得分 = 2×3+3×2+7×1 = 19。

外观得分 = 7×3+4×2+8×1 = 37。

（2）排序：影响洗衣机销售主要因素的排序依次为品牌、质量、价格、外观和自动化程度。

4. 为增加销售并改善经营业绩，该企业应调整的竞争战略：该洗衣机厂商应当把竞争战略从注重价格转向除了价格外，还应更加注重品牌和质量方面。

理由：因为根据上述影响洗衣机销售的前 5 个主要因素的排序，品牌和质量位列前两位，而价格只位列第三位。

试题六

1. （1）该项目需要进行地质灾害危险性评估。

理由：根据《地质灾害防治管理办法》和《地质灾害防治条例》要求，有可能导致地质灾害（主要包括崩塌、滑坡、泥石流、地面塌陷、地裂缝、地面沉降等）发生的工程项目建设和在地质灾害易发区内进行工程建设，在申请建设用地之前必须进行地质灾害危险性评估。

（2）地质灾害危险性评估的主要内容有工程建设可能诱发、加剧地质灾害的可能性，工程建设本身可能遭受地质灾害危害的危险性；拟采取的防治措施等。

2. 还应包括管理及监测方式对比、环境效益对比。

3. 该项目经济净现值 ENPV = -310 百万元/（1+8%）-400 百万元/$(1+8\%)^2$ +（48-40）百万元/$(1+8\%)^3$ +（140-40）百万元 ×（P/A，8%，6）（P/F，8%，3）+（330-40）百万元/$(1+8\%)^{10}$ =（-287.04-342.94+6.35+366.97+134.33）百万元 = -122.33 百万元。

由于 -122.33 百万元 <0，该项目经济上不可行。